निराला नवमूल्यांकन

साहित्य भवन प्राइवेट लिमिटेड
इलाहाबाद

निराला नवमूल्यांकन

सम्पादक
डॉ. त्रिवेणीदत्त शुक्ल
एसोसिएट प्रोफेसर
राजकीय महिला महाविद्यालय, औराई
भदोही

लोकभारती प्रकाशन

साहित्य भवन प्रा. लिमिटेड
की ओर से

लोकभारती प्रकाशन
पहली मंजिल, दरबारी बिल्डिंग, महात्मा गांधी मार्ग
प्रयागराज-211 001
द्वारा प्रकाशित

वेबसाइट : www.lokbhartiprakashan.com
ईमेल : info@lokbhartiprakashan.com

शाखाएँ : 1-बी, नेताजी सुभाष मार्ग, दरियागंज
नई दिल्ली-110 002
अशोक राजपथ, साइंस कॉलेज के सामने
पटना-800 006 (बिहार)
36-ए, शेक्सपियर सरणी
कोलकाता-700 017 (प. बंगाल)

मूल्य : ₹ 350

प्रथम संस्करण : 2011
प्रथम लोकभारती संस्करण : 2020

आस्था पेपर कन्वर्टर
प्रयागराज द्वारा मुद्रित

NIRALA NAVMULYANKAN
by Dr. Trivenidutt Shukla

ISBN : 978-93-89742-94-7

समर्पण

पूज्य पिता स्व० पं० रामचन्द्र शुक्ल
की
पुण्यस्मृति में
जिनके स्नेह की लालसा
मन में ही
रह गयी।

—त्रिवेणीदत्त शुक्ल

पूर्वकथन

महाकवि निराला का जन्म महिषादल (बंगाल) में पं० रामसहाय के घर माघ शुक्ल पक्ष एकादशी, संवत् 1955; तदनुसार 29 फरवरी, 1899 ई० को हुआ था। पं० रामसहाय मूलतः गढ़ाकोला, उन्नाव के रहनेवाले थे। निराला के बालसुलभ मन पर जो संस्कार अंकित हुए, उसमें अपने पैतृक गाँव गढ़ाकोला से लेकर महिषादल, बंगाल तक के अनेक अनुभव संगुम्फित थे। बंगाल में ही उन्होंने शिक्षा पायी। कलकत्ते के वातावरण में उन्हें भारतीय और पाश्चात्य संगीत एवं साहित्य का धनिष्ठ परिचय प्राप्त हुआ; किन्तु उनके मन पर बैसवाड़ी संस्कार ज्यों-का-त्यों बना रहा। ढाई वर्ष की उम्र में निराला को मातृ-विछोह सहना पड़ा। जब निरालाजी का विवाह हुआ, तब मनोहरा देवी ग्यारह वर्ष की थीं। वे प्रायः अपने मायके डलमऊ में रहीं। निरालाजी पिता के साथ महिषादल में ही रहते थे। मनोहरा देवी ने पुत्र रामकृष्ण और पुत्री सरोज को जन्म दिया। जिस वर्ष पुत्री सरोज का जन्म हुआ, उसी वर्ष निरालाजी के पिता का स्वर्गवास हो गया। निरालाजी को जीवन सर्वथा कठिन और चुनौती-भरा प्रतीत हुआ। महिषादल के राजा के यहाँ उन्हें भी नौकरी मिल गयी। किन्तु अचानक एक दिन पत्नी की बीमारी का तार आया। निरालाजी शीघ्र डलमऊ पहुंचे; किन्तु पत्नी की चिता जल चुकी थी। यह दारुण दुःख था, जिसकी स्मृति से निराला को कभी मुक्ति नहीं मिल सकी।

निराला ने सारी परम्पराओं को तोड़कर पुत्री सरोज का विवाह रचाया था। समस्त लोकरीतियों एवं मान्यताओं से हटकर विवाह को एक क्रान्तिकारी स्वरूप प्रदान किया था। किन्तु दैवयोग से 1935 ई० में सरोज की मृत्यु हो गयी। वस्तुतः पत्नी मनोहरा देवी की मृत्यु निराला के जीवन के लिए सबसे बड़ा आघात था। सरोज की मृत्यु से निराला भीतर से बहुत टूट चुके थे, किन्तु मानसिक संघर्ष को सन्तुलित करते हुए उन्होंने उसी वर्ष 'सरोज -स्मृति' की रचना की । निराल! के जीवन-संघर्ष और रचना-संघर्ष को उजागर करनेवाली 'सरोज-स्मृति' की ये काव्य-पंक्तियाँ अपना विशेष महत्त्व रखती हैं। सरोज के निधन के पश्चात् निराला को प्रतीत होने लगा कि कहीं वे पराजित हुए हैं—

धन्ये, मैं पिता निरर्थक था
कुछ भी तेरे हित कर न सका
तब भी मैं इसी तरह समस्त

कवि जीवन में व्यर्थ ही व्यस्त
लिखता अबाध गति मुक्त छन्द
पर सम्पादक गण निरानन्द
वापस कर देते पढ़ सत्वर
दे एक पंक्ति-दो में उत्तर
दुःख ही जीवन की कथा रही
क्या कहूँ आज, जो नही कही।

निराला इस दुःखद त्रासद से संघर्ष की विफलता का अनुभव करते हैं और सन् 1936 ई० में जब वे 'राम की शक्ति-पूजा' का प्रणयन करते हैं, तब उसमें वे राम के माध्यम से अपने ही 'दुर्भाग्य की विडम्बना' प्रकट करते हुए दिखायी देते हैं-**अन्याय जिधर है उधर शक्ति**। 'सरोज-स्मृति' की **"दुःख ही जीवन की कथा रही, क्या कहूं आज जो नहीं कही"** में यदि निराला का व्यथित वैयक्तिक जीवन दिखायी देता हैं, तो 'राम की शक्ति पूजा ' में राम की वाणी में निराला की वेदना झलकती है—

धिक् जीवन !
जो पाता ही आया विरोध
धिक् साधन,
जिसके लिए सदा ही किया शोध
जानकी ! हाय,
उद्धार प्रिया का हो न सका।

निराला-साहित्य में प्रगतिशीलता तो प्रारम्भ से ही विद्यमान थी, लेकिन कुकुरमुत्ता, बेला और नये पत्ते आदि के साथ ही वह यथार्थ के लौकिक भूमि पर उतर आते हैं और सन् 1937 ई. में 'वह तोड़ती पत्थर' लिखकर निराला एक नया प्रतिमान स्थापित करते हैं। इस रचना में कर्म और संघर्ष का सौन्दर्य देखते ही बनता है। पत्थर तोड़नेवाली मजदूरनी को देखकर निराला सामाजिक विषमता पर चोट करते हुए कहते हैं—

सामने तरु मलिका अट्टालिका, प्राकार।
चढ़ रही थी धूप
गर्मियों के दिन
दिवा का तमतमाता रूप

उठी झुलसाती हुई लू
रुई ज्यों जलती हुई भू
गर्द चिनगीं छा गयी
प्रायः हुई दुपहर,
वह तोड़ती पत्थर।

इसी विषमता को अभिव्यक्त करने के लिए कवि ने व्यंग्य का भी सहारा लिया है, जो सर्वत्र शोषक वर्ग के मन को बेधता है। निराला व्यंग्य करते हुए इस प्रकार प्रहार करते हैं—

अबे, सुन बे गुलाब
भूल मत जो पायी खुशबू, रंगो आब,
खून चूसा खाद का तूने अशिष्ट
डाल पर इतरा रहा, कैपिटलिस्ट।

अन्त में निराला अपने जीवन के कठिन संघर्षों के कारण मानसिक विक्षिप्तता की स्थिति में आ जाते हैं। यह भी दुर्भाग्यपूर्ण ही रहा कि उनकी कवि-प्रतिभा का समुचित मूल्यांकन उनके जीवन-काल में नहीं हो पाया। वे स्वीकृत से कहीं अधिक अस्वीकृत थे—यह दंश निरालाजी को बराबर सालता रहा। जब उत्तर प्रदेश शासन ने 'अपरा' पर उन्हें इक्कीस सौ रुपये का पुरस्कार दिया, तब उन्होंने कहा था—"निराला दान नहीं लेता। क्या होगा इक्कीस सौ रुपया। मेरा लाखों का हिसाब-किताब है। सब साथ ही लूँगा।" गढ़ाकोला और डलमऊ के साथ निराला के संघर्ष के क्षण ही नहीं, मधुर स्मृतियाँ भी जुडी हुई थीं, जो उनके भीतर रचे-बसे थे, वहाँ से उन्हें रचनात्मक ऊर्जा मिली थी। महिषादल की प्राकृतिक सुषमा, महिषादल की रागात्मक समृद्धि उन्हें याद आती और बहुत-कुछ याद आता है जो उनके हताश जर्जर जीवन में नये रस का सञ्चार कर देता; किन्तु प्रायः उन्हें लगता है कि मैं बाहर कर दिया गया हूँ। विरोधी शक्तियाँ उनसे लड़ने के लिए संगठित हैं, जिनसे अकेले ही निपटना है। विषाद और अकेलेपन का एहसास करते हुए निराला लिखते हैं—

मैं अकेला
देखता हूँ आ रही, मेरे दिवस की सान्ध्य बेला।

वास्तव में युगीन विरोधों और विषमताओं का जैसा सामञ्जस्य निराला काव्य में है, वैसा अन्यत्र दुर्लभ है। उनका काव्य एक तरफ परम्परा के अजस्र स्रोत से

जीवन-रसधारा प्राप्त करना चाहता है, तो दूसरी ओर प्रयोगों के नवोन्मेषों का द्योतक है। अनेक युगीन वाद, काव्य-प्रवृत्तियाँ और शैलियाँ उनके काव्य में अन्तर्भूत हैं; किन्तु वे किसी एक की सीमा में बँधकर नहीं रहे। वे सबके स्रष्टा होकर भी सबसे ऊपर रहे हैं।

निरालाजी बहुमुखी प्रतिभा के धनी थे। वे केवल कवि ही नहीं, उच्चकोटि के गद्य-लेखक भी थे। उनके उपन्यास आधुनिक युग के उपन्यासों में अपना अलग महत्त्व रखते हैं। उनकी कहानियों में सत्य के साथ-साथ जीवन का सूक्ष्म निरीक्षण भी है। उनकी समालोचनाओं में पाण्डित्य और तर्क का चित्ताकर्षक सम्मिश्रण है। 'प्रबन्ध प्रतिमा' नामक उनका निबन्ध-संग्रह हिन्दी का एक अनूठा ग्रन्थ-रत्न है। निराला हिन्दी गद्य में एक नये यथार्थवाद के प्रवर्तक के रूप में दृष्टिगत होते हैं। जिस प्रकार निराला की कविता भंगिमा, शिल्प और भाषा के स्तर पर नित्य नूतन प्रयोगधर्मी है; उसी प्रकार उन्होंने अपनी कहानियों और उपन्यासों में भी नये यथार्थवादी गद्य का प्रयोग किया है। भाषा और शैली में आदि से अन्त तक एक उदात्त गरिमा अनुस्यूत है। जैसा कि डॉ० विजयेन्द्र स्नातक ने कहा है—"भाषा को सँवारने और प्रसंगानुकूल ढालने की कला तो निराला को बँगला और संस्कृत ज्ञान के कारण सिद्ध हो गयी थी। जटिल, दुर्बोध, दुरूह, क्लिष्ट, सब प्रकार के शब्दों से अनमिल वाक्यावली बनाने की त्रुटि होने पर भी निराला की शक्तिमत्ता इसमें है कि वे भाव की जटिलता को तथा वर्णन की संश्लिष्टता को शब्दों के चयन से पूरा कर देते हैं।" परम्परा और आधुनिकता के द्वन्द्व का जैसा पीड़ा भरा साक्ष्य निराला की कृतियों में देखने को मिलता है, वैसा छायावाद की पूरी परम्परा में अन्यत्र मिलना कठिन है।

निराला भारतीय समाज की उन्नति का मार्ग सांस्कृतिक एकता और अखण्डता में देखते हैं। क्रान्ति और विप्लव की उनकी कल्पना अप्रत्याशित नहीं है। निराला अनुभव करते हैं कि अंग्रेजों का हमला मुख्यत: भारतीय इतिहास और संस्कृति की अस्मिता पर हुआ है। उनकी धारणा है कि हिन्दू और मुसलमानों की समस्या इस देश की पराधीनता की सबसे बड़ी समस्या है। निराला इस समस्या का विश्लेषण करते हुए लिखते हैं—"वर्तमान समाज का जो रूप है, इसके भीतर से इस नवीन रूप के निकाले बिना, उस समस्या की उलझन भी नहीं मिट सकती। पहले जब मुसलमान यहाँ आये थे, तब अज्ञात कुलशील होने के कारण उस समय उनके साथ जो असहयोग तमाम धार्मिक और सामाजिक कार्यों में किया गया, वह ठीक था। पर अब यह असहयोग समाज के लिए सदा ही हानिकारक होता रहेगा। अब वे इसी देश के मनुष्य हैं।"

दलितों का शोषण और उत्पीड़न निराला को दुःखी करता है। उन्हें अपना ब्राह्मण होना खलता है। तुलसीदास में **'द्विज चाटुकार'** और 'सरोज-स्मृति' में **'ये कान्यकुब्ज-कुल-कुलांगार, खाकर पत्तल में करें छेद'** कहकर ब्राह्मणों के प्रति घृणा प्रदर्शित करते हैं। रुढ़िवादी द्विज-समाज को बार-बार ललकारते हुए वे कहते हैं—"तुमसे कुछ न होगा, भारत का उद्धार शूद्र जातियाँ ही करेंगी।" इसी प्रकार एक स्थान पर वे लिखते हैं—"शूद्र शक्तियों से यथार्थ भारतीयता की किरणें फूटेंगी। वे ही भविष्य के ब्राह्मण, क्षत्रिय और वैश्य हैं और ब्राह्मण, क्षत्रिय आदि सब जातियाँ शूद्र। खुदाई सजा ऐसी ही होती है, चिरकाल तक लड़कर ब्राह्मण, क्षत्रिय पस्त हो गये हैं। उनका कार्य अब वे जातियाँ करेंगी, जो अब तक सेवा करती आयी हैं।"

स्पष्ट है कि निराला एक भविष्य द्रष्टा ऋषि की भाँति दलितों को भविष्य के ब्राह्मण, क्षत्रियों के रूप में देख रहे हैं। डॉ० रामविलास शर्मा ने ठीक ही कहा है-"जितने बड़े वह साहित्यकार थे, उससे भी बड़े वह मनुष्य थे।" वस्तुतः निराला की संस्कृति-चिन्ता भारतीय जाति के मुक्त प्रयासों से अनिवार्यतः जुड़ी हुई है। इसी संस्कृति-चिन्ता से निराला वृहत्तर सामाजिक और सांस्कृतिक यथार्थ से बार-बार टकराकर अपनी रचनात्मक प्रतिभा को विस्तारित करते हुए उसे समृद्ध करते हैं।

महाकवि निराला पर पुस्तक लिखने का शिव संकल्प अन्तर्मन में बहुत पहले से विद्यमान था। परिणामस्वरूप निराला की जन्मशती वर्ष में सुहृद्वर डॉ० हरिशंकर मिश्र (प्रोफेसर, हिन्दी विभाग, लखनऊ विश्वविद्यालय) की प्रेरणा से मैंने इस पुस्तक का सम्पादन किया। किन्तु इसके प्रकाशन का सुयोग नहीं बन पाया। 'आते वासर थे नवीन जितने लाते नये प्रश्न थे।' कुछ ऐसी विसंगतियाँ और व्यवधान आते गये कि बहुत समय व्यतीत हो गया। विगत वर्ष जब मेरी पुत्री अर्चना शुक्ला एम० ए० उत्तरार्द्ध, हिन्दी (इलाहाबाद विश्वविद्यालय) की छात्रा के रूप में निराला का विशेष अध्ययन कर रही थी, तो उसे निराला पर आलोचनात्मक प्रश्नों को सुसम्बद्ध रूप से तैयार करने में काफी असुविधा हुई। उस समय मुझे यह प्रतीत हुआ कि यदि यह पुस्तक प्रकाशित हो जाये, तो विश्वविद्यालयों में निराला के अध्येता छात्र-छात्राओं के लिए नितान्त उपादेय सिद्ध होगी। चिरञ्जीव डॉ० उत्तम कुमार शुक्ल एवं पुत्री अर्चना शुक्ला के बार-बार कुरेदते रहने का ही प्रतिफल है कि यह पुस्तक आपके सामने है। इसके लिए उन्हें कोटिशः स्नेह और साधुवाद।

प्रस्तुत पुस्तक निराला नवमूल्यांकन लेखों का संकलित रूप है। इस पुस्तक के सभी लेखक हिन्दी के सुप्रसिद्ध विद्वान् और आचार्य हैं। इनकी रचनाओं से कृति की गरिमा में अभिवृद्धि हुई है। इस पुस्तक के सभी सुधी लेखकों और

अधिकारी विद्वानों का हृदय से आभारी हूँ। डॉ० हरिशंकर मिश्र का भी परम आभारी हूँ, जिनकी सदाशयता एवं प्रेरणा के फलस्वरूप यह ग्रन्थ प्रकाशित हो रहा है।

मुझे पूर्ण विश्वास है कि प्रस्तुत कृति निराला-साहित्य के मनन-परिशीलन का मार्ग प्रशस्त करने में सक्षम होगी। इसके अध्ययन-मनन से जिज्ञासु अनुसन्धित्सु एवं निराला साहित्य के अध्येता छात्र-छात्राएँ भी लाभान्वित होंगें; इसमें किञ्चित सन्देह नहीं।

त्रिवेणीदत्त शुक्ल

विषय-सूची

स्वयं भारती से तेरी हृत्तन्त्री झंकृत

—कविवर सुमित्रानन्दन पन्त

छन्द बन्ध ध्रुव तोड़-फोड़कर पर्वत कारा
अचल रूढ़ियों की, कवि ! तेरी कविता धारा
मुक्त अबाध अमन्द रजत निर्झर-सी निःसृत—
गलित ललित आलोक राशि, चिर अकलुष अविजित !
स्फटिक शिलाओं से तूने वाणी का मन्दिर
शिल्पि, बनाया—ज्योति कलश निज यश का धर चिर।
शिलीभूत सौन्दर्य ज्ञान आनन्द अनश्वर
शब्द-शब्द में तेरे उज्ज्वल जड़ित हिम शिखर।
शुभ्र कल्पना की उड़ान, भव भास्वर कलरव,
हंस, अंश वाणी के, तेरी प्रतिभा नित नव;
जीवन के कर्दम से अमलिन मानस सरसिज
शोभित, तेरा, वरद शारदा का आसन निज।
अमृत पुत्र कवि, यशःकाय तव जरा मरणजित,
स्वयं भारती से तेरी हृत्तन्त्री झंकृत।

●

युगान्तकारी कवि निराला

–महीयसी महादेवी वर्मा

माँ भारती के मन्दिर का वह स्वरकार मौन हो गया है, जो उसकी वीणा के हर कोमल कठिन झंकार को लयवती बनाता था।

महाकवि निराला के तिरोधान से हमारे मन में जैसा शून्य उत्पन्न हो गया है, उससे कम भारती के मन्दिर में नहीं है; क्योंकि उसके हर स्वर को सँभाल सके, उसकी व्याख्या कर सके और उसे लय ताल छन्द में बाँध सके– ऐसा दूसरा गीतकार नहीं है।

निराला-जैसे युगान्तकारी कवि अनायास आते और अपने दान के प्रति स्वयं बेसुध रहकर चले जाते हैं। जैसे उनके आने पर हमारा नियन्त्रण नहीं, वैसे ही उनकी विदा पर भी हमारा वश नहीं है। केवल उनके दान की कृतार्थता हमारी है।

●

निराला का विद्रोही स्वर

–डॉ० रामकुमार वर्मा

"तुम्हारे पास वसन्त है, यहाँ पतझड़ हो रहा है।"

दर्द-भरी मुस्कान से निराला ने इलाहाबाद में कहा था। इलाहाबाद के दारागंज की सँकरी गली में एक छोटा-सा घर है। नाम है कला मन्दिर। उसमें सूरज की किरण शायद ही पहुँच पाती है, लेकिन वहाँ सूरज की छोटी-सी किरण की आवश्यकता ही क्या? वहाँ तो हिन्दी साहित्य का प्रकाश-सम्पन्न सूर्य ही निवास करता था। इस छोटे-से कमरे में एक छोटी चारपाई थी, जिस पर एक विशाल महामानव शयन करता था। समीप की दीवाल में ही बनी हुई आल्मारी में 20-25 पुस्तकें थीं; किन्तु उस महामानव के मस्तिष्क में न जाने कितने बने, अध-बने ग्रन्थ थे। उसी आल्मारी में दो-तीन कापियाँ, एक कलम और दावात, लेकिन उनका उपयोग केवल इसीलिए था कि यह महाकवि कापियों पर नहीं, मानव-हृदय पर अपनी प्रेरणा की कलम से जीवन की वास्तविकता के अनेक चित्र अपने अनुराग की अरुणिमा से उभार सके। उनके कमरे की घड़ी भले ही बन्द रहती हो, लेकिन युगों को नापनेवाला उनका संवेदनशील हृदय निरन्तर गतिशील रहता था। कोने में लगा हुआ गाँधीजी का चित्र जैसे इस गतिशीलता को जीवित रखता था।

पिछले कई वर्षों तक निरालाजी अस्वस्थ रहे। विशालकाय शरीर शिथिल-सा हो गया था। सुदृढ़ मांसपेशियाँ शून्य-सी पड़ रही थीं और मस्तिष्क में आशावादिता आहत होकर तड़प रही थी। वे अस्वस्थ थे, शायद इसीलिए उन्होंने कहा था "तुम्हारे पास वसन्त है, यहाँ पतझड़ हो रहा है।"

यह क्षोभ की बात है कि हिन्दी साहित्य में जो व्यक्ति वसन्त लेकर आया, वह पतझड़ के किनारे खड़ा रहा। वसन्त का प्रतीक इसलिए भी सही है कि सन् 1896 में निराला का जन्म इसी वसन्त पञ्चमी को हुआ था। बंगाल राज्य में महिषादल के अन्तर्गत मेदिनीपुर नामक स्थान में इनके पिता राज्य के दीवान थे। सामन्तवादी पिता का पुत्र समाजवादी हो, यह वास्तव में कुतूहल है। इनकी शिक्षा स्कूल और कालेज में नहीं हुई। घर पर ही संस्कृत और बँगला का अभ्यास कराया गया। बाद में हिन्दी, अंग्रेजी और उर्दू का ज्ञान इन्होंने अपने परिश्रम से ही प्राप्त किया। संस्कृत और बँगला साहित्य ने इन्हें कला और साहित्य की

अभिरुचि प्रदान की और दर्शन की ओर प्रेरित किया। आगे चलकर वे विश्वकवि रवीन्द्रनाथ, श्री रामकृष्ण परमहंस और श्री विवेकानन्द से बहुत अधिक प्रभावित हुए। दार्शनिक अभिरुचि के कारण इन्होंने श्री रामकृष्ण मिशन द्वारा प्रकाशित 'समन्वय' का और साहित्यिक अभिरुचि के कारण 'मतवाला' का सम्पादन किया। 'मतवाला' में इनकी जो कविताएँ प्रकाशित हुईं उन्हीं के द्वारा सूर्यकान्त त्रिपाठी, 'निराला' के नाम से विख्यात हुए। स्वच्छन्द प्रवृत्ति के होने के कारण इन्होंने परम्परागत हिन्दी कविता को 'निराला' मोड़ दिया जिससे हिन्दी-काव्य में स्वच्छन्दवाद का जन्म हुआ।

पं० महावीरप्रसाद द्विवेदी का युग परम्पराओं का युग कहलाता है। खड़ीबोली हिन्दी कविता साहित्य-क्षेत्र में विकसित हो चुकी थी। श्री मैथिलीशरण गुप्त, श्री आयोध्यासिंह उपाध्याय और श्री गोपालशरण सिंह पौराणिक गाथाओं को खड़ीबोली की सरस शैली से पर्याप्त प्रसिद्धि दे चुके थे। तभी श्री जयशंकर प्रसाद ने हिन्दी को छायावाद की शैली प्रदान की। किन्तु, श्री प्रसाद का विकास ब्रजभाषा की वर्तुल गलियों में हुआ था, वे खड़ीबोली के राजमार्ग पर स्वच्छन्द गति से नहीं बढ़ पा रहे थे। ऐसी परिस्थिति में निराला ने बँगला की स्वच्छन्द प्रवृत्ति को आत्मसात् कर हिन्दी काव्य में शक्ति और गति का सञ्चार करना आरम्भ किया। दर्शन और अध्यात्म तथा संगीत और भावना का अद्‌भुत मिश्रण कर निराला ने हिन्दी के छायावाद को परिपुष्ट कर नयी दिशाएँ प्रदान कीं। आरम्भ के कविता-संग्रह 'परिमल' से लेकर पिछले दिनों के कविता-संग्रह 'गीत गुञ्ज' तक निराला ने हिन्दी काव्य में अपने काव्य के पाँच रूपों को जन्म दिया। इन पाँचों शैलियों का परिचय आपके सामने प्रस्तुत है।

पहली शैली का विकास लगभग 1925 के आस-पास होता है। इसमें निरालाजी हिन्दी काव्य को विशुद्ध संस्कृत पदावली तथा सामाजिक शब्द-समूह से सुसज्जित करते हैं। दर्शन का प्रभाव अनेक दिशाओं से कवि पर लक्षित होता है। श्री रवीन्द्रनाथ ठाकुर की 'गीताञ्जलि' का स्वर कवि के अधिक निकट है। साथ ही श्री रामकृष्ण का अध्यात्मवाद नये ढंग से कविता में उभरना चाहता है। इय युग की कविता 'तुम और मैं' है। इस कविता की कुछ पंक्तियाँ देखिए—

तुम तुंग हिमालय श्रृंग और मैं चंचल गति सुर-सरिता।
तुम विमल हृदय उच्छ्‌वास और मैं कान्त कामिनी कविता।
तुम प्रेम और मैं शान्ति
तुम सुरापान घन अन्धकार, मैं हूँ मतवाली भ्रान्ति।
तुम पथ हो मैं हूँ रेणु
तुम हो राधा के मन मोहन, मैं उन अधरों की वेणु।

तुम शिव हो मैं हूँ शक्ति
तुम रघुकुल गौरव रामचन्द्र, मैं सीता अचला भक्ति ॥
तुम यश हो, मैं हूँ व्याप्ति
तुम कुन्द, इन्दु, अरविन्द शुभ्र, तो मैं हूँ निर्मल व्याप्ति ॥ आदि

यद्यपि इस कविता में विशुद्ध दर्शन है किन्तु इसमें परम्परा से भिन्नता लक्षित होती है। उपमा और रूपक के प्रयोग स्थूल न होकर भावात्मक होते गये हैं। इसी कविता में कवि ने लिखा है–

तुम रण ताण्डव उन्माद नृत्य मैं युवति मुखर नूपुर ध्वनि। तुम
नाद-वेग ओंकार-सार मैं कवि श्रृंगार शिरोमणि ॥

और इस 'कवि श्रृंगार शिरोमणि' का परिचय कवि ने इसी युग में 'जूही की कली' शीर्षक कविता लिखकर दिया जिसमें प्रेमी और प्रेमिका के प्रतीक उपस्थित किये गये हैं। इस प्रथम युग से ही कवि का स्वच्छन्दवाद प्रकाश में आ गया।

दूसरे युग में कवि अधिक सांस्कृतिक हो गया है। यह युग लगभग 1930 से आरम्भ होता है। सौन्दर्य, संगीत की मादकता और सांस्कृतिक अभ्युत्थान की दृष्टि कवि में विशेष रूप से विकसित हो आयी है। इसी युग में उनकी 'गीतिका' परोक्ष रूप से और देश का गौरव प्रत्यक्ष रूप से कवि के हृदय में अपनी विशिष्ट कला से उभरना चाहता है। इस युग का एक गीत और देखिए–

भारति, जय विजय करे !
कनक शस्य कमल धरे।
लंका पद तल-शत दल
गर्जितोर्मि सागर-जल
धोता शुचि चरण युगल
स्तव कर बहु अर्थ-भरे।
तरु तृण वन लता वसन,
अंचल में खचित सुमन।
गंगा ज्योतिर्जल-कण
धवल-धार हार गले।
मुकुर शुभ्र हिम तुषार
प्राण प्रणव ओंकार
ध्वनित दिशाएँ उदार
शतमुख, शतरव-मुखरे।

निराला के काव्य का तीसरा युग प्रबन्ध-काव्य से आरम्भ होता है। यह युग सन् 1940 से आरम्भ होता है। इसमें 'राम की शक्ति-पूजा', 'तुलसीदास' विशेष महत्त्व की रचनाएँ हैं। ये रचनाएँ अधिकतर अन्तर्मुखी निबन्ध के रूप में हैं। 'तुलसीदास' रचना के सम्बन्ध में आचार्य श्री रामचन्द्र शुक्ल कहते हैं कि इस ग्रन्थ में कवि ने जिस परिस्थिति में गोस्वामीजी उत्पन्न हुए उसका बहुत ही चटकीला और रंगीन वर्णन करके चित्रकूट की प्राकृतिक छटा के बीच किसी प्रकार उन्हें आनन्दमयी सत्ता का बोध हुआ और नवजीवन प्रदान करनेवाले गान की दिव्य प्रेरणा हुई उसका अन्तर्वृत्ति के आन्दोलन के रूप में वर्णन किया है। एक छन्द का उदाहरण सुनिए—

थे मुँदे नयन, ज्ञानोन्मीलित,
कलि में सौरभ ज्यों, वित में स्थित,
अपनी असीमता में अवसित प्राणाशयः,
जिस कलिका में कवि रहा बन्द,
वह आज उसी में खुली मन्द,
भारती-रूप में सुरभि-छन्द निष्प्रश्रय।

निराला के काव्य का चौथा युग 'लोकहितवाद' के आन्दोलन के रूप में आरम्भ हुआ। इसमें श्रमजीवियों के कष्टों के प्रति सहानुभूति है और परम्परा और सम्पत्तिवाद के प्रति घोर विद्रोह है। काव्य की इस प्रगति ने निराला को साम्यवाद की समतल भूमि पर ला खड़ा किया और वे जनता-जनार्दन के कवि हो गये। यह युग तो तीसरे युग के साथ ही स्वच्छन्द रचनाओं के रूप में चलता रहा लेकिन यह 1945 में अधिक स्पष्ट हो गया जिस काल में निराला ने 'कुकुरमुत्ता' शीर्षक काव्य की रचना की। इसमें भाषा बोलचाल की हो गयी है और कहीं-कहीं उर्दू के शब्द भी स्वच्छन्दतापूर्वक ग्रहण किये गये हैं—

आया मौसम खिला फारस का गुलाब,
बाग पर उसका जमा था रोबो दाब,
वहीं गन्दे में उगा देता हुआ बुत्ता,
पहाड़ी से उठा सर ऐंठकर बोला कुकुरमुत्ता—
अबे, सुन बे गुलाब
भूल मत, गर पायी खुशबू रँगोआब,
खून चूसा खाद का तूने अशिष्ट
डाल पर इतरा रहा कैपिटलिस्ट
कितनों को तूने बनाया है गुलाम,

माली को रखा सहाया जाड़ा घाम,
हाथ जिसके तू लगा,

इस युग की कविताएँ लिखने के बाद निरालाजी अस्वस्थ हो गये। नियमित रूप से काव्य-रचना सम्भव नहीं हो सकी। जो गीत इस बीच समय-समय पर लिखे गये, वे 'गीत गुञ्ज' के नाम से प्रकाशित हुए। मस्तिष्क में नाना विचारों की क्रान्ति होने के कारण ये गीत यद्यपि मधुर हैं तथापि कई जगह अस्पष्ट हो गये हैं। यह पूछने पर कि आप आजकल मुक्त-काव्य क्यों नहीं लिखते, उन्होंने उत्तर दिया कि "हम लिखते ही कहाँ हैं। हमने तो अखाड़ा ही छोड़ दिया। आजकल बहुत लोग मुक्त-काव्य लिख रहे हैं। यह नवजवानों का जमाना है, वे लिखें। हमने रास्ता बता दिया कि ऐसे भी लिखा जा सकता है। अब तो मन बहलाने के लिए कभी-कभी दो-एक गीत लिख लेता हूँ। मुक्त-काव्य भावों का स्रोत चाहता है जो अब इस रोगी शरीर में नहीं पलता। अब तुम लोग लिखो। तुम्हारे पास वसन्त है, यहाँ तो पतझड़ हो रहा है।"

●

मृत्युञ्जयी निराला

–डॉ० रामविलास शर्मा

जीवन-द्रष्टा अनेक हुए हैं; जीवन से निराश होकर मृत्यु का आमन्त्रण करनेवालों की भी कमी नहीं। जो मृत्यु का सामना करके जीवन का वरण करते हैं, उन बिरले साधकों में थे निराला।

उन पर वेदान्त और स्वामी विवेकानन्द का प्रभाव था, यह बात प्रसिद्ध है। स्वामी विवेकानन्द, वेदान्त, तुलसीदास या कालिदास–इन सबको समझने, उनकी भावधारा को आत्मसात् करने का उनका ढंग अपना था। स्वामी विवेकानन्द की जिस बात ने सम्भवत: उन्हें सबसे अधिक आकर्षित किया था, वह मृत्यु के प्रति उनका दृष्टिकोण था। अपने कवि-जीवन के आरम्भ में ही उन्होंने स्वामी विवेकानन्द की कुछ कविताओं का अनुवाद किया था। 'गाता हूँ गीत मैं तुम्हें ही सुनाने को'–इस अनुवादित कविता का वर्ष उन्होंने 1924 दिया है। इसमें मृत्यु के बारे में कहा गया है–

बार-बार गाता मैं
भय नहीं खाता कभी,
जन्म और मृत्यु मेरे पैरों पर लोटते हैं।

इन पंक्तियों में व्यक्त स्थापना कवि का जीवन-आदर्श बन गयी। इसी वर्ष उन्होंने दूसरी कविता का अनुवाद किया–'नाचे उस पर श्यामा'। इसमें जीवन और मृत्यु का सम्बन्ध एक रूपक द्वारा प्रकट किया गया है। सूर्य की प्रखर किरणों से लोग भय खाते हैं, चन्द्रमा की शीतल किरणों की खोज करते हैं। वे यह भूल जाते हैं कि चन्द्रमा को अपनी शीतल किरणें सूर्य से ही प्राप्त होती हैं।

रुद्र रूप से सब डरते हैं,
देख-देख भरते हैं आह,
मृत्युरूपिणी मुक्तकुन्तला
माँ की नहीं किसी को चाह!

निराला ने निश्चय किया कि रुद्र रूप से डरना नहीं है। चन्द्रमा की शीतल किरणों से छले जाने के बदले सूर्य की प्रखर किरणों का ही सामना करना है। मृत्यु और अभयदायिनी माँ अलग नहीं हैं।

मृत्युस्वरूपे माँ, है तू ही
सत्यस्वरूपा, सत्याधार

इस माँ के पास व्याधि है, रोग है, विष है, मृत्यु तो वह स्वयं है ही।

माँ, तू मृत्यु घूमती रहती,
उत्कट व्याधि, रोग बलवान,
भर विष-घड़े, पिलाती है तू
घूँट जहर के, लेती प्राण।

इस देवी ने मानो अपनी सारी विशेषताएँ अपने भक्त के जीवन में उतार दीं।

अनुवादित कविता में माँ को मृत्युरूपिणी कहा गया है। निराला मृत्यु के उपासक नहीं थे, वह मृत्यु पर विजय पाने के आकांक्षी थे। इसलिए उनकी अपनी रचनाओं में जिस आराध्य देवी की वन्दना की गयी है, वह मृत्यु से परे है। मृत्यु उसका आभरण है, वह विष के प्याले पिलाती है, मनुष्य को मृत्युञ्जयी बनाने के लिए।

1925 में उन्होंने गीत लिखा था—

मृत्यु-निर्वाण प्राण-नश्वर
कौन देता प्याले भर-भर ?

इन प्यालों को पीनेवाला मृत्यु की बाधाएँ पार करके अमर हो जाता है।

मृत्यु की बाधाएँ, बहु द्वन्द्व
पार कर-कर जाते स्वच्छन्द
तरंगों में भर अगणित रंग,
जंग जीते, मरे हुए अमर।

मरना नहीं, मरकर अमर होना, यह था जीवन का आदर्श।

यह बात नहीं कि निराशा और उदासी ने उन्हें घेरा न हो, किन्तु वे उसके पार भी कुछ देखने का साहस सँजोये रहे। 22 अक्टूबर, 1927 के 'मतवाला' में उनकी प्रसिद्ध चुनौती छपी थी—

जीवन चिरकालिक क्रन्दन।
मेरा अन्तर वज्र-कठोर,
देना जी भरसक झकझोर,
मेरे दुःख की गहन अन्ध-
तम निशि न कभी हो भोर।

क्या होगी इतनी उज्ज्वलता
इतना वन्दन-अभिनन्दन ?

श्री अमृतलाल नागर के शब्दों में नियति ने मानो उनकी यही प्रार्थना सुनी। उन्होंने सब दुःख झेलने की प्रतिज्ञा की और अन्त में यह आशा प्रकट की कि उनका जीवन-रथ अन्धकार को पार कर जायगा।

हो मेरी प्रार्थना विफल,
हृदय कमल के जितने दल,
मुरझायें, जीवन हो म्लान,
शून्य-सृष्टि से मेरे प्राण
प्राप्त करें शून्यता सृष्टि की,
मेरा जग हो अन्तर्धान,
तब भी क्या ऐसे ही तम में
अटकेगा जर्जर स्यन्दन ?

'परिमल' में उनकी रचना है 'पतनोन्मुख'। इसमें मानो आसन्न मृत्यु के दर्शन करके उन्होंने लिखा था—

मास-मास दिन-दिन प्रतिपल
उगल रहे हो गरल अनल,
जलता यह जीवन असफल,
हिम हतपातों-सा असमय ही
झुलसा हुआ शुष्क निश्चल !

विकल डालियों से
झरने ही पर हैं पल्लव-प्राण—
हमारा डूब रहा दिनमान !

पल्लव-प्राणों के डालियों से विलग होने में अभी बहुत विलम्ब था। 'आवाहन' में उन्होंने आराध्य देवी श्यामा से मृत्यु को पंजा लड़ाते हुए चित्रित किया।

भैरवी भेरी तेरी झंझा
तभी बजेगी मृत्यु लड़ायेगी जब तुझसे पंजा।

स्पष्ट ही मृत्यु से संघर्ष करनेवाला व्यक्ति कवि स्वयं है। 'परिमल' की ये कविताएँ 1927-28 के लगभग रची गयी थीं।

'गीतिका' के अनेक गीतों में मृत्यु को स्मरण किया है। उससे भय नहीं, उससे संघर्ष नहीं, वह आकर्षक हो गयी है। विश्व-सुन्दरी के हाथों में मरण और

अमरता, दोनों वर विद्यमान हैं।

मृत्यु को अपने ही कर म्लान
कर दिया तुमने प्रिया सुघर।

मृत्यु के ज्ञान से प्रणय का आकाश खुल जाता है; मृत्यु के भीतर भी उसी विश्व-सुन्दरी का प्रकाश दिखायी देता है।

मृत्यु में पैठ भंग-भ्रू-लास-
रंग दिखलाती हो सत्वर।

एक अन्य गीत में वह इस सुन्दरी का आह्वान करते हैं। सघन अन्धकार है। आकाश ध्यान में डूबा है। नीलकमल मुँद गये हैं।

यही नील-ज्योति-वसन
पहन नील नयन हसन,
आओ छवि, मृत्यु-दशन,
करो दंश जीवन-फल।

'दे, मैं करूँ वरण' गीत में कवि ने मृत्यु को माँ के चरणों के राग से रंजित देखा है।

दे, मैं करूँ वरण
जननि, दुःखहरण पद-राग-रंजित मरण।

इस मृत्यु-वरण का अर्थ जीवन का अन्त नहीं है; इस जीवन में ही मृत्युञ्जयी वीर संघर्ष में अजेय रहता है।

लाञ्छना इन्धन, हृदयतल जले अनल,
भक्ति-नत-नयन मैं चलूँ अविरल सबल
पार कर जीवन-प्रलोभन समुपकरण।

यह संसार समुद्र के समान है। उसकी लहरें शक्ति की तरंगें हैं। मृत्युञ्जयी वीर इन तरंगों को पार करता है।

प्राणसंघात के सिन्धु के तीर मैं
गिनता रहूँगा न कितने तरंग हैं
धीर मैं ज्यों समीकरण करूँगा तरण।

मृत्यु-सम्बन्धी रचनाओं में निराला का स्वर 'गीतिका' में सर्वाधिक उदात्त है। इस तरह की रचनाओं में ओज गुण का निर्वाह उनकी विशेषता है।

अपने चरणों के राग से मृत्यु को रंजित करनेवाली देवी ही रावण को अंक में लिये हुए राम को दर्शन देती है। शक्ति की साधना करके राम रावण पर

विजय पाते हैं। सन् 1938 के एक गीत में मृत्यु और मुक्ति एक हो जाती हैं।

दिये थे जो स्नेह-चुम्बन,
आधार प्याले गरल के घन;
कह रही हो हँस—'पियो प्रिय,
पियो प्रिय, निरुपाय
मुक्ति हूँ मैं, मृत्यु में आयी हुई न डरो।'

सन् '39 के गीत

उन चरणों में मुझे दो शरण।
इस जीवन को करो हे मरण।

में उन्होंने एक सीमा तक गीतिका के 'दे, मैं करूँ वरण' के भाव की आवृत्ति की है। गीत का अन्त इस प्रार्थना से होता है—

उठे सृष्टि से दृष्टि, सहज मैं
करूँ लोक-आलोक-सन्तरण।

सन् '40 में उन्होंने लिखा—

मैं अकेला;
देखता हूँ, आ रही
मेरे दिवस की सान्ध्य वेला।

मृत्यु कल्पना की बात नही है। वृद्धावस्था के लक्षण प्रकट हो रहे हैं।

पके आधे बाल मेरे,
हुए निष्प्रभ गाल मेरे,
चाल मेरी मन्द होती आ रही
हट रहा मेला

इस समय भी व्यंग्य उनका साथ नहीं छोड़ता। नदी, झरने पार कर लिये; अब जो पार करना है, उसके लिए नाव (भेला) नहीं है।

जानता हूँ नदी-झरने,
जो मुझे थे पार करने,
कर चुका हूँ, हँस रहा यह देख
कोई नहीं भेला।

नाव के बिना मृत्यु की वैतरणी पार करनेवाले कवि का नाम है निराला।

सन् '42 के गीत

स्नेह निर्झर बह गया है।
रेत ज्यों तन रह गया है।—

में मृत्यु का कुहासा घनीभूत हो गया है।

अब नहीं आती पुलिन पर प्रियतमा,
श्याम तृण पर बैठने को, निरुपमा।
बह रही है हृदय पर केवल अमा;
मैं अलक्षित हूँ, यही
कवि कह गया है।

इसी वर्ष उन्होंने दूसरा गीत लिखा जिसमें मृत्यु की निकटता पर अवसाद न प्रकट करके उन्होंने उससे जीवन का सम्बन्ध जोड़ा।

मरण को जिसने वरा है
उसी ने जीवन भरा है।
परा भी उसकी, उसी के
अंक साथ यशोधरा है।

सन् '50 में उन्होंने अनेक गीत रचे जिनमें उन्होंने शान्त भाव से मृत्यु को स्मरण किया। अब वह अपने जीवन में मृत्यु की विकरालता का अनुभव कर रहे थे। जितना ही उनका शरीर विष से दग्ध हो रहा था, उतना ही स्वर कोमल और शान्त होता था। 'अर्चना' के पहले ही गीत में उन्होंने लिखा—

काटे नहीं कटी जो कारा
उसकी हुई मुक्ति की धारा,
वार-वार से जो जन हारा,
उसकी सहज साधिका अरुणा।

अब उनके स्वर में चुनौती नहीं है, सहज विनती है—

प्यास लगी है, बुझाओ।
अमृत के घूँट पिलाओ।

मृत्यु की प्रथम आभा देखकर उन्होंने लिखा—

धीरे-धीरे हँसकर आयी
प्राणों की जर्जर परछाईं
छाया-पथ घनतर से घनतम,
होता जो गया पंक-कर्दम,
कता कवि आँखों से सत्तम,
मृत्यु की प्रथम आभा आयी।

अब कवि को कोई चुनौती देता है कि वह मर-मरकर जिये; फूल नष्ट हो जाय और फिर खिले, तब वह वास्तव में खिला।

क्या गले लगाना है बढ़कर
क्या अलख जगाना अड़-अड़कर
क्या लहराना है झड़-झड़कर,
जैसे तुम कहकर मुसकायीं।

विष व्यापने पर भी जो देवी अविचल रहती है, वह कवि का ही प्रतीक है—

पिछले कुल खेल समाप्त हुए,
जो नहीं मिले वर प्राप्त हुए,
बीसों विष जैसे व्याप्त हुए,
फिर भी न कहीं तुम घबरायीं।

अपनी रुग्णावस्था में भी निराला ही यह सब लिख सकते थे। शैली में उदात्त गुण लाने का किंचित् प्रयास नहीं है। फिर भी सहृदय पाठक के लिए गीतों में अगाध करुणा का सागर लहराता है। कवि ने 'राम की शक्ति-पूजा' के पराजित राम के बारे में लिखा था :

वह एक और मन रहा राम का जो न थका।

राम के मन के समान कवि का भी एक मन था जो कभी थका नहीं।

वही मन शारीरिक और मानसिक व्याधियों पर विजय पाकर इस तरह के गीतों में प्रकट हुआ है। नरक-त्रास उनके इस मन को छू न पाता था। वे दूसरों के लिए प्रार्थना करते थे—

माँ अपने आलोक निखारो,
नर को नरक-त्रास से वारो।

इस नरक-त्रास को कवि स्वयं कैसे झेल रहा था, इसकी झाँकी इस गीत में मिलती है—

भग्न तन, रुग्ण मन,
जीवन विषण्ण बन।
    क्षीण क्षण-क्षण देह,
    जीर्ण सज्जित गेह,
    घिर गये हैं मेह,
    प्रलय के प्रवर्षण।

चलता नहीं हाथ,
कोई नहीं साथ,
उन्नत, विनत माथ,
दो शरण, दोषरण

यह गीत 'गीत-गुञ्ज' के प्रथम संस्करण में दिया हुआ है। सम्पादकों के अनुसार पुस्तक का रचना-काल 1953-54 है। 'गीत-गुञ्ज' के दूसरे संस्करण में सन् '56 का एक गीत है—

मधुर मधुर, मृत्यु मधुर
सफल जन्म, कम्पित उर।

इस प्रकार सन् '24 से सन् '56 तक—कवि-जीवन के आरम्भ से प्राय: उसके अन्त तक—कवि की मृत्युञ्जयी साधना का इतिहास सुरक्षित है। निराला की रचनाओं में—गद्य और पद्य में—अनेक राग, रस, गुण और स्वर हैं। इन सबमें व्याप्त एक मूल स्वर है, उस अपराजित और अपराजेय मन का जो ऊपर के उद्धृत गीतों में स्पष्ट देखा-सुना जा सकता है। मृत्यु पर विजय प्राप्त करने की साधना कोई क्षणस्थायी मनोविकार न थी। इस साधना का आधार था—उनके अन्तरतम की जीवन-आकांक्षा। कितने वर्षों तक यह साधना चली! कितने वर्षों तक—मास-मास, दिन-दिन, प्रतिपल—उन्होंने मृत्यु की वेदना को सहा। मृत्यु को उन्होंने मुक्ति कहा, लेकिन वह मुक्तिवाली मृत्यु उनकी प्रार्थना आराधना के बहुत दिन बाद आयी। जिस मृत्यु का वह प्रत्यक्ष अनुभव करते थे, वह इस भौतिक जीवन की व्याधियों से उत्पन्न हुई थी। कितने कवियों ने इतने वर्षों तक मृत्यु की इस असह्य यन्त्रणा को हँसते-हँसते सहा है? कितने कवि इस गरल को पीकर उसकी ज्वाला से झुलसते हुए अपनी रचनाओं में ओज और प्रसाद गुण उत्पन्न कर सके हैं? अपने अन्तिम दिनों में जब उनका तन जर्जर हो गया था, उनका अपराजेय मन मानो मृत्यु की झाँकी देख आता था और फिर इस जीवन में लौटकर अपनी अनुभूति की उलटबाँसी सुनाने लगता था। उनकी रचनाएँ सरल नहीं हैं; फिर भी सहानुभूति से पढ़नेवालों के मन पर यह छाप जरूर पड़ेगी कि निराला किसी ऐसी अनुभूति की बात कह रहा है, जो सच्ची है और जो हमारे सामान्य अनुभवों से भिन्न है।

उनके संघर्षों का अन्त हो गया। जो मन से मुक्त थे, वह अब तन से भी मुक्त हो गये। हिन्दी में अभूतपूर्व विरोध पर उन्होंने विजय पायी। उन्होंने सहस्रों हिन्दी पाठकों के हृदय को आन्दोलित किया। जो उनकी चर्चा करता है, वह मानो अपने सगे की, अपने निकटतम प्रियजन की चर्चा करता है।

निराला के उज्ज्वल कविजीवन का यह श्रीगणेश है। उनकी काव्य प्रतिभा का प्रकाश दिन-दिन फैलेगा, अधिकाधिक पाठक उन्हें अपनायेंगे। जिन साधारण जनों को वह हृदय से प्यार करते थे, वे शिक्षित होकर विद्वानों की अपेक्षा निराला का महत्त्व अधिक समझेंगे। युगों-युगों तक वे हिन्दीभाषी जनता के साथ रहेंगे और अपनी काव्यशक्ति से जनजीवन को अनुप्राणित करते रहेंगे।

× × × ×

निरालाजी का साहित्यिक जीवन उस युग में बीता जिसमें देश के राष्ट्रीय स्वाधीनता-आन्दोलनों ने अपने उतार-चढ़ाव के सबसे महत्त्वपूर्ण दिन देखे। यह स्वाधीनता-आन्दोलन 20वीं सदी की नवीन अन्तर्राष्ट्रीय परिस्थितियों में विकसित हुआ, जिनकी विशेषता थी, रूस की समाजवादी क्रान्ति द्वारा विश्व साम्राज्यवादी घेरे का टूटना। प्रेमचन्द के साथ वह हिन्दी में नयी क्रान्तिकारी चेतना के अग्रदूत थे। यह क्रान्तिकारी चेतना नयी इसलिए थी कि वह ब्रिटिश पराधीनता से मुक्तिलाभ करके सन्तुष्ट न होना चाहती थी, वरन् व्यापक सामाजिक परिवर्तनों के लिए तत्पर थी। उनकी प्राथमिक रचनाओं में ही क्रान्ति का यह नया उद्घोष सुनायी दिया था—

रुद्ध कोष है क्षुब्ध तोष,
अंगना अंग से लिपटे भी
आतंक अंक पर काँप रहे हैं
धनी वज्र गर्जन से बादल !
त्रस्त नयन मुख ढाँप रहे हैं।
जीर्ण बाहु, है शीर्ण शरीर,
तुझे बुलाता कृषक अधीर,
हे विप्लव के वीर !
चूस लिया है उसका सार,
हाड़ मात्र ही हैं आधार,
ऐ जीवन के पारावार !

इस तरह की पंक्तियाँ उन्होंने किसी क्षणिक आवेश में न लिखी थीं। निर्धन और पीड़ित जनता से उन्हें गहरी सहानुभूति थी। 'सरोज-स्मृति' में उन्होंने लिखा था—

क्षीण का न छीना कभी अन्न,
मैं लख न सका वे दृग विपन्न।

वे सचमुच दूसरों का दुःख न देख सकते थे। पत्थर तोड़ती हुई श्रमिक नारी का चित्र खींचकर उन्होंने श्रमिक जनता के प्रति अपनी मार्मिक सहानुभूति का परिचय दिया था–

उठी झुलसाती हुई लू,
रुई ज्यों जलती हुई भू,
गर्द चिनगी छा गयी
प्रायः हुई दुपहर–
वह तोड़ती पत्थर।

उनके लिए सच्चा धर्म था मानवता की सेवा। धार्मिक आडम्बरों से उन्हें घृणा थी। 'सेवा-प्रारम्भ' में उन्होंने स्वामी विवेकानन्द के सेवा-कार्यों का चित्रण किया है। एक मुसलमान लड़की का घड़ा फूट जाता है; स्वामीजी उसे घड़ा दिलवा देते हैं, अकाल से त्रस्त भूखे लड़को को चूड़ा दिलवा देते हैं, गन्दे फर्श पर मरती हुई बुढ़िया का घर साफ करके उसे दवा देते हैं। बुढ़िया प्रसन्न होकर कहती है, तुम पिछले जन्म में मेरे बेटे थे; स्वामीजी उत्तर देते हैं इस जन्म का भी हूँ। वह इस तरह की सेवा और सेवकों के भक्त थे। 'दान' कविता में उन्होंने उन धर्मप्रेमियों पर व्यंग्य किया है जो मनुष्य को भूख से चिल्लाता छोड़कर बन्दरों को पूए खिलाते हैं। 'देवी' कहानी के धर्मप्रेमी सज्जन पगली भिखारिन को देखकर यह कहते हुए निकल जाते हैं कि "सकल पदारथ हैं जग माहीं। कर्महीन नर पावत नाहीं।" वह जाति-प्रथा, धार्मिक भेदभाव, ऊँच-नीच और छुआछूत के तीव्र विरोधी थे। उन्होंने अपने गाँव के चतुरी चमार को लेकर अद्वितीय रेखाचित्र की रचना की। 'कुल्ली भाट' में उनका दलित मानवता के प्रति प्रेम बड़े समर्थ रूप में प्रकट हुआ है। कुल्ली की पाठशाला में अछूत बालकों को देखकर उन्होंने लिखा था, "इनकी ओर कभी किसी ने नहीं देखा है। ये पुश्त-दर-पुश्त से सम्मान देकर नतमस्तक हो संसार से चले गये हैं। संसार के सभ्यता के इतिहास में इनका स्थान नहीं है। यह नहीं कह सकते, हमारे पूर्वज कश्यप, भारद्वाज, कपिल, कणाद थे। रामायण, महाभारत इनकी कृतियाँ हैं; अर्थशास्त्र, कामसूत्र इन्होंने लिखे हैं; अशोक, विक्रमादित्य, हर्षवर्द्धन, पृथ्वीराज इनके वंश के हैं। फिर भी ये थे और हैं।" मानवता की यह व्यापक धारा निराला साहित्य के एक छोर से दूसरे छोर तक प्रवाहित हुई है। अपनी जीवनयात्रा की अन्तिम मंजिल में भी उन्होंने स्वाधीन भारत की दुःखी जनता को स्मरण करके लिखा था–

माँ ! अपने आलोक निखारो।
नर को नरक- त्रास से वारो।

जनता के सच्चे सेवकों का वह आदर करते थे। जनता को धोखा देकर उग्र राजनीतिक बातें करनेवालों से उन्हें घृणा थी। ऐसे नेताओं के बारे में उन्होंने लिखा था–

खुला भेद विजयी कहाये हुए जो
लहू दूसरों का पिये जा रहे हैं।

पूँजीवादी शोषण की ओर संकेत करते हुए उन्होंने लिखा था–

भेद कुल खुल जाय वह सूरत हमारे दिल में है।
देश को मिल जाय जो पूँजी तुम्हारी मिल में है।

'महँगू महँगा रहा' का महँगू जानता है कि जब बड़े आदमी अपनी धन-सम्पत्ति छोड़ेंगे तभी देश मुक्त होगा। अखबार व्यापारियों की सम्पत्ति है, लेकिन वह कहता है कि हमारे लिए लड़नेवाले लोग भी हैं; जिनके नाम अभी सुनायी नहीं देते।

निरालाजी गद्य और पद्य दोनों के समर्थ रचनाकार थे। उन्होंने काव्य-क्षेत्र में सामन्ती काव्य-परम्परा को हटाने और ब्रजभाषा के स्थान पर खड़ीबोली को प्रतिष्ठित करने में महान् योग दिया। उन्होंने 'राम की शक्ति-पूजा' और 'तुलसीदास' जैसी रचनाओं में अपनी प्रबन्ध-पटुता का परिचय दिया। 'गीतिका' के गीतों में उनकी गेयता फूट पड़ी। 'जुही की कली' जैसी सौन्दर्यबोध से ओतप्रोत अनूठी रचनाएँ कीं। उनकी कवि-चेतना का क्षेत्र व्यापक था। मृत्यु से लेकर अमर जीवन तक विभिन्न अनुभूतियों और कल्पनाओं को उन्होंने साकार किया। उनमें 'जागो फिर एक बार' के पपीहे का मृदु रव है तो 'बादल राग' का वज्रघोष भी। तुकान्त और अतुकान्त छन्दों में समान सफलता से उन्होंने काव्य-रचना की। उन्होंने 'प्रभावती' में एक नये ढंग के ऐतिहासिक उपन्यास का उदाहरण प्रस्तुत किया। अपने रेखाचित्रों और लघु उपन्यासों जैसे 'बिल्लेसुर बकरिहा' में उन्होंने अवध के ग्रामीण जनों के चरित्र की बहुमुखी विशेषताएँ उभारकर रखीं। उन्होंने छायावादी धारा को पुष्ट किया, साथ ही यथार्थवाद के विकास में योग दिया। उन्होंने अनेक दार्शनिक निबन्ध लिखे जिनमें कुछ 'प्रबन्ध पद्य' में संगृहीत हैं। उन्होंने अनेक आलोचनात्मक निबन्ध लिखे जिनमें उनकी आलोचना को कथा के समान रोचक बनाने की कला दर्शनीय है। इन निबन्धों में 'पन्तजी और पल्लव', 'कला के विरह में जोशी बन्धु' और 'मेरे गीत और कला' उल्लेखनीय हैं।

अपनी क्रान्तिकारी चेतना के कारण उन्हें समाज के रूढ़िवादियों का तीव्र विरोध सहना पड़ा। उन्हें अपनी युग-प्रवर्तक भूमिका का पूर्ण ज्ञान था, साथ ही वह यह भी जानते थे कि समाज के नेतागण उन्हें क्या समझते हैं। इसलिए 'हिन्दी

के सुमनों के प्रति पत्र' में उन्होंने अपने बारे में दो बातें लिखी थीं—एक तो यह कि "मैं ही वसन्त का अग्रदूत", दूसरी यह कि "ब्राह्मण समाज में ज्यों अछूत।" उन्होंने साहित्य और हिन्दी भाषा की मर्यादा की रक्षा के लिए बहुत सहा। यदि उनमें व्यवहार-बुद्धि होती तो वह भी कोई सरकारी कुर्सी सुशोभित करते, किन्तु उन्होंने तो व्रत लिया था कि अपमान की आग को पीकर साहित्य रचेंगे।

लाञ्छना इन्धन हृदयतल जले अनल।

वह अनल उनके साहित्य में इस तरह प्रज्वलित है कि उससे काव्य-जगत् के कीट-पतंगों के पंख झुलस जाते हैं। उस अग्नि को श्रद्धा के फूलों से ढकने का भगीरथ प्रयास किया जा रहा है जिससे जनता केवल फूल देखे और उनके साहित्य की ऊष्मा से बेखबर हो जाय। लेकिन वह अग्निशिखा बुझने की नहीं। निराला ने युग-प्रवर्तन किया। अब वह युग निराला की कीर्तिध्वजा उठाकर आगे बढ़ रहा है।

× × × ×

दस वर्ष पहले जो लोग निराला के चरित्र पर आक्षेप करते थे, उसके शिखा-सूत्र धारण न करने से विक्षुब्ध हो उठते थे, जो उसकी रचनाओं को ऊटपटाँग बताते थे, वे अब उसे ऋषि कहते हैं, भारतीय संस्कृति का एक उद्धारक मानते हैं, तुलसीदास और वाल्मीकी से उसकी तुलना करते हैं।

साहित्य के कर्णधार, समाज के गण्यमान्य नेता जब तक बन पड़ता है, तब तक निराला-जैसे साहित्यकारों का विरोध करते हैं। जब वे देखते हैं कि विरोध के बावजूद वैसे साहित्यकार मैदान में डटे ही रहे, यही नहीं उनका मान-सम्मान और उनके अनुयायियों की संख्या बढ़ती ही जाती है, तो वे भी श्रद्धाञ्जलियाँ लेकर दौड़ते हैं।

निराला संघर्षों का कवि है, वह क्रान्तिकारी और युग-प्रवर्तक है—ये बातें इतनी प्रचलित हो गयीं कि उन्हें श्रद्धा के फूलों से ढका नहीं जा सकता। इसलिए यह तो कहा ही जायगा कि वह संघर्षों का कवि है लेकिन उसने किसके खिलाफ संघर्ष किया, इस सम्बन्ध में मौन रहकर सत्य पर परदा डाला जा सकता है। रही क्रान्तिकारी होने की बात सो उसने छन्दों को तोड़ा, यह उसका सबसे बड़ा क्रान्तिकारी कार्य है।

निराला ने मुक्त छन्द लिखे, किन्तु उनके जीवन का कोई ऐसा दौर नहीं रहा जिसमें उन्होंने तुकान्त छन्द न लिखे हों। गीतिका के सभी गीत तुकान्त हैं, 'राम की शक्ति-पूजा' और 'तुलसीदास' जैसी रचनाएँ भी तुकान्त हैं। उनका वास्तविक महत्त्व छन्दों के बन्धन तोड़ने तक सीमित नहीं है।

निराला ने जिस समय लिखना शुरू किया, उस समय सामन्त-युग से चली आती अलंकार चमत्कारवाली नायिका-भेद समस्या-पूर्तिवाली परम्परा का जोर था। पुराने संस्कारोंवाले कवि और आलोचक देव-बिहारी की श्रेष्ठता के कायल थे, कविता में ब्रजभाषा के माधुर्य के आगे खड़ीबोली को कुछ गिनते न थे। निराला काव्य में खड़ीबोली को प्रतिष्ठित करनेवालों में हैं। साथ ही उन्होंने नायिकाभेदी परम्परा को भी निर्मूल करने में सशक्त योग दिया। वे कविता लिखते ही न थे, मंच पर जाकर कविता-पाठ से जनता का मन मोहते थे और इस तरह उसे प्राचीन परिपाटी के काव्य-प्रेम से विमुख करते थे। इसीलिए आचार्य लोग उन पर आक्षेप करते थे : भाषा लिखना नहीं आता, छन्द-अलंकार का ज्ञान नहीं है, कविता लिखना कितना आसान हो गया है, रबड़ छन्द, केचुआ छन्द लिखता है, इत्यादि।

निराला के संघर्षों का कारण यह था। वह सामन्ती संस्कारों और परम्पराओं से लड़ा, उसने साहित्य की प्रगति के लिए मार्ग प्रशस्त किया। फिर क्यों न वह घोर आक्षेपों-आलोचनाओं का केन्द्र बनता ?

नायिकाभेदी आचार्यों के अलावा वह उन अनेक कवियों के लिए भी चक्षुशूल था जो खड़ीबोली के समर्थक थे, जो राष्ट्रीय जागरण के गीत गाते थे और जार्ज पञ्चम की वन्दना भी करते थे। निराला की राष्ट्रीयता का झुकाव समाजवाद की ओर था। वह प्रदर्शन और समझौते की बात न करके क्रान्ति की बात करते थे। उनके बादल की वज्र हुंकार सुनकर आतंक का सहारा लेनेवाले धनी जन अंगना-अंग से लिपटे होने पर भी काँप उठते हैं। आकाश से स्पर्द्धा करनेवाले पर्वत चूर हो जाते हैं, छोटे-छोटे पौधे प्रसन्न होकर बादल को बुलाते हैं, क्योंकि—

विप्लव रव से
छोटे ही हैं शोभा पाते।

निराला क्रान्तिकारी कवि थे। उनकी क्रान्ति का लक्ष्य था ब्रिटिश साम्राज्यवाद से मुक्ति; जाति, वर्ण, धर्म आदि की सीमाएँ तोड़कर मानव-समानता के आधार पर रचा हुआ समाज। इसलिए कवियों और साहित्यकारों के अलावा राष्ट्रीय नेता भी उनसे चौकन्ने रहते थे। स्वाधीन भारत के एक ऐसे ही नेता ने निराला को सरकारी सहायता देने से इन्कार किया था, क्योंकि उनकी समझ में वह कम्युनिस्ट थे। इस पर उग्रजी ने 'हंस' में उन नेताजी की कड़ी आलोचना की थी।

वास्तव में शासन ने उनको सहायता देने में बहुत बिलम्ब किया। सहायता तब की जब वह यथेष्ट जर्जर हो चुके थे। और सहायता भी क्या ! दारागंज के एक छोटे-से कमरे में उन्हें रहना पड़ा, जिसमें पहले बिजली का पंखा न था, जिसके पास गर्मियों में सण्डास की बू आती थी—उसी में उनके प्राण गये।

राष्ट्रीय नेताओं और कवियों के अलावा कुछ छायावादी कवियों को भी उनका युग-प्रवर्तन सह्य न था। वे नेताओं से मिल-जुलकर चलना चाहते थे, बिना काम किये किसी के संरक्षण में दिन काटना चाहते थे। इसके अलावा जब-तब अंग्रेजी प्रेम के कारण उन्हें सूर-तुलसी में भाषा और काव्य का सौन्दर्य फीका लगता था। मध्यकालीन भक्ति-साहित्य के प्रगतिशील तत्त्वों को पहचानने में वे अक्षम थे। निराला से उनकी भी टक्कर हुई। केवल प्रसादजी आजीवन दुःख में, सुख में उनके समर्थक रहे।

साहित्य-जगत के अलावा समाज में निराला को प्रतिक्रियावादियों का विरोध सहना पड़ा। वह अपने जीवन में क्रान्तिकारी थे। वह दलित जनों के हिमायती, अहम्मन्य, उच्च वर्णों का अहंकार नाश करनेवाले, खान-पान में धार्मिक, जातिगत भेदभाव को तोड़नेवाले थे।

उन्नाव जिले में उच्च वर्णों के रूढ़िवाद से जो परिचित होगा, उसे इस बात पर अवश्य आश्चर्य होगा कि शिखासूत्रहीन निराला जमींदार के खिलाफ चतुरी चमार की पैरवी करके गाँव में बचा कैसे रहा। बचने का कारण यह था कि नौजवान गरीब आदमी दलितजन उसके लिए जान देने को तैयार रहते थे। प्रेमचन्द और बलभद्र दीक्षित के अलावा हिन्दी में कोई ऐसा साहित्यकार नहीं हुआ जो गाँवों की दीन जनता के इतना निकट रहा हो—क्रान्तिकारी ढंग से रहा हो—जैसे निराला। उनका यह पक्ष 'कुल्ली भाट', 'चतुरी चमार', 'बिल्लेसुर बकरिहा', 'देवी' आदि रचनाओं में विशेष निखरकर आया है। वह छायावाद की भूमि पर भी संघर्षों के कवि रहे; वह गद्य में यथार्थवाद की भूमि पर बहुत आगे बढ़े।

उन्होंने सामाजिक रूढ़िवाद पर तीव्र प्रहार किया। उन्होंने जनता की राजनीतिक चेतना को प्रखर किया। उन्होंने हिन्दी पाठकों की क्रान्तिकारी भावनाओं को उभारा, सँवारा। उन्होंने नये छन्द, नये मूर्ति-विधान, नयी भावधारा और शब्दयोजना से हिन्दी काव्य को अभूतपूर्व ढंग से समृद्ध किया।

वर्तमान युग उनकी कीर्ति का उषाकाल है। अभी श्रद्धा अधिक है, उनके साहित्य का अध्ययन कम है। जैसे-जैसे शिक्षा का प्रसार होगा, जनसाधारण की सामाजिक और सांस्कृतिक स्थिति बदलेगी, वैसे-वैसे हिन्दीभाषी प्रदेश के करोड़ों साधारण जन उन्हें हृदय से प्यार करेंगे। वास्तव में साधारण जनों ने उन्हें सदा अपना माना, सहज ज्ञान से उन्हें पहचाना। इसी से बल पाकर वे इतने दिन जिये। उन्होंने अपार कष्ट सहे लेकिन कभी धनी-मानी, साहित्य-विमुख जनों के सामने अपना माथा नहीं झुकाया। उनका वह उन्नत मस्तक हिन्दी साहित्य का उन्नत भाल है जो झुकना नहीं जानता। इसीलिए उनके साहित्य के साथ उनका जीवन अमोघ प्रेरणा का स्रोत है।

× × × ×

निरालाजी को राजनीतिज्ञों से कोई विशेष चिढ़ न थी किन्तु वह साहित्यकार को राजनीतिज्ञ से ऊँचा स्थान देते थे। जिन लोगों ने उनकी 'प्रबन्ध-प्रतिमा' पुस्तक देखी है, उन्हें मालूम होगा कि फैजाबाद में राजनीतिक नेताओं को मंच पर और स्वर्गीय आचार्य शुक्ल को नीचे जमीन पर बैठे देखकर उन्हें कितना कष्ट हुआ था। गाँधीजी और नेहरूजी से अपनी भेंट का जो विवरण उन्होंने लिखा है, उसमें उनका अहंकार नहीं, साहित्यकार का आत्म-सम्मान झलकता है।

सन् '38-39 में निरालाजी के कुछ मित्र नाटक करने का विचार कर रहे थे। उनके इस प्रयत्न में निरालाजी का सहयोग था। कुछ मित्र चाहते थे कि इस कार्य के लिए एक राजनीतिज्ञ को चुना जाय। इस सम्बन्ध में उन्होंने श्री अमृतलाल नागर को एक पत्र लिखा था जिसमें मेरा भी उल्लेख था। मुझे उस समय इस सम्बन्ध में कुछ भी पता न था कि निरालाजी मेरे बारे में क्या सोचते हैं या किसी को क्या लिख रहे हैं। उनका यह पत्र अभी साल भर पहले चिरंजीव शरद नागर के सौजन्य से मुझे देखने को मिला। उसे मैं ज्यों-का- त्यों उद्धृत करता हूँ। पाठकों को साहित्यकार के आत्म-सम्मान के रक्षक निराला के दृढ़ चरित्र का परिचय इस पत्र से मिलेगा।

भूसामंडी, हाथीखाना

लखनऊ। 19-1-39

अमृतलाल, सर्वदानन्द, उमाशंकर वगैरः

दोस्तो,

उस रोज नाटक की मीटिंग के सम्बन्ध में सर्वदानन्दजी के कहने के अनुसार निश्चय हुआ था, उनकी जगह यानी माननीय शिक्षामन्त्री के वासभवन में रविवार के दिन मीटिंग होगी। मैं अपना उद्देश्य जाहिर कर चुका हूँ कि साधारण व्यक्ति सभापति चुना जाय, रामविलास साधारण और योग्य दोनों हैं। लेकिन उमाशंकरजी से सुना, आप लोगों में कुछ की राय है, मान० शिक्षामन्त्री सभापति हों। व्यक्तिगत रूप से उनके प्रति मेरी श्रद्धा है, पर इस सभापति चुनने की वृत्ति को मैं अच्छी निगाह से नहीं देख पा रहा। निश्चय हुआ था, काम करके हुक्कामों की सहानुभूति ली जायगी। अगर आप लोग मेरी तरह सहयोग देंगे, तो और तभी, मैं काम कर सकूँगा; अन्यथा नहीं। क्योंकि ड्रामा लिखने से खेलने तक का भार मेरा ही कुछ अधिक भारी होगा। कृपया सूचित करें, आप लोगों की क्या राय है। मैंने सर्वदानन्दजी के कारण वहाँ जाने में संकोच नहीं किया, यों मुझे वहाँ मीटिंग करते भी संकोच है। अगर आप लोग बुरा न मानें तो स्थान बदल दें। मेरे यहाँ या अन्यत्र जहाँ कहें, मीटिंग की जगह निश्चित हो। यह जरूर है कि आदर्श साधारण

रूप से ही आदर्श बनाया जायगा। आप जहाँ अड़चन देखते हैं, मुमकिन है, वहाँ सुगमता हो; क्योंकि कुछ विचार-शक्ति मेरे अन्दर भी है। आप दूसरा प्रेसीडेण्ट भी चुन सकते हैं, लेकिन व्यक्ति साधारण हो, साथ ही योग्य। इस तरह निश्चय करके चिट्ठी लिखें। मैंने वहाँ कहा था, अगर शिक्षामन्त्री के लड़के न होते तो सर्वदानन्द को सभापति चुन लेने में मुझे एतराज न होता। सभापति और मीटिंग की बात सूचित करें कि किसे चाहते हैं और कहाँ चाहते हैं। इति।

आप लोगों का

निराला

निराला के बारे में अनेक किंवदन्तियाँ प्रसिद्ध हैं, जिनमें बहुत-सी निराधार हैं। लोग उनका बाह्य जीवन ही देखते थे—भीतरी बातें जानना भी कठिन था—और जितना देखते थे उससे अधिक की कल्पना कर लेते थे। मुझे अनेक सज्जनों से निरालाजी के विचित्र 'संस्मरण' सुनने को मिले हैं। इस होड़ में कि कौन कितने संस्मरण सुनाता है, लोग संस्मरण गढ़ भी लेते हैं। जब तक निरालाजी के पत्रों के आधार पर उनकी जीवनी नहीं लिखी जाती, तब तक ऐसी किंवदन्तियाँ प्रचलित रहेंगी और बाद को भी प्रचलित धारणाओं का खण्डन करके सत्य का अनुसन्धान करना काफी कठिन होगा।

निरालाजी के बारे में एक प्रचलित धारणा यह है कि वह फक्कड़ आदमी थे। जो रुपया मिला, उसे खा-पीकर बराबर किया। पत्नी का पहले ही स्वर्गवास हो चुका था, इसलिए घर में किसी की चिन्ता उन्हें थी नहीं। पुस्तकों से कितनी रायल्टी मिलती है, कितनी नहीं, इसकी भी उन्हें चिन्ता नही थी।

इस धारणा के विपरीत सत्य यह है कि निरालाजी अपने पुत्र श्री रामकृष्ण त्रिपाठी तथा अपने भतीजों आदि का सदा ध्यान रखते थे और समय-समय पर उनकी आर्थिक सहायता करते थे। सन् 1945 में वह इलाहाबाद में थे और उनका स्वास्थ्य बिगड़ने लगा था। वह दारागंज के एक खस्ताहाल घर में (श्री कमलाशंकर सिंह के मकान से भिन्न) श्री मसुरियादीन चौधरी के यहाँ रहते थे। इन दिनों वह स्वयं बर्तन मलते थे और अपने हाथों भोजन पकाते थे। श्री रामकृष्ण त्रिपाठी लखनऊ में संगीत-शिक्षा पूरी कर रहे थे। निरालाजी अपनी कठिन परिस्थिति में भी उनकी बराबर सहायता करते थे। 31 जनवरी, 1945 को उन्होंने रामकृष्णजी को लिखा था—

दारागंज, इलाहाबाद 31-1-45

चिरंजीव रामकृष्ण,

तुम्हारे दोनों पत्र मिले। समाचार मालूम हुए। कल तीस रुपये तुम्हारे खर्च

के लिए भेजे, आज पन्द्रह रुपये और भेजते हैं। ट्यूशन कर ली अच्छा है। जो उद्वृत्त रुपया हो डाकखाने में या बैंक में जमा करते रहो। बैंक में एकमुश्त सौ रुपये से कम में नहीं होगा। 3-4 महीने में इससे अधिक रकम तुम्हारे हाथ आ जायगी। हम यथासम्भव तुमको बचा रुपया भेजते रहेंगे। साल भर में किताबों की रायल्टी मिलने लायक होगी।

युग मन्दिर, उन्नाव से उनकी कुछ पुस्तकें प्रकाशित हुई थीं जिनके बारे में इसी पत्र में लिखा था—

चौधरी साहब के युग मन्दिर से हमारी तीन किताबें रायल्टी पर निकलीं, (1) बिल्लेसुर बकरिहा, (2) कुकुरमुत्ता, (3) अणिमा। पहली दोनों किताबों के संस्करण समाप्त हो चुके हैं। फिर से छापने के लिए हमने मना किया था। सुना है, बकरिहा का संस्करण वे कर रहे हैं। क्या बात है, मालूम करके लिखना। वे कटरा बिजनबेग चौक अपनी ससुराल में, डाक्टर साहब के यहाँ सुना है कि हैं इस समय। उनसे रायल्टी के हिसाब में सौ-पचास रुपये ले लो जो वे दें। और सब कुशल है।...

सस्नेह

सूर्यकान्त त्रिपाठी 'निराला'

निरालाजी को इस बात का भी ध्यान रहता था कि परिवार में सबके पास यथोचित कपड़े-गहने वगैरह हैं या नहीं। गाँव में जो कामकाज होते हैं, उनमें क्या देना-लेना चाहिए, इसका हिसाब-किताब वह एक कुशल कुलपति के समान रखते थे। 9 अप्रैल, 1945 को उन्होंने इलाहाबाद से रामकृष्णजी को एक पत्र में लिखा था—

चिरंजीव रामकृष्ण,

एक पत्र लिखा था जिसका उत्तर नहीं आया। पच्चीस रुपये भेजे थे। उसकी रसीद मिल गयी कि रुपये तुमको प्राप्त हो गये। आज पचहत्तर रुपये भेजते हैं। एक तोले का टीका बनवा लो। चार सौ रुपये का चेक आ गया है। भुनाकर तीन सौ रुपये भेज देंगे, एक हफ्ते के अन्दर या लेकर आयेंगे। कान की कोई चीज, गले की और हाथ की बनवा लेनी हैं। माल खोटा न हो। सोने की परख करा लेना। हाथ का जंजीरदार एक जेवर होता है, तीन-चार तोले तक बन जायगा। टीका के बाद उसको बनाना है। फिर कानोंवाला। तुम्हारी मामी के लिए जंजीर गले की अभी अगर न बन सके तो रहने देना, फिर रुपये भेजेंगे। पचवासे के लिए यह जेवर तभी लेकर जाना, जब तुम्हारी अम्माँ आ जायँ। टीका और एक

साधारण साड़ी एक रोज के लिए जाकर दे आना, कृत्य कर लेंगी। कुशल है। इति।

सस्नेह
सूर्यकान्त त्रिपाठी 'निराला'

उनके निधन के बाद उनके परिवार की स्थिति ठीक रहे, कभी-कभी इस बारे में भी वह सोचते थे। 1 अप्रैल, 1946 को उन्होंने रामकृष्णजी को लिखा था—

तुमको 'चोटी की पकड़' की पाण्डुलिपि देंगे। रखे रहना। कुछ दिनों में वह अधिक दामों में बिकेगी। हमारे पत्र न खोना—'निराला'।

घर-गृहस्थी की बातों की चर्चा कभी-कभी वह मुझे लिखे गये अपने पत्रों में भी करते थे। 5 मई, 1945 के पत्र में उन्होंने मुझे लिखा था—

"पैतृक सम्पत्ति रामकृष्ण के नाम कर देना चाहता हूँ, जो कुछ है। मेरी आथरशिप (authorship) वाली किताबें भी उनकी होंगी। पारिवारिक हिसाब फिर जैसा होगा। आपको सूचित किया। प्रसन्न हों।"

पत्रों के इन थोड़े-से उद्धरणों से भी यह स्पष्ट हो जायगा कि निरालाजी वैसे 'फक्कड़' न थे जैसा कि अनेक सहृदय उन्हें कल्पित करते हैं। वह अपने नाते-रिश्ते के लोगों तक का ख्याल करते थे, अपने पुत्र श्री रामकृष्ण से उन्हें प्रगाढ़ स्नेह था। इसी प्रकार अपने कष्ट के दिनों में भी उन्हें अपने पुत्र का बराबर घ्यान रहता था और उनका प्रयत्न था कि वह सुखी गृहस्थ जीवन बितायें। एक सुसंस्कृत नागरिक के समान उन्हें अपने उत्तरदायित्व का ज्ञान था। उसी उत्तरदायित्व की झलक ऊपर के पत्रांशों में दिखायी देती है।

× × × ×

निरालाजी पर इधर अनेक पत्र-पत्रिकाओं ने विशेषांक निकाले हैं। उनमें स्वर्गीय महाकवि के जीवन और कृतित्व पर अनेक महत्त्वपूर्ण लेख निकले हैं।

इस समय एक प्रश्न की चर्चा करना आवश्यक है। यह प्रश्न है निरालाजी की रायल्टी का। उनकी पुस्तकों से उनके जीवन-काल में उन्हें कितनी रायल्टी मिली? किस प्रकाशक ने उनकी पुस्तकों पर उन्हें एकमुश्त या किस्तों में कितना दिया, इसका विवरण प्रकाशित हुए बिना निराला के जीवन-इतिहास का ज्ञान अधूरा ही रहेगा।

यह प्रश्न बेवक्त की रागिनी लग सकता है। अब निरालाजी रहे नहीं, फिर इस चर्चा से लाभ? निवेदन है कि इन पंक्तियों के लेखक ने उनके जीवन-काल में भी यह चर्चा की थी। उस चर्चा का फल न हुआ हो, इससे वह प्रयत्न निरर्थक नहीं हो जाता। इसके सिवा न्याय की माँग यह है कि निराला की कृतियों से

उनके परिवार के लोगों को रायल्टी मिले या वे कृतियाँ राष्ट्र की सम्पत्ति हों और निरालाजी की समस्त रचनाओं का प्रकाशन उत्तर प्रदेश की सरकार करे।

निरालाजी की रचनाओं का प्रकाशक एक नहीं है, अनेक हैं। यदि उनका सौदा एक जगह पट जाता तो उन्हें प्रकाशक बदलने की जरूरत न पड़ती। पेन्शन मिलने से पहले वह दारागंज में एक घाटिये के मकान में रहते थे। उस समय वह हाथ से खाना बनाते थे, बर्तन मलते थे, भरसक अपने पुत्र रामकृष्ण की संगीत-शिक्षा के लिए भी खर्च भेजते थे। यदि प्रकाशक ईमानदारी से उनके श्रम का मूल्य उन्हें देते तो उनके मन और शरीर को उतना कष्ट न सहना पड़ता। मद्रास सरकार ने महाकवि सुब्रह्मण्यम् भारती की समस्त रचनाओं का प्रकाशन-भार स्वयं लिया और इसमें न केवल उन रचनाओं के वितरण में सुविधा हुई, वरन् भारती-परिवार को भी उपयुक्त सहायता मिली। उत्तर प्रदेश की सरकार के लिए मद्रास सरकार का यह कार्य अनुकरणीय है।

मेरे कहने से निराला की रायल्टी और कापी राइट की पूरी रकम आँकने के लिए सरकार जाँच-कमीशन न बिठायेगी। लेकिन जिन हिन्दी-प्रमियों तक मेरी आवाज पहुँच सकती हो, उन तक उसे जरूर पहुँचाना चाहूँगा और कहूँगा कि यह इन्साफ की माँग है। हम हिन्दीभाषी यह जानना चाहते हैं कि हमारे युग-प्रवर्तक को प्रकाशकों से क्या मिला? और उन्होंने उसकी रचनाओं से कितना कमाया? इससे निराला की जीवनचर्या और कृतित्व को समझने में बहुत सहायता मिलेगी।

बात निरालाजी की नहीं, हिन्दी के सभी लेखकों की है। बनारसीदासजी चतुर्वेदी के शब्दों में निरालाजी शोषित साहित्यकारों के प्रतीक थे। हिन्दी लेखक अपनी अन्तर्व्यथा अपने तक रखते हैं लेकिन जो निराला पर बीती थी, वह कमोबेश उन पर भी बीतती है। यह अन्तर्व्यथा श्री अमृतलाल नागर के लेख से प्रकट हुई है। इस लेख को अनेक पत्रों ने उद्धृत किया है जिसका कारण मेरी समझ में यही है कि उनमें जोरदार ढंग से हिन्दी जनता में व्याप्त रोष को व्यक्त किया गया है। नागरजी ने क्षुब्ध होकर लिखा है, "आप इसे मेरी सनक ही मान लीजिए पर इस समय तो यही चाहता हूँ कि हिन्दी के सारे कवि, साहित्यिक, विद्वान्, मनीषी नियति के किसी षड्यन्त्र से एक ही दिन में सदा के लिए खामोश हो जायें तो हमारे भारतीय राजनीतिज्ञों के सिर से हिन्दी का भारी बोझ टल जाय और हिन्दीभाषी प्रदेशों के पढ़े-लिखे तेज-तर्रार बाबुओं को बेझिझक अंग्रेजी भाषा की पूजा-स्तुति करने की खुली छूट मिल जाय। हिन्दी भाषी-भाषियों को साहित्य या साहित्यकारों की जरूरत नहीं। निरालाजी का देहान्त होने का समाचार सुनकर मैं जीवन में पहली बार एक ऐसी विषम खीझ से भर उठा जो मेरी सांस्कारिक चेतना को अपने-आप में एकदम निरर्थक लगते हुए भी मेरे अन्तःकरण की तहों को छू रही

है। मुझे ऐसा लगता है कि निराला के रूप में हिन्दीभाषी क्षेत्र में साहित्यिक तत्त्वनिष्ठा का मृत शरीर पड़ा है और निराला का स्वर कहीं अलक्ष्य से उठकर कह रहा है–"वह देखो, मेरे शव में चौबीस करोड़ व्यक्तियों की अन्तश्चेतना के शव दिखलायी पड़ रहे हैं।"

इसलिए निराला की रायल्टी, कापी राइट का प्रश्न उठाना सामयिक और उचित है। जिन्हें उनके कृतित्व पर गर्व है, उन्हें इस बात का जायजा लेना चाहिए कि निराला के टूटने में प्रकाशकों का हाथ कितना है।

इस बात का जायजा लेना आसान नहीं है। कुछ सम्पादकों को तो साहित्य-जैसी विशुद्ध सांस्कृतिक राशि के सन्दर्भ में रायल्टी-जैसी भौतिक वस्तु की चर्चा भी असह्य है।

'हिन्दुस्तान' साप्ताहिक ने निरालाजी पर विशेषांक निकाला। मुझसे लेख माँगा। मैंने 'गृहस्थ निराला' शीर्षक लेख भेजा। लेख के अन्त में निरालाजी की रायल्टी की चर्चा थी। 'हिन्दुस्तान' सम्पादक से अपील थी कि वे प्रकाशकों से विवरण प्राप्त करने की कोशिश करें। लेख छपा तो उसमें रायल्टी की चर्चावाला अंश गायब था।

'हिन्दुस्तान' सम्पादक श्री बाँकेबिहारी भटनागर ने दिल्ली में निराला जयन्ती समारोह समिति संगठित की। इसके दो संरक्षकों में साहित्यकार एक भी नहीं है। एक संरक्षक हैं घनश्याम बिड़ला। विशुद्ध साहित्य-सेवा !

निरालाजी टूटे, उनका मानसिक सन्तुलन नष्ट हुआ, इस बात को अनेक लोग जानते और स्वीकार करते हैं। किन्तु तोड़नेवाले कौन थे? इसके बारे में या तो अनेक मित्र मौन रहते हैं या इसके लिए विचित्र सिद्धान्त गढ़ लेते हैं।

'मूर्तिभंजक या भग्नमूर्ति' का प्रश्न उठानेवाले 'धर्मयुग' के लेखक ने एक थ्योरी यह प्रस्तुत की है कि "महान् पुरुषों की मूर्तियाँ अपने भीतर से आप टूट जाती हैं।" यह कटु सत्य है कि मूर्तिभंजन करते-करते निराला की भी एक मूर्ति बनकर खड़ी हो गयी जिसे भंजित करने की सामर्थ्य तो किसी में नहीं थी परन्तु जैसा कि मूर्तियों के भाग्य में ही लिखा है वह स्वयं ही विघटित हुई।" निराला के भाग्य में ही लिखा था कि वह भीतर से टूटें। उन्होंने स्वयं मूर्ति को तोड़ा, उनकी मूर्ति को किसी ने नहीं तोड़ा। यह पूँजीवाद की परोक्ष नहीं प्रत्यक्ष हिमायत है।

निराला अभावों से जूझे, असुविधाओं से संघर्ष किया। वह बात जग-जाहिर है। लेकिन हमारे मित्रों का कहना है कि "सुविधाएँ होने पर उन्नीस-बीस का फर्क भले पड़ जाता, परन्तु उनके लेखन और उनके अभावों में थोड़ा ही सम्बन्ध था।"

ये पंक्तियाँ 'धर्मयुग' में प्रकाशित एक अन्य लेख में श्री अजितकुमार ने लिखी हैं। निराला के अभावयुक्त जीवन को उनके साहित्य से अलग करने का कितना भगीरथ प्रयास किया जा रहा है। निराला के नाम पर आँसू बहायें। लेकिन उनके जीवन की सही तस्वीर लोगों के सामने न आने पाये। सही तस्वीर आने से समाज और साहित्य के न जाने कितने निहित स्वार्थों के ढह जाने का भय उत्पन्न हो जायगा। इसलिए यह कथा गढ़ी गयी है कि "वे अपने ही अन्दर इतने अधिक डूबे रहते थे कि उनका ध्यान इस तरह की बाहरी चीजों की ओर जाता ही न था। परिवेश के प्रति वे बहुत जागरूक रहते थे, परन्तु उसकी कुटिल छाया अपने मन पर न पड़ने देते थे।"

यानी निरालाजी की पुत्री सरोज का असामयिक निधन हुआ, उसका इस परिवेश की कटुता से कोई सम्बन्ध न था। स्वयं निरालाजी ने 'सरोज-स्मृति' में जो कुछ लिखा, वह झूठ है या उसका कोई और गूढ़ अर्थ है, जिसका परिवेश से कोई सम्बन्ध नहीं है।

'सरोज-स्मृति' में कवि ने अपने को 'शत-शर-जर्जर' कहा है। "हारता रहा मैं स्वार्थ समर"—लिखकर अपनी स्थिति स्पष्ट की है। अपना क्षोभ इन शब्दों में प्रकट किया है—

धन्ये, मैं पिता निरर्थक था,
कुछ भी तेरे हित न कर सका

इसका अर्थ स्पष्ट न हुआ हो तो आगे लिखा है—

अस्तु मैं उपार्जन को अक्षम,
कर नहीं सका पोषण उत्तम,
कुछ दिन को, जब तू रही साथ।

भला कवि को द्रव्योपार्जन, कन्या के पोषण से क्या मतलब? वह तो परिवेश से अपने व्यक्तित्व और कृतित्व को दूर रखनेवाला कवि है न?

निरालाजी ने लिखा था—

दुख ही जीवन की कथा रही,
क्या कहूँ आज जो नहीं कही।

समझदारों के लिए वह इतना कह गये हैं, वह कम नहीं है। जो लोग निराला के जीवन और साहित्य का सत्य उद्घाटित करने में लगे हैं, वे इस दुःखगाथा के बारे में खामोश क्यों रहते हैं?

क्या यह कहने से निराला की मूर्ति खुद टूट गयी या निराला-समारोह-समिति में बिड़लाजी का नाम देने से या राष्ट्रपित-भवन में जलसे करने से या निराला के चित्र के साथ राजनीतिक नेताओं के भव्य चित्र छापने से उस दुःखगाथा पर पर्दा डाला जा सकता है? न्याय की माँग कुछ दूसरी ही है। उसकी ओर दिनकरजी ने संकेत किया है। 'हिन्दी टाइम्स' में प्रकाशित विवरण के अनुसार उन्होंने कहा—"राष्ट्रपिता बापू की मृत्यु के बाद मौलाना आजाद ने अपने एक भाषण में कहा था कि कहीं बापू के खून के छींटे हमारे ही हाथों पर तो नहीं ! यही प्रश्न कभी-कभी निरालाजी के सम्बन्ध में हम लोगों के मन में भी उत्पन्न होता है।"

निस्सन्देह निराला की दुरवस्था के लिए कुछ लोग जिम्मेदार थे और इस सत्य पर पर्दा डालना अन्याय है। निराला कलम के मजदूर थे। वह साहित्य लिखते थे जनता के लिए, अपने आनन्द के लिए और यह साहित्य-रचना उनकी जीविका का साधन भी थी। साहित्यकार-श्रमिक के साथ न्याय होना चाहिए, उसकी सही जीवन-कथा समझने के लिए, हिन्दी के प्रतिभाशाली साहित्यकारों को निराला की-सी नरक-यातना से बचाने के लिए। यही न्याय की माँग है।

●

निराला के काव्य-रूप

—आचार्य नन्ददुलारे वाजपेयी

निरालाजी मूलत: प्रगीत कवि हैं, प्रगीत की भूमिका पर उन्होंने अनेकानेक प्रयोग किये हैं। भारतीय काव्य-परम्परा से अधिक आकृष्ट होने के कारण निरालाजी ने प्राचीन पद-साहित्य की भूमिका पर बहुसंख्यक गीत लिखे हैं। इन समस्त गीतों की संख्या प्राय: 400 है, जिनमें से कुछ पुस्तक रूप में अप्रकाशित भी हैं। इन गीतों में निरालाजी ने क्रमागत गेयतत्त्व को प्रमुखता दी है, जिसके कारण गीत राग और रागिनियों में बँधे हुए हैं अथवा बाँधे जा सकते हैं। वर्तमान समय के अन्य गीतकारों की तुलना में निरालाजी के गीत शास्त्रसम्मत और रसानुशायी हैं। आधुनिक गीतों में प्राय: वैयक्तिकता अधिक रहती है, निराला के गीत वस्तुमुखी और चित्रात्मक हैं। इस विशेषता के कारण हिन्दी-काव्य में निराला के गीत एक अप्रतिम स्थान रखते हैं और उनकी समता की सन्तुलित गीतसृष्टि आधुनिक हिन्दी में अधिक नहीं है। इन गीतों में शृंगार, करुण और शान्त रसों की योजना है। यों तो विनय-भावना के गीत निरालाजी प्रारम्भ से ही लिखते रहे हैं, पर अपने जीवन के अन्तिम दस वर्षों में उन्होंने प्राय: शान्त और करुण रस के गीतों का ही प्रणयन किया है। उनके आरम्भिक गीतों में शृंगार की प्रमुखता है, जो दो भूमिकाओं पर निर्मित हुए हैं—पहली भूमिका प्राकृतिक सौन्दर्य-निरूपणों की है और दूसरी मानवीय सौन्दर्य-चित्रों की। प्रकृति वर्णन के गीतों में निराला की पद्धति प्राकृतिक दृश्यों को मानवीय रूपाकारों में प्रस्तुत करने की है, जिससे शृंगार रस की निष्पत्ति में विशेष सहायता मिलती है। मानवीय सौन्दर्य-गीतों में प्राकृतिक उपमानों की बहुलता है। इस प्रकार ये दोनों ही शृंगारिक भूमिका के गीत प्रकृति की रमणीयता और मानव-जीवन की सौन्दर्य-रेखाओं से अनुरञ्जित हैं। निराला के गीतों में लघुता के साथ-साथ एकतानता या समग्रता का गुण विशेष मात्रा में मिलता है। उनके चित्रों में पुनरावृत्तियों का अभाव है और गतिशील चित्रों का सुन्दर समाहार है। इस दृष्टि से महादेवी वर्मा और बच्चन के गीतों से उनकी पृथक्ता स्पष्ट दिखायी देती है। जबकि महादेवी और बच्चन के गीतों में प्रत्येक परवर्ती बन्ध पूर्व का अनुसरण करता दिखायी देता है। निराला के बन्धों में इस प्रकार के अनुसरण या पुनरालेखन की प्रवृत्ति नहीं है। उनके सारे बन्ध मिलकर

चित्र को पूर्ण बनाते हैं। इसी कारण निराला के गीतों में गतिशीलता और समग्रता का तत्त्व भी देखा जाता है।

गीतों के अतिरिक्त निराला की प्रगीत-सृष्टि को हम लघुप्रगीत और दीर्घप्रगीतों में विभाजित कर सकते हैं। 'जुही की कली', 'विधवा', 'भिक्षुक', 'सन्ध्या-सुन्दरी' जैसी रचनाएँ लघुप्रगीत की सीमा में आती हैं। इन लघुप्रगीतों में निरालाजी का काव्य-सौन्दर्य सर्वाधिक प्रस्फुटित हुआ है। इनमें दृश्यांकन के साथ-साथ भावालेखन का तत्त्व समाहित है। अतएव ये प्रगीत विशेष प्रभावक्षम और सुसम्पन्न बन सके हैं।

निरालाजी के प्रगीतों में उतना सुन्दर संगठन नहीं है.....उदाहरण के लिए 'यमुना के प्रति' कविता में, जो दीर्घप्रगीत की श्रेणी में आती है, बिखराव काफी बड़ी मात्रा में है। इसी प्रकार उनके अन्य प्रगीत या तो वर्णनात्मक हो गये हैं, जैसे 'सेवाग्रहण' अथवा उनकी अन्विति बाधित हो गयी है। परन्तु इसके अपवाद भी मिलते हैं : जैसे 'सरोज-स्मृति', 'सहस्राब्दि', 'प्रेयसी' आदि ये दीर्घप्रगीत होते हुए भी अत्यन्त सुसमन्वित काव्य-रचनाएँ हैं।

निराला के प्रगीतों की तीसरी धारा हास्य, व्यंग्य, विनोद और विद्रूप की है, जिनके अन्तर्गत परवर्ती काल की कविताएँ आती हैं। इनमें 'कुकुरमुत्ता', 'खजुराहों' और 'स्फटिकशिला' आदि अधिक प्रसिद्ध हैं। अन्विति की दृष्टि से ये प्रगीत काफी समृद्ध कहे जा सकते हैं परन्तु कल्पना-छवियों के निर्माण में 'कुकुरमुत्ता' जितनी सफल रचना है उतनी कदाचित् अन्य रचनाएँ नहीं। इस तृतीय प्रकार की प्रगीत सृष्टि में निरालाजी की पदावली भी बहुत बदल गयी है और वे हास्य और व्यंग्य की सृष्टि के लिए दैनिक प्रयोग की भाषा या बोलचाल के अधिक समीप आ गये हैं। जिस प्रकार के हल्के ये प्रगीत हैं उन्हीं के अनुरूप इनकी भाषा है।

निराला ने अपनी प्रगीतों में उर्दू की गजलों और बहरों की भी योजना की हैं। 'बेला' की समस्त रचनाएँ उर्दू की शैली की हैं। इन प्रगीतों में निराला ने उर्दू के चमत्कार को लाने की चेष्टा की है, परन्तु उर्दू-फारसी पर पूर्ण अधिकार न होने के कारण उन्हें टकसाली उर्दू शैली की काव्य-रचना करने में अधिक सफलता नहीं मिली। उर्दू शैली की इन गजलों के अतिरिक्त निरालाजी ने 'नये पत्ते' शीर्षक संग्रह में मुक्त छन्द में भी उर्दू के प्रयोग किये हैं। ये रचनाएँ आकार में छोटी हैं और अधिक संघटित बन सकी हैं। 'गरम पकौड़ी', 'रानी और कानी', 'महगू महँगा रहा' आदि रचनाएँ इसी शैली के उदाहरण हैं।

इसी प्रगीत सृष्टि के अतिरिक्त निरालाजी ने दो आख्यानक काव्य भी लिखे हैं। 'राम की शक्ति-पूजा' और 'तुलसीदास' दोनों ही आख्यानक रचनाएँ हैं जो वीरगीतों की भूमिका पर लिखी गयी हैं। यद्यपि इनमें आख्यानक की संस्थिति है,

परन्तु वीरगीत या बैले-काव्य का प्रवाह और समग्रता इनमें पायी जाती है। सामान्यतः वीरगीत लोक-जीवन में प्रचलित गीतों के आधार पर बनते हैं, अतएव उनकी भाषा में गम्भीरता का पुट भी आता है, परन्तु निराला की आख्यानक रचनाएँ अतिशय संस्कृतनिष्ठ भाषा में प्रणीत हैं। इस कारण इनमें उतनी सरसता नहीं आ सकी है जितना एक महाकाव्योचित औदात्य आया है।

इन आख्यानक सृष्टियों के अतिरिक्त निराला ने 'पंचवटी-प्रसंग' नामक एक काव्य-रूपक भी प्रस्तुत किया था, जो उनकी प्रारम्भिक रचनाओं में से है। यह अपने ढंग की अनुपम कृति है। इसमें प्रकृति के स्वच्छन्द परिवेश में राम, लक्ष्मण और सीता के चित्र बड़ी सुन्दर भूमिका पर उभारे गये हैं। स्वच्छन्दतावाद का सच्चा साहित्यिक स्वरूप अपनी सम्पूर्ण विशेषताओं के साथ 'पंचवटी-प्रसंग' में देखा जा सकता है, यद्यपि इसका प्रवाह और प्रवेग इसे सन्तुलित गीति-नाट्य का स्वरूप प्रदान करने में बाधक भी हुआ है। इसमें नाटकीयता कम, प्रगीतत्व अधिक है।

अब हम उनके इन विभिन्न काव्य-रूपों पर कुछ विस्तार से विचार करेंगे।

गीत-सबसे अधिक संख्या में निराला ने गीत लिखे हैं और उनमें छन्दों, रागों, कल्पना-चित्रों और रसों का बड़ा वैविध्य है। इनके कुछ गीत तो विशुद्ध शृंगारिक हैं। 'परिमल' और 'गीतिका' में शृंगार रस के गीत हैं। मानवीय और प्राकृतिक वर्णनों में प्रकृति की भावानुरूपता की प्रवृत्ति दिखायी देती है।

किसलय-वसना नव-वय लतिका
मिली मधुर प्रिय उर तरु-पतिका,
मधुप-वृन्द बन्दी—
पिक-स्वर नभ सरसाया।

इसमें लता को नायिका और तरु को नायक कहा गया है। मानवीय शृंगार के गीतों में मिलन और विरह के चित्रों की प्रधानता है। उनमें प्राकृतिक पृष्ठभूमि सर्वत्र अपनायी गयी है। इसी से ये गीत स्वस्थ, सशक्त शृंगार के प्रतिरूप बन सके हैं। भावनागत दुर्बलता के नहीं। प्राचीन काल के शृंगार के असंख्य चित्र खींचे गये हैं परन्तु उनके निर्माणात्मक भाव-भेदों पर समीक्षकों ने अधिक ध्यान नहीं दिया।

उदात्त शृंगार अपनी लौकिक भूमिका पर सबसे अधिक कालिदास में मिलता है। शृंगार धार्मिक या रहस्यवादी भूमिका पर भी मिलता है; जैसे राधा-कृष्ण का शृंगार। इसका सबसे सुन्दर स्वरूप सूरदास के पदों में प्रस्फुटित हुआ है। उनमें शृंगार आध्यात्मिक स्तर पर पहुँच गया है। परम पुरुष कृष्ण और परम प्रकृति

राधा का शृंगार अशेष भावात्मक गहराइयों का स्पर्श करता है। रीतिकालीन कवियों ने भी राधा-कृष्ण के चित्र खींचे हैं, पर उनमें वह मनोहरता नहीं। सूरदास की राधा और कृष्ण की कल्पना अतिशय प्रज्वल और मनोहारिणी है। कृष्ण के प्रति तथा राधा के प्रति सूर के आराध्य भाव का मनोवैज्ञानिक प्रभाव उनके काव्य में व्याप्त है। आराध्य भाव के कारण उनका शृंगार तल्लीनताकारी है। शृंगार का बाह्य पक्ष, आंगिक हाव-भावों को छोड़कर वे राधा-कृष्ण की अभिन्नताजन्य शृंगार--भावना को रूपायित करते हैं। दूसरी परिशोधक वस्तु उस शृंगार की प्राकृतिक रूप-छटा है। वृन्दावन की रमणीय पृष्ठभूमि पर उनका शृंगार और भी निखर उठा है। गोपियाँ असंख्य हैं, उनकी प्रतिनिधि रूप राधा हैं। इससे सूरदास के काव्य में एक रहस्यमूलकता भी आ गयी है। विशेषकर रासलीला के प्रकरण में रहस्यात्मक वातावरण सुन्दर रूप में व्यक्त हुआ है। उस समय का शृंगार सामान्य लौकिक शृंगार से बहुत ऊँचा है। वह शृंगार के उदात्तीकरण या आध्यात्मीकरण का स्वरूप है। चौथा सूरदास कृष्ण-चरित्र में जो निस्संगता ले आये हैं, अनन्य प्रेमी होते हुए भी वे जिस अनासक्त भाव से गोपियों को छोड़कर मथुरा चले जाते हैं और सूरदास ने इस भास्वर संयोग-वियोग की मनोदशाओं का जो व्यापक चित्रण किया है, वह भी उनके शृंगार को गम्भीर और परिशुद्ध बनाने में सहायक है। समस्त वियोग-शृंगार की मर्मस्पर्शिता मिलन की नैसर्गिक छबियों के साथ मिलकर एक हो जाती है और 'सूरसागर' का नाम सार्थक हो जाता है, जिसमें गोपियों के मिलनोल्लास और वियोग-व्यथा का पूरा समुद्र ही निर्मित किया गया है। अन्त में उसमें मुहर लगाने को निर्मित 'भ्रमरगीत' की दार्शनिकता की नियोजना की गयी है। सगुण-निर्गुण की भूमिका पर सगुण उपासना का पक्ष लेकर कृष्ण के दिव्य स्वरूप की वन्दना की गयी है। इन कारणों से सूर का शृंगार भक्ति-भावापन्न माना जाता है, जिसमें लौकिक शृंगार के अंकुश निरस्त कर दिये गये हैं।

तीसरें प्रकार का शृंगार जयदेव और विद्यापति-जैसे कवियों का है, जिसमें राधा और कृष्ण के अनुराग-वर्णनों में संयोग पक्ष की बहुलता है, और शृंगार को विलास की सीमा पर पहुँचाया गया है। इस कारण कुछ समीक्षक इसे अपवादयोग्य और वर्जनीय मानते हैं। राधा-कृष्ण का आधार लेने पर भी वे इस अतिशयता को अक्षम्य कहते हैं। कुछ दूसरे समीक्षक इसे सच्ची भक्ति का उद्‌गार मानते हैं। साहित्यिक भाव-भूमिका पर जयदेव और विद्यापति का शृंगार वासनात्मक स्तर से एकदम मुक्त नहीं है, फिर भी इनका वर्णन रीतिकालीन शृंगारिक वर्णनों से भिन्न है। इनमें प्रेम के अन्त: पक्ष, उसके आत्मिक अखण्ड का चित्रण है; जबकि रीतिकालीन कवियों की फुटकल रचनाओं में उस तरह के भाव नहीं हैं। भाषा के

अप्रतिम माधुर्य और गेयता के गुणों से युक्त ये गीत अपनी श्रेणी अलग ही बनाते हैं।

चौथा सूफी कवियों का रहस्यवादी शृंगार है, जिसमें नारी-सौन्दर्य और उसके प्रति पुरुष के रहस्यमय आकर्षण का आलेख है। सूफी कवियों ने उन्हें आध्यात्मिक भूमिका पर पहुँचाने का प्रयत्न किया है। आध्यात्मिक प्रेम के चित्रण में सबसे बड़ी विशेषता यह होती है कि प्रकृति के विराट् स्वरूप के उपमानों का आधार लेकर उस शृंगार को रहस्यात्मक बनाया जाता है। पद्मावती के बाल झाड़ने पर स्वर्ग से भूमि तक अन्धकार हो जाता है। प्रेम वर्णन में साधना-पक्ष से आत्म परिहार, कष्ट सहन, स्वार्थ विसर्जन तक की स्थितियाँ आती हैं। इनका प्रेम पुरुष पक्ष से आरम्भ होता है। वहाँ नारी उपास्य है और पुरुष उपासक है। पुरुष की प्रेम-साधना का विस्तृत वर्णन करना सूफियों के रहस्य-काव्य का आधारभूत तत्त्व है इस तरह के प्रेम-काव्यों में नायक के प्रेम-देवता की प्राप्ति के लिए महान् उद्योगों का उल्लेख कर अन्त में रहस्यात्मक प्रेम की प्रतीति करायी जाती है।

रीतिकालीन कवियों के भी शृंगारिक चित्र हैं। इनमें खण्ड-चित्र रहा करते हैं। संचारी भाव और उद्दीपन आदि का प्रमुख रूप से आलेख रहता है जिसमें लौकिकता प्रधान हो जाती है और राधा-कृष्ण का नाम होते हुए भी प्रेम की तन्मयता चित्रित नहीं होती। नायिका-भेद की बहिरंग पद्धति को रीतिकालीन शृंगारी कवियों ने पुष्ट किया, नायक-नायिकाओं के अनेकानेक भेदों का सहारा लेकर इन लोगों ने शृंगार रस को एकदम लौकिक बना दिया।

इस प्रकार शृंगार रस की विभिन्न भाव-भूमियों, रूपों और प्रकारों को देखकर हम छायावादी कवियों के शृंगार-वर्णनों पर आते हैं। प्रमुख छायावादी कवि प्रसादजी हैं, जिनका नारी-चित्रण कल्पना की शक्ति से दीप्त हो उठा-

और देखा वह सुन्दर दृश्य नयन का इन्द्रजाल अभिराम,
कुसुम-वैभव में लता समान, चन्द्रिका से लिपटा घनश्याम।

प्राकृतिक उपमानों के सहयोग से, कल्पना के आधार पर नारी-सौन्दर्य का यह चित्रण लौकिक भूमिका पर नहीं, बल्कि बहुत-कुछ परिष्कृत काल्पनिक भूमिका पर है। पन्त के नारी-चित्रण में कोमलता और मृदुलता है। नारी के प्रति एक असीम सौन्दर्य की भावना है। इन कारणों से छायावादी कवियों के शृंगार-वर्णनों में कल्पनाजन्य सौन्दर्य की वायवीयता है। निराला के नारी शृंगार-वर्णन, नारी की सौन्दर्य गरिमा से आपूरित हैं और उन्होंने सीम और असीम को एक में मिला दिया है। नारी के सीमित सौन्दर्य को असीम सौन्दर्य से एकाकार देखा है। यह निराला की शृंगारिक भावना की मूलभूत विशेषता है। जिस प्रकार की सहज प्रांजलता सूर की राधा और गोपियों में दिखायी देती है, उसी प्रकार निराला के

नारी-चित्रण में भी प्रांजलता है। यत्र-तत्र वे विद्यापति, जयदेव के उद्दाम शृंगार के समीप पहुँच जाते हैं। 'नूपुर के सुर मन्द रहे, चरण जब न स्वच्छन्द रहे' में नारी के प्रगल्भ सौन्दर्य को दिखाया गया है, परन्तु अधिकांश रूप से वर्णन प्रसन्न और सुसंगत दार्शनिकता से ओतप्रोत है।

आधुनिक अन्य गीतकारों की तुलना में निराला के गीत किसी सीमा तक प्राचीन परम्परा के अधिक समीप हैं, प्राचीन-रस की भूमिका पर लिखे गये हैं और राग-रागिनियों में बँधे हैं। निराला के गीत भी रस-केन्द्रित हैं और उनमें भी राग-रागिनियों का सम्यक् योग किया गया है। इस दृष्टि से यहाँ आशय यह है कि वैयक्तिक मनोदशाओं को प्रधानता न देकर तटस्थ भावात्मक चित्रण की नियोजना की गयी है। यदि किसी कवि ने आत्मपक्ष (वैयक्तिक पक्ष) को प्रमुखता दी है तो उसके गीतों में सार्वजनिक गेयता के गुण कम आयेंगे। निराला के गीत सार्वजनिक उपयोग में आने लायक हैं; क्योंकि उन्होंने अपने गीतों में तटस्थता और वस्तुमुखता का पूर्ण उपयोग किया है। उनमें कहीं भी वैयक्तिक या अन्तर्मुख पक्ष का लगाव नहीं है। कदाचित् यही कारण है कि उनके अनेकानेक गीत सार्वजनिक अवसरों पर राष्ट्रीय-गीतों के रूप में गाये जाते हैं। हिन्दी में अन्य किसी आधुनिक कवि के गीतों को यह गौरव इतनी मात्रा में प्राप्त नहीं हुआ। इसका कारण यह है कि प्राय: अन्य सभी गीतकार वैयक्तिक मनोभाव के प्रकाशन में अधिक संलग्न रहे हैं। वे गीत रसात्मक न होकर अवसर-विशेष की मनोभावना के प्रकाशन के आधार हैं।

निराला के गीतों की एक अन्य विशेषता उनकी कल्पना की भास्वरता है। वे ऐसे चित्र देते हैं और ऐसे उपमानों से सज्जित करते हैं कि वे सहज ही सर्वजनग्राह्य बन जाते हैं। उनकी कल्पना, उनके भावों की अनुयायी है। इसी कारण उनके गीत अधिक सार्वजनिक भूमिका पर प्रतिष्ठित हैं।

निराला के गीतों में शब्दों का लेशमात्र भी अपव्यय नहीं है। अभिव्यक्ति की दृष्टि से सभी सधे हुए हैं। इसी कारण उनके गीतों के रसास्वाद में सघनता रहती है और बिखराहट का अंश नहीं रहता। शब्दों की इतनी अधिक मितव्ययिता किसी अन्य गीतकार में नहीं दिखायी देती। गीति कला की इस विशेषता को निरालाजी की अपनी साधना और अपना कौशल मानना पड़ेगा। अनेक गीतों में उन्होंने छोटी-छोटी सहज पदावली का भी प्रयोग किया है। यह सामाजिकता भी वास्तव में उनकी शाब्दिक मितव्ययिता का ही एक परिणाम है। जिन कवियों ने सामाजिक पदावली के इस पक्ष पर ध्यान नहीं दिया, उनके गीतों में उतनी स्वाभाविकता नहीं आ सकी है। इस सम्बन्ध में प्रसाद और महादेवी से भी निराला के गीत अधिक समृद्ध हैं। इन गीतों की भाषा खड़ीबोली का परिष्कृत स्वरूप है,

जिसमें उन्हीं लोगों को दुरूहता दिखायी देती है जो अशिक्षित या अर्द्धशिक्षित हैं। निराला के गीतों में दुरूहता का आक्षेप ऐसे ही लोगों ने लगाया है जो साहित्यिक परम्परा से अपरिचित हैं। निराला के गीतों में संगीत की जो नियोजना है और सांगीतिक शब्दावली का जो चयन है वह उनके गीतों को सहज ही ग्राह्य बना देती है। यह सांगीतिक शब्द- चयन विरले कवियों में पाया जाता है। जयदेव के पश्चात् भारतीय काव्य में भी ऐसी संश्लिष्ट संगीतमय शब्द-चयन की प्रतिभा, निराला की समानता की, किसी अन्य कवि में प्राप्त नहीं होती।

निराला के गीतों में आवश्यकता से अधिक बन्ध नहीं रहते। उन्होंने लम्बे गीत नहीं लिखे हैं। लम्बे गीत पाठ्य हो सकते हैं लेकिन सार्वजनिक गेयता के लिए वे अनुपयोगी हैं। सूरदास और मीराँ जैसे संगीतशास्त्र के निपुण गायकों और गायिकाओं ने इसी कारण आठ या दस पंक्तियों के बन्ध ही अपने काव्य में रखे हैं। एक भावात्मक इकाई की पूर्ति का आधार उनको बनाया है और इतिवृत्तात्मकता से बचने का प्रयास किया है। निराला भी इस दिशा में उक्त सुप्रसिद्ध गायक कवियों के अनुयायी हैं। उनके अनुबन्धों की एक अन्य विशेषता यह है कि वे गतिशील चित्रों का संयोजन करते हैं और समग्र चित्र समाहित होकर एक पूर्णता की स्थिति ले आते हैं। निराला के गीतों में अनुबन्धों का यह प्रयोग अत्यन्त आकर्षक है। जबकि महादेवी और बच्चन के गीत अधिकतर प्रथम अनुबन्ध को दूसरे, तीसरे और चौथे अनुबन्धों में दुहराते-तिहराते रहते हैं तब निराला के गीतानुबन्ध इस पुनरुक्ति पद्धति से नितान्त अछूते हैं। चित्र की यह समग्रता और अनुबन्धों की यह गतिशीलता निराला के गीतों को अपूर्व स्वारस्य प्रदान करती है। निराला के प्रायः सभी गीतों में प्रायः अन्तिम अनुबन्ध दार्शनिक हुआ करता है। दार्शनिक अनुबन्धों से आशय यह है कि वे गीतों में आये हुए समस्त लौकिक चित्रों को एक उच्चतर आध्यात्मिक भूमिका प्रदान कर देते हैं। ससीम का असीम में पर्यवसान हो जाता है। निराला के गीत इसी अर्थ में रहस्यवादी कहे जा सकते हैं अन्यथा उनके गीत मूलतः रसवादी हैं। निरालाजी ने अपने वक्तव्यों में इस बात का आग्रह किया है कि गीतों में एक पूर्णता होनी चाहिए। और उनकी परिणति उच्चतर मानसिक भूमिका पर होनी चाहिए उन्होंने अपने इस वक्तव्य को अपने गीतों में चरितार्थ भी किया है। जहाँ एक ओर यह अन्तिम अनुबन्ध समस्त गीत को एक दार्शनिक स्तर पर ले जाता है वहाँ दूसरी ओर यह गीतों के कलात्मक सौष्ठव, अन्विति या समाहार की प्रक्रिया को भी पूरा करता है।

निराला के गीतों के निम्न प्रकार और भेद किये जा सकते हैं—

श्रृंगारिक गीत—निराला के गीत इतने वैविध्यपूर्ण हैं कि उन सबको सम्बद्ध करना आसान नहीं है। फिर भी रस की भूमिका पर हम उन्हें श्रृंगार, करुण और

शान्त रस के गीत कह सकते हैं।

शृंगारिक गीतों में प्रकृति के शृंगारी चित्र और मानव शृंगार के चित्र समाहित किये गये हैं। इन शृंगारिक गीतों में संयोग और वियोग की अनेकानेक भाव-दशाएँ और रूपाकृतियाँ आयी हैं। निराला में रूप-चित्रण की भी प्रवृत्ति पायी जाती है। रूप-चित्रण से आशय नायिका के सौन्दर्य चित्रण से है। रीतिकालीन कवियों की भाँति रूप-चित्रण में निराला ने न तो अतिशयोक्तियों का सहारा लिया है और न नारी को अलंकारों से सज्जित और बोझिल बनाया है। अधिकांश छायावादी कवि वस्तुमुखी रूप-चित्रण से दूर रहे हैं, सौन्दर्य की व्यंजना मात्र करते रहे हैं। परन्तु निराला के अनेक गीतों में नारी-आकृति और रूप का स्पष्ट आलेखन है जहाँ कहीं निरालाजी ने मिलन शृंगार का वर्णन किया है वहाँ वे स्वच्छन्दतावादी भूमि पर ही संस्थित रहे हैं। शारीरिक मिलन की अपेक्षा आत्मिक मिलन की रेखाएँ ही अधिकतर प्रस्तुत की गयी हैं। प्रकृति के सौन्दर्य-चित्रण में भी निरालाजी उद्दीपन विभावों की पद्धति से बहुत दूर हैं। प्राकृतिक सौन्दर्य की उनकी छवियाँ उत्तेजना और स्थूल आकर्षण की नहीं, उल्लास और आनन्द की अभिव्यंजना करती हैं। इस प्रकार निराला के शृंगारिक गीत उच्चतर भाव-संवेदन के आधार हैं।

विनय और प्रार्थना के गीत—प्राकृतिक और मानवीय शृंगार के अतिरिक्त निरालाजी आरम्भ से ही विनय और प्रार्थना के गीत लिखते रहे हैं। अपने आरम्भिक गीतों में निरालाजी ने जीवन-संघर्षों में अडिग रहने और विजय प्राप्त करने की याचना की है। इसके साथ ही व्यक्ति की अहं-भावना, उसके मानसिक विकारों के निवारण की प्रार्थना भी की गयी है। इन गीतों से निराला की आदर्शोन्मुख प्रवृत्तियों का परिचय मिलता है जो उन्हें विवेकानन्द के विचारों और भारतीय अद्वैत दर्शन की प्रेरणा से प्राप्त हुई है। अपने परवर्ती विनय-गीतों में निराला अधिक आत्मोन्मुख हो गये हैं। उनमें संघर्ष और विजयाकांक्षा के स्थान पर करुण स्वरों की प्रधानता हो गयी है। वर्तमान सांसारिक जीवन की विषमताएँ और विकृतियाँ भी उनके परवर्ती काल के विनय-गीतों के वर्ण्य-विषय हैं। जहाँ एक ओर इन गीतों में आत्मिक शान्ति और रोग-निवारण की आकांक्षाएँ व्यक्त की है वहीं दूसरी ओर आधुनिक मानव-समाज की स्वार्थपरता के प्रति ग्लानि के भी भाव अभिव्यक्त किये गये हैं। निराला के ये विनय-गीत अंशतः सूर और तुलसी के विनय-गीतों के समकक्ष रखे जा सकते हैं यद्यपि इनमें आत्म-विगर्हणा के भाव नहीं हैं। उनकी साधना पारलौकिक नहीं है।

ऋतुगीत—प्राकृतिक वर्णनों के अतिरिक्त निराला ने अनेक ऋतुगीत भी लिखे हैं। विशेषकर वसन्त, वर्षा और शरतकालीन सौन्दर्य के प्रति उनकी भावना अधिक उन्मुख है। उनके आरम्भिक ऋतु गीत उल्लासपूर्ण और स्वच्छ मानवीय सम्बन्धों

की भूमिका पर लिखे गये हैं, जबकि परवर्ती गीतों में प्रकृति के वस्तुमुखी सौन्दर्य का अधिक सीधा-सादा और तथ्यपूर्ण वर्णन प्राप्त होता है। इन गीतों में उनकी भाषा भी दो प्रकार की है—आरम्भिक गीत अधिक संस्कृतनिष्ठ हैं तथा निराला की सामासिक पदावली और पदगुम्फन का परिचय देते हैं। परवर्ती गीतों में भाषा, उक्ति-कौशल-प्रधान और भाव—व्यंजक हो गयी है। इस प्रकार का भाषागत परिवर्तन निराला के आरम्भिक काव्य और उनके परवर्ती काव्य की प्रधान विभाजन रेखा है। इन्हीं ऋतुगीतों में निराला के होली वर्णन सम्बन्धी गीत भी हैं, जिनमें लोकगीत की प्रणाली अपनायी गयी है। होली सम्बन्धी गीतों में निरालाजी की शृंगारिक भावना अधिक मुखर है, जो कि इस पर्व की प्रकृति के अनुरूप है।

राष्ट्रीय गीत—कुछ थोड़ी संख्या में निरालाजी ने राष्ट्रीय गीतों का भी निर्माण किया है, जिनमें से "भारति जय विजय करें" गीत अत्यधिक प्रचलित है और देश के भिन्न-भिन्न भागों में राष्ट्रीय समारोहों में गाया जाता है। इस गीत को भारतीय राष्ट्रगीतों में प्रमुख स्थान प्राप्त है। राष्ट्रगीतों में अनुरूप राष्ट्रीय उत्कर्ष और गौरव की भावना तथा उसके सौन्दर्य और ऐश्वर्य का प्राचीन सांस्कृतिक प्रतीकों के माध्यम से आलेखन किया गया है। राष्ट्रगीतों के सभी मूलतत्त्व इन गीतों में प्राप्त होते हैं। राष्ट्रीय गीतों में निराला की दृष्टि केवल राष्ट्रीय जीवन के उत्कर्ष से सम्बन्धित नहीं है बल्कि उनमें राष्ट्र की अधोगति, उसकी भौतिक दरिद्रता, विषमता आदि के भी भाव व्यक्त किये गये हैं। इससे स्पष्ट होता है कि निराला इस देश को केवल आध्यात्मिक भूमिका पर ही नहीं बल्कि सार्वत्रिक भूमिका पर उन्नति करते देखना चाहते थे। हिन्दी राष्ट्रीय गीतों में निराला की प्रणाली ही, सबसे अधिक प्रातिनिधिक कही जा सकती है। अन्य गीतकारों के गीतों में सामूहिक गेयता आयी। निरालाजी के राष्ट्रीय गीतों की पहली विशेषता उनकी गेयता है, वे सामाजिक अवसरों पर गेय हैं। उनके गीतों के आकार राष्ट्र-गीत के अनुरूप हैं। 'भारत माता ग्रामवासिनी' की तरह लम्बी कविता राष्ट्रीय गीत नहीं हो सकती। राष्ट्रगीत के लिए आकार सीमित और प्रभाव एकतान होना चाहिए। जो गीत राष्ट्रीय अवसाद और दैन्य को लेकर चलते हैं, वे राष्ट्रीय गीत नहीं बन सकते। उसमें विजय, उल्लास और सौन्दर्य की झाँकी आवश्यक है। एक अन्य विशेषता राष्ट्रीय प्रतीकों की योजना की है। भारत में गुलाब का पुष्प नहीं वरन् कमल का पुष्प राष्ट्रीय प्रतीक माना जाता है। इसी प्रकार ओंकार शब्द समस्त देश में एक ही भावोन्मेष का चिर परिचित प्रतीक है। राष्ट्रगीत की और योजना सामूहिक गायन के योग्य ही सामूहिक संवेदनों को जागृत करने में सक्षम भी होनी चाहिए। भाषा, छन्द ओजस्विता के परिचायक और संस्कृतनिष्ठ होने चाहिए। कवि के मानस में राष्ट्रमूर्ति के प्रति अटूट श्रद्धा का भाव आवश्यक है। निरालाजी के राष्ट्रगीतों की

संख्या कम है पर उनमें ये सब तत्त्व पाये जाते हैं। प्रसाद के 'अरुण यह मधुमय देश हमारा' को कल्पनाधिक्य और चिरस्वीकृत राष्ट्रीय प्रतीकों की विरलता के कारण राष्ट्रगीत पद का अधिकारी नहीं माना गया, यद्यपि यह एक सुन्दर गीत है। पन्तजी के 'भारत माता ग्रामवासिनी' में राष्ट्रीय दैन्य की व्यञ्जना है। यह समारोहों के योग्य गीत नहीं है।

प्रगतिशील या सामाजिक गीत—निराला के कुछ गीत वर्तमान सामाजिक विशृंखलता से सम्बन्धित हैं और समस्त राष्ट्र के उत्थान और समता का संकेत और आग्रह करते हैं। 'मानव जहाँ बैल-घोड़ा है, कैसा तन-मन का जोड़ा है' में मनुष्य संसाररूपी गाड़ी में बैल-घोड़े के समान जुते हुए चित्रित हैं। बैल और घोड़ा का जोड़ा कैसा विलक्षण है। एक पीछे खींचेगा और दूसरा आगे दौड़ेगा। ऐसी अनेक सामाजिक बिडम्बनाओं, वैषम्यों के रूप-चित्र निराला के सामाजिक या प्रगतिशील गीतों में आये हैं।

प्रयोगात्मक गीत—शृंगारिक, आत्मनिवेदनात्मक, ऋतु सम्बन्धी और राष्ट्रीय सामाजिक गीतों के अतिरिक्त निरालाजी के कुछ गीत उर्दू की गजल-शैली का आधार लेकर बने हैं। इनमें निरालाजी ने कई प्रकार के प्रयोग किये हैं। इन्हें प्रयोगवादी गीत कह सकते हैं। बिना परिणाम को आत्मसात् किये, बिना परम्परा का अनुसरण किये, नयी अपरिचित लीक पर अपरिचित उपमान उपमेयों को लेकर जो काव्य-रचना की जाती है, वह प्रयोगात्मक होती है। प्रयोग में भावात्मक न्यूनता और बाह्य विधान का अनगढपन भी होता है। कुछ प्रयोग सफल हो सकते हैं और कुछ असफल भी होते हैं। निराला के उर्दू शैली के गीतों के दो-तीन प्रकार हैं। कुछ उर्दू-फारसी शैली की गजलों का उर्दू-फारसी शब्दावली में निर्माण किया गया है। निराला का इन भाषाओं पर पूर्ण अधिकार नहीं था, इसलिए ये गीत सुव्यवस्थित नहीं हैं। उर्दू कवियों से तुलना करने पर इनका कच्चापन दिखायी देता है। फिर भी एक बड़े कवि की कलम कुछ-न-कुछ चमत्कार दिखाती ही है। यद्यपि उनमें बड़े कवि की कला है, पर प्रौढ़ता नहीं है। कुछ गजलें संस्कृत शब्दावली को उर्दू में रखने की चेष्टा करती हैं। शब्दावली विशुद्ध हिन्दी-संस्कृत की है, छन्द केवल गजलों के हैं। यह उनके उर्दू-फारसी के गीतों की दूसरी सीमा है, जो हिन्दी-संस्कृत शब्दावली की प्रमुखता लेकर रचे गये हैं। ये गीत भी उर्दू के गजलों का सम्पूर्ण सौन्दर्य नहीं दिखा सकते। कुछ मध्यवर्ती गीत हैं, जिनमें सामान्य उर्दू और सामान्य हिन्दी के शब्दों का प्रयोग है। जैसे—

हँसी के तार के होते हैं ये बहार के दिन
हृदय के हार के होते हैं ये बहार के दिन

इस तरह के गीतों में वे अधिक सफल हुए हैं। इससे यह सूचित होता है

कि भाषा की प्रकृति का ज्ञान और भाषा पर अधिकार सफल काव्य-सृजन के आवश्यक उपादान हैं। जब तक भाषा की प्रकृत्ति और परम्परा का ज्ञान नहीं होता है तब तक किसी भाषा में प्रयोग करना संशयास्पद ही होगा। संस्कृत पदावली को उर्दू छन्द-साँचे में रखने पर दोनों की प्रवृत्ति भिन्न होने के कारण सफलता आंशिक ही होगी। निराला की गजलों में साधारण हिन्दी-उर्दू का मिश्रण सफल है, क्योंकि भाषा पर अधिकार, भाषा की पहचान, मुहावरों की पहचान आदि वहाँ सहज उपलब्ध हैं।

लघु प्रगीत : दीर्घ प्रगीत—निराला के आरंम्भिक काल की रचनाओं में लघु प्रगीतों की एक अच्छी संख्या मिलती है। इस प्रकार की रचनाओं में निरालाजी ने भाव-तत्त्व और रूप-तत्त्व, भावव्यञ्जना और वस्तु-अंकन दोनों का उत्तम संयोजन किया है। एक ओर कल्पना या रूपचित्र हैं और दूसरी ओर उन कल्पना-चित्रों का भाव भी सुविन्यस्त है जैसे—'सन्ध्या सुन्दरी' आदि में। इनमें न कमी है न आधिक्य है। प्रगीत का जो उच्चतम और प्रातिमानिक स्वरूप है, उसकी पूरी संस्थिति इन प्रगीति में मिलती है।

'यमुना के प्रति', 'शिवाजी का पत्र','सरोज-स्मृति','वासन्ती' आदि उनके दीर्घ प्रगीत हैं। दीर्घ प्रगीतों में प्रायः वीरगीत का निर्माण होता है या शोक-गीत का, क्योंकि वीरत्व और शोक के भाव दीर्घता को वहन कर सकते हैं, आख्यानक के अंशों को स्वीकार कर सकते हैं। इसीलिए दीर्घ प्रगीतों में वीरगीत के लक्षण रहा करते हैं। विशुद्ध रूप से शृंगारिक पदों में दीर्घ प्रगीत-विन्यास तभी हो सकता है, जब कवि प्राकृतिक दृश्यों का वर्णन विस्तार से कर रहा हो। इसमें एक उच्छ्वास मात्र नहीं रहता बल्कि बहिर्जगत् का चित्र प्रस्तुत किया जाता है। दीर्घ प्रगीतों के लिए करुणा, वीर आदि रस अधिक उपयोगी हैं। निरालाजी का दीर्घ प्रगीत 'सरोज-स्मृति' उत्तम शोक-गीत है। 'यमुना के प्रति' स्मृतिमूलक भाव-गीत है, जो प्राचीन जीवन-सौन्दर्य को प्रकाशित करनेवाली बृहत्तर रचना है। जब तक किसी मनोभावना के उद्‌गारमात्र को छोड़कर किसी वस्तु का सम्पर्क नहीं होता, तब तक लम्बे प्रगीत सफल नहीं होते। विशुद्ध प्रगीत नवीन समीक्षकों के मत में छोटे आकार का ही होता है। अन्तर के निगूढ़ संवेदन कवि के बड़े प्रगीतों में समाहित नहीं हो पाते, बहिर्मुखी होने लगते हैं, जिससे प्रगीत का सौन्दर्य और मार्मिकता घटने लगती है। आधुनिक प्रगीत की मूल प्रवृत्ति यह है कि उसमें एक क्षण-विशेष की प्रतिक्रिया का एक स्वप्निल चित्रमात्र होता है। उन्हें लघु आकार में ही सफलतापूर्वक व्यक्त किया जा सकता है। दीर्घ और लघु प्रगीत का अन्तर यही है। निराला का प्रसिद्ध प्रगीत 'बादल राग' खण्डशः लिखा गया है। यद्यपि उनके लिखे छह 'बादल राग' हैं, शीर्षक एक ही है, पर उनका निर्माण पृथक्-पृथक् हुआ

है। वे एक-एक लघु प्रगीत के रूप में आये हैं। जो 'बादल राग' को दीर्घ प्रगीत समझते हैं, वे इसके साथ अन्याय करते और इसके वास्तविक प्रगीत-संवेदन से वंचित रह जाते हैं। 'जागों फिर एक बार' के भी दो खण्ड हैं: पहला शृंगारिक भावना का है और दूसरा वीर भावना का। दो भागों में विभक्त होने और दो समयों में लिखे जाने के कारण ये दोनों लघु प्रगीत हैं। 'सेवा ग्रहण' दीर्घ प्रगीत है। इसमें आंशिक रूप में आख्यान भी आ गया है। दीर्घ प्रगीत का झुकाव आख्यान और वर्णनात्मकता की ओर जाता है, जबकि लघु प्रगीत में आख्यान लेशमात्र भी नहीं रहता।

व्यंग्य प्रगीत—'कुकुरमुत्ता','खजोहरा','स्फटिक-शिला' को भी दीर्घ कह सकते हैं। यद्यपि ये व्यंग्यात्मक प्रगीतों की अलग ही विधा हैं, जो प्रगीत के सामान्य स्वरूप से भिन्न हैं। 'कुकुरमुत्ता' को रस की दृष्टि से हास्य-रस की रचना कहा जायगा। 'स्फटिक-शिला' में रौद्र की प्रधानता है तथा 'खजोहरा' व्यंग्य-मिश्रित हास्य-रस की सृष्टि है। इस प्रकार के प्रगीत हिन्दी में कम लिखे गये हैं, इसलिए इनका रूप-विधान निर्धारित करना कुछ कठिन है। भारतीय काव्यशास्त्र के विचार से काव्य का पर्यवसान किसी-न-किसी रस में हुआ करता है, इसलिए जब तक किसी रस की परिपुष्टि न हो तब तक किसी रचना को श्रेष्ठ काव्य कहना कठिन हो जायगा। जिन रचनाओं में रस की स्थिति गौण होती है, उनको भारतीय विचारणा के अनुसार गुणीभूत व्यंग्य-काव्य कहते हैं। गुणीभूत काव्य का अर्थ है ऐसी रचना जिसमें रस की स्थिति गौण हो। इसे मध्यम काव्य भी कहते हैं। आधुनिक यथार्थवादी रचनाओं को, जिनमें रस की अपेक्षा वस्तु-चित्रण की या व्यंग्यात्मकता की प्रधानता रहती है, गुणीभूत व्यंग्य कहा जा सकता है। इनमें किसी वस्तु का यथातथ्य चित्रण किया जाता है सौन्दर्य और कुरूपता के चित्र साथ-साथ रहते हैं। कुल मिलाकर वस्तुमत्ता का बोध होता है। इसमें रस की स्थिति गौण रहती है क्योंकि इसके लिए किसी-न-किसी स्थायी भाव की आवश्यकता होती है। यदि स्थायी भाव का योग नहीं हुआ तो रचनाएँ रसात्मक नहीं होगी। व्यंग्यात्मक काव्य में रस की स्थिति गौण होती है; क्योंकि उसमें कोई सक्रिय स्थायी भाव नहीं रहता। केवल रौद्र या भयानक चित्र ही रहते हैं। व्यंग्यात्मक चित्र प्रायः रौद्र रस के होते हैं, क्योंकि उनमें वृत्तियों की अनुकूलता नहीं होती, प्रतिकूलता होती है। कवि कुरूप, विडम्बनात्मक चित्र को चित्रित करता है, इसलिए सामान्य रीति से उसमें कवि की वृत्ति भावात्मक गहराई में पहुँच जाती है, तब उनमें रसात्मकता आ जाती है। शृंगार और करुण आदि अनुकूल रस कहे जा सकते हैं, क्योंकि कवि की वृत्ति उनमें डूबी रहती है। कवि की वृत्ति जिन वस्तुओं के प्रति विशेष वर्जना करती है, ऐसी वृत्तियों का प्रकाशन रौद्र, भयानक या वीभत्स रस की सीमा

में होता है। कभी-कभी ये रस यथार्थ रूप से उन्मेषित नहीं हो पाते। पर कभी-कभी जब कवि का संवेदन तीक्ष्ण और गम्भीर होता है तब इन यथार्थोन्मुख चित्रणों में भी रस-संस्थिति हो जाती है। व्यंग्यात्मक रचनाओं के सम्बन्ध में कहा जा सकता है कि ये प्रगीत की श्रेणी में आती ही नहीं, क्योंकि प्रगीत में कवि के कोमल भावों का, जिनमें उसकी अन्तरंग वृत्ति रहती है, निर्देश होता है। व्यंग्यात्मक या हास्यमूलक काव्य में वर्णित वस्तु के प्रति कवि की आत्मीयता नही होती, विरोध का भाव होता है। परन्तु भारतीय चिन्तना में रौद्र और भयानक भी रस माने गये हैं। युद्ध- वर्णनों में वीर रस और रौद्र रस आता है। कवि यदि रौद्र-भाव का अनुभव नहीं करता तो वह रसात्मक काव्य नहीं बना सकेगा। इसलिए यह मानना होगा कि जितने भी भाव हैं, वे प्रतिकूल संवेदन के हों या अनुकूल संवेदन के, कवि के मानस में अनुभूत होने चाहिए, तभी काव्य-रचना हो सकती है। जहाँ-जहाँ कवि की अनुभूति रमी है और उसकी काव्य-रचना में जहाँ-जहाँ प्रेरणात्मक स्थायी भाव का योग है, वहाँ-वहाँ तो रसात्मक काव्य होगा, परन्तु ऐसे अनेक प्रसंग आते हैं, जिनमें कवि रमता नहीं है; तटस्थ होकर चित्रण करता है। ऐसे चित्रण गुणीभूत व्यंग्य की सीमा में आते हैं। प्रगीत काव्य भावों और रसों की प्रगाढ़ता का काव्य है। प्रगीत रचना उसे भी कहा जा सकता है, जिसमें कवि की अनुभूति किसी मार्मिक प्रसंग या मार्मिक मानस-प्रतिक्रिया को लेकर व्यक्त हुई हो। जिन प्रतीकों में इस प्रकार का भावोन्मेष नहीं होता, उन्हें प्रगीत की संज्ञा देना भी सम्भव नहीं है। भारतीय दृष्टि से बहुत-से यथातथ्य चित्रण और व्यंग्यात्मक उल्लेख रस की भूमि में नहीं आते, अतएव ऐसे वर्णनों को प्रगीत काव्य की संज्ञा नही दी जा सकती।

पश्चिमी विचारधारा में प्रगीतों का वर्गीकरण करतें हुए सामाजिक प्रगीत या व्यंग्यात्मक प्रगीत का भेद किया गया है। इसकी चर्चा हडसन ने अपनी पुस्तक 'इण्ट्रोडक्शन टू दी स्टडी आफ लिटरेचर' में की है। हडसन का उद्देश्य यह नहीं है कि प्रगीत के गुणों से रिक्त होने पर भी हम किसी रचना को, किसी व्यंग्यात्मक या सामाजिक कविता को, प्रगीत कहने लगें। उसका आशय यही है प्रगीत या अन्तरंग अनुभूति का तत्त्व तो उस रचना में होना ही चाहिए। रचना में कवि की आत्मीयता या अन्तरंग भाव-संवेदन का जब तक अभाव रहता है, उसका अपना व्यक्तित्व मुखर नही होता, तब तक प्रगीत या व्यंग्यात्मक प्रगीत का निर्माण नहीं हो सकता। विशुद्ध व्यंग्य और व्यंग्यात्मक प्रगीत कदाचित् दो वस्तुएँ हैं। विशुद्ध व्यंग्य में तटस्थता रह सकती है या आक्रोश रह सकता है। कवि की अपनी मार्मिक संवदेना नही भी रह सकती है। जब कभी व्यंग्य में कवि की वह मार्मिक संवेदना मुखरित हो सकेगी, तभी वह व्यंग्यात्मक प्रगीत का निर्माण कर सकेगा।

इस दृष्टि से देखने पर व्यंग्यात्मक प्रगीत के मूल में क्रोध या करुणा के भाव को होना आवश्यक है। इनमें भी करुणा या सहानुभूतिमूलक व्यंग्य ही प्रगीत काव्य के अधिक उपयुक्त है। किसी रचना को व्यंग्यात्मक प्रगीत मानने के पहले यह भी देखना पड़ेगा कि कवि की करुणा का संचार, जगत् की कुरूप वस्तुओं और व्यवहारों के प्रति उनकी मार्मिक संवदेना का भाव उत्सर्जित हुआ है या नहीं। जब इस बात का प्रमाण मिल जाय कि वह रचना कवि के गहरे संवेदनों से निर्मित हैं तभी हम उसे प्रगीत कह सकेंगे, इसलिए 'कुकुरमुत्ता','खजोहरा', 'स्फटिक-शिला' आदि रचनाएँ अपने-आप ही भिन्न कोटि की हो जाती हैं। इनकी तुलना 'सरोज-स्मृति' 'शिवाजी का पत्र' जैसे वास्तविक भावापन्न काव्य से नहीं की जा सकती। इनकी अलग ही विधि होगी। जहाँ तक 'कुकुरमुत्ता' का सम्बन्ध है उसमें व्यंग्य और हास्य की प्रधानता है। इसलिए इसे हास्य-रस के प्रगीत के रूप में ले सकते हैं, लेकिन 'स्फटिक-शिला' और 'खजोहरा' आदि रचनाएँ विशुद्ध व्यंग्यात्मक हैं। व्यंग्य का किसी रस-विशेष से सीधा सम्बन्ध नहीं होता, व्यंग्य का कोई अपना स्थायी भाव नहीं होता। अतएव इन्हें किसी स्पष्ट प्रगीत श्रेणी में लेना सम्भव नहीं है। ये प्रगीत से भिन्न भावस्तर की कृतियाँ हैं। भारतीय विचारणा के अनुसार रसात्मक श्रेणी में न आने के कारण ये मध्यम कोटि की कविताएँ हैं। इन्हें प्रगीत कहना 'प्रगीत' के वास्तविक स्वरूप और अर्थ की उपेक्षा करना है।

उर्दू काव्य की परम्परा भिन्न प्रकार की है। उर्दू की गजलें मुक्तक काव्य की श्रेणी में आती हैं। उनकी दो-दो पंक्तियों में आशय पूरा हो जाता है। जब एक ही भाव को कई मुक्तकों में बाँधा जाता है और जब एक ही भाव का यहाँ आदि से अन्त तक विकास होता है तो उसे नज्म (लिरिक) कहते हैं। चूँकि निरालाजी मूलतः प्रगीत कवि रहे हैं, इसलिए उर्दू-शैली की गजलों में एक समाहित भाव की योजना मिलती है। गजल की दो पंक्तियों में चमत्कारपूर्णता की जो परम्परा चल रही थी, उसे निरालाजी ने कुछ अंश तक बदलने का प्रयत्न किया है और गजलों को प्रगीतात्मक रूप दिया है। परन्तु गजलों में पूर्णतः प्रगीत का आना कठिन है क्योंकि उनमें उक्ति-चमत्कार की विशेषता होती है। उर्दू गजल जब तक इस चमत्कार पक्ष का प्रयोग नहीं करती तब तक पूर्ण प्रभावोत्पादक नही होती। चमत्कार प्रगीत का विरोधी तत्त्व है। निराला के सामने समस्या थी कि गजलों के चमत्कार की रक्षा करें या प्रगीत की प्रतिष्ठा करें। इन दोनों आग्रहों को पूरा करने का प्रयत्न प्रायः निराला की इस शैली की रचनाओं में पाया जाता है। परन्तु परिणाम यह निकला कि न तो गजल के परम्परागत चमत्कार पक्ष और अतिशयोक्तियों का निर्वाह किया जा सका, न प्रगीत की समाहित भाव-योजना ही पूरी तरह उद्‌भावित हो सकी। उर्दू-शैली के इन पदों को पूरे अर्थों में प्रगीत कहना

सम्भव नहीं है। कुछ ही गजलों में निराला ने सफल प्रगीतात्मकता की सृष्टि की है। संस्कार से निरालाजी प्रगीत की ओर उन्मुख हैं, परन्तु उर्दू-परम्परा के आग्रह से भी वे परांङ्मुख नहीं हैं। अतः दोनों में से किसी में सम्पूर्ण सफलता बहुत कम अंश में मिल पायी है। निरालाजी के साथ इन उर्दू-शैली की गजलों के प्रणयन में एक और कठिनाई थी। हिन्दी में उर्दू-शैली की इस काव्य-शैली की कोई स्पष्ट परम्परा नहीं है। यद्यपि हिन्दी के अनेक कवियों ने उर्दू छन्दों का प्रयोग किया है, परन्तु गजल की प्रामाणिक प्रतिष्ठा हिन्दी में हो सकी है, यह एक विवाद का विषय है। इतना तो स्पष्ट है कि उर्दू के इतिहास-लेखकों ने हिन्दी कवियों के इन गजल-सम्बन्धी प्रयोगों पर न तो कोई विचार किया है और न स्थान दिया है। दूसरी बात यह है कि इस प्रकार के प्रयोग किसी एक धारा में न होकर अनेक धाराओं में विभक्त दिखायी पड़ते हैं। पहली धारा तो केवल उर्दू-छन्दों को स्वीकार कर सरल हिन्दी भाषा में उनका प्रयोग करने की है। इस शैली में हिन्दी के कवियों को अपेक्षाकृत अधिक सफलता मिली है। भारतेन्दु हरिश्चन्द्र, बालमुकुन्द गुप्त, लाला भगवानदीन और हरिऔध इस शैली के मुख्य प्रयोक्ता हैं।

दूसरी धारा है उर्दू-छन्दों को हिन्दी के संस्कृतगर्भित साँचे में ढालने की। निरालाजी ने अपने अधिकांश प्रयोग इस शैली के गीतों में किये हैं। इस प्रणाली से तो उर्दू गजलों का सौन्दर्य संस्कृत शब्दावली के माध्यम से निखर नहीं सका है।

तीसरी धारा वह है कि जिसमें उर्दू-छन्दों को हिन्दी और उर्दू की मिश्रित शब्दावली द्वारा अभिव्यक्त किया गया है। ऐसी रचनाओं में यदि सरल हिन्दी और सरल उर्दू की एकात्मकता होती तो ये गजलें अधिक सफल हो सकती थीं, परन्तु निरालाजी ने इस प्रकार का प्रयत्न करते हुए भी क्लिष्ट संस्कृत शब्दों का मोह एकदम छोड़ नहीं दिया है। सरल उर्दू शब्दों का बाहुल्य होते हुए भी दो-चार कठिन संस्कृत शब्द आ ही जाते हैं।

चौथी धारा वह है जिसमें उर्दू के छन्द उर्दू माध्यम से निर्मित किये गये हैं। परन्तु ऐसा करते हुए उर्दू भाषा पर जो अबाध अधिकार चाहिए, इसका दावा निरालाजी नहीं कर सकते। फलतः उनके उर्दू भाषा-प्रयोगों में वह टकसालीपन जो उर्दू कवियों की सामान्य विशेषता है, नहीं है। उर्दू के मुहावरे और उक्ति-चमत्कार, उनकी अतिशयोक्तियाँ और ऊहात्मक प्रेम-व्यञ्जना हिन्दी में ज्यों-के-त्यों नहीं आ सकते। फिर भी चौथी धारा की गजलों में निरालाजी उर्दू का अपना चमत्कार ला सके हैं।

कुल मिलाकर देखने से ऐसा प्रतीत होता है कि उर्दू-शैली के ये प्रगीत निराला की प्रयोगात्मक अभिरुचि के ही परिचायक हैं। इनमें निराला की अपनी

भावधारा और अपना शब्द-विन्यास अधिकारपूर्वक प्रयुक्त नहीं हुआ है। उन्हें हम निराला का प्रयोग इसलिए कहते हैं कि इनमें प्रयोग से आगे बढ़कर सफल निर्माण की योग्यता आंशिक रूप से ही आ पायी है। यहाँ प्रयोग शब्द का अर्थ है अपरिनिष्ठित रचना अर्थात् ऐसी रचना जिसमें लेखक का व्यक्तित्व और काव्य-कौशल स्वीकृत सीमा तक न पहुँचा हो।

इनकी अपेक्षा मुक्त छन्द में निरालाजी ने उर्दू-शैली का जो प्रयोग किया है, उर्दू- शब्दावली की जो अधिकता बरती है वह अपेक्षाकृत अधिक सफल है। मुक्त छन्द में तुकों की आवश्यकता नहीं पड़ती। उसमें सामान्य प्रवाह से काम चल जाता है और विशेषकर व्यंग्यात्मक रचनाओं के लिए इस भाषा का हल्कापन भी बाधक नहीं होता। इन कारणों से निराला की मुक्त छन्द की उर्दू-शैली की कविताएँ अधिक सुन्दर बन पड़ी हैं। उदाहरणार्थ 'मास्कोडायलाग्स', 'महँगू महँगा रहा', 'रानी और कानी', 'गर्म पकौड़ी', जैसी रचनाओं का नामोल्लेख किया जा सकता है। जब तक उर्दू भाषा पर सम्पूर्ण अधिकार न हो, तब तक परिनिष्ठित उर्दू काव्य-योजना कठिन होती है। निरालाजी ने छन्दों के बन्धन को छोड़कर उर्दू-शैली की मुक्तक रचनाओं में अधिक सफलता प्राप्त की है।

विदेशी साहित्य में और भारतीय साहित्य में भी लोक-काव्यों की एक ऐसी परम्परा मिलती है, जिसमें किसी वीर आख्यानक में किसी पौराणिक, ऐतिहासिक या अनैतिहासिक वीर चरित्र का उद्घाटन बड़ी मार्मिकता से किया गया है। ऐसी रचनाओं को अंग्रेजी में बैले पोइट्री और हिन्दी में वीरगीत कहा जाता है। इसी परम्परा में निरालाजी ने 'राम की शक्ति-पूजा' और 'तुलसीदास' जैसे आख्यानक प्रगीतों का निर्माण किया है। सामान्यतः लोकभाषा से सम्बन्धित होने के कारण और लोकजीवन की भूमिका पर लिखे जाने के कारण इन वीरगीतों का स्वरूप पूर्णतः साहित्यिक नहीं होता, बल्कि उनमें लोक-छन्द और लोक-भाषा का पुट अधिकांशतः रहा करता है। परन्तु निरालाजी के दोनों ही आख्यानक प्रगीत विशेषतः साहित्यिक हैं। इनमें लोक-काव्य की इतनी ही भूमिका दिखायी देती है कि यत्र-तत्र अलौकिक घटनाओं के वर्णन मिलते हैं। उदाहरण के लिए 'राम की शक्ति-पूजा' में हनुमान द्वारा ब्रह्माण्ड का नाश करने का प्रयास इसी प्रकार की अलौकिक कल्पना है, जो लोककाव्य में प्रचुरता से मिलती है। इसी प्रकार लौकिक विश्वासों का एक स्वरूप आगे एक सौ आठ पुष्प चढ़ाने के प्रसंग में मिल जाता है। यह लोक-प्रचलित पौराणिक गाथाओं से लिया गया है। परन्तु इन थोड़े-से प्रयोगों को छोड़कर निराला का शेष वर्णन और विशेषकर उनकी भाषा-योजना एकदम साहित्यिक है। इन दोनों प्रगीतों में लोक-काव्य का माधुर्य कम मिलता है। बल्कि अतिशय संस्कृतनिष्ठता के कारण ये कविताएँ अंशतः क्लिष्ट और दुरूह भी हो गयी हैं।

इनमें लोक-माधुर्य के स्थान पर एक महाकाव्योचित औदात्य की योजना की गयी है, जिसके कारण इन रचनाओं में लोकगीतों की या वीरगीतों की वास्तविक भावनाधारा और लोकग्राहिता नहीं आ पायी है। हम कह सकते हैं कि निरालाजी के ये दोनों ही आख्यानक गीत लोक-प्रचलित किंवदन्तियों के आधार पर अथवा पौराणिक भूमिका पर भले ही लिखे गये हों, परन्तु इनका निर्माण लोकभूमिका को छोड़कर महाकाव्योचित स्तर पर पहुँच गया है। इन प्रगीतों के विषय में हिन्दी समीक्षकों में अनेक विरोधी मत पाये जाते हैं। कुछ संस्कृतनिष्ठ आलोचकों की सम्मति में कवि की ये दोनों रचनाएँ काव्य के क्षेत्र में उनकी सर्वोत्तम उपलब्धि मानी जाती हैं। कुछ अन्य आलोचकों के मत में ये अत्यन्त दुर्गम और दुरूह होने के कारण कृत्रिम रचना की श्रेणी में स्वीकार की जाती हैं। वास्तविकता कदाचित् इन दोनों के मध्य में है। स्वाभाविकता की कमी के कारण ये कृतियाँ निराला की सर्वोत्तम काव्य-रचना नहीं कही जा सकेंगी और साथ ही केवल भाषा की क्लिष्टता के आधार पर इनको कृत्रिम कहना भी सर्वथा संगत नहीं होगा। ये निराला के स्वतन्त्र और बहुमूल्य प्रयोग हैं और इन्हें इसी दृष्टि से देखना, परखना समीचीन होगा।

प्रश्न हो सकता है कि लम्बे आख्यानों को, जिनमें घटना-सूत्र काफी स्पष्ट हैं और जिनमें आंशिक रूप सें सन्धियों और कार्यावस्थाओं का सन्निवेश पाया जाता है, प्रगीत की श्रेणी में कैसे लिया जाय ? इस सम्बन्ध में हम कह सकते हैं कि वीर आख्यानों और वीरगीतों की परम्पराएँ बहुत-कुछ स्वतन्त्र हैं। वीर-गीतों में विस्तार हो सकता है और होता है; परन्तु उनके निर्माण में वर्णनात्मक पक्ष की अपेक्षा केन्द्रीय भावोन्मेष की प्रधानता रहती है। अन्विति का ऐसा स्वरूप रहता है कि आदि से अन्त तक कविता में एक ही भावोत्थान का स्वरूप उद्भासित होता है। वीर आख्यानक-काव्य में इस प्रकार की केन्द्रीय अन्विति नहीं होती और पूरा काव्य कई स्वतन्त्र खण्डों में विभाजित हो जाता है। समय की गति स्पष्ट रूप से दिखायी देती है। वीर आख्यानक की सन्धियाँ और कार्यावस्थाएँ कथानक के भिन्न-भिन्न स्थलों में आकर उसके स्पष्ट विकास का निर्देश करती हैं, परन्तु वीरगीतों में समग्रता का पक्ष प्रधान रहता है। उसका कथानक खण्डों में विभाजित नहीं होता। घटनाएँ भी प्राय: पृष्ठभूमि में रहती हैं और गीतों की कड़ी विभिन्न अनुच्छेदों में बँधी रहती है। वीरगीत अध्याय या सर्गों में बँधा नही रहता। एक ही केन्द्रीय घटना चित्रित होती है, जबकि वीराख्यान में घटनाओं की क्रमिक प्रगति और सर्गबद्ध विकास हुआ करता है। इसके अतिरिक्त कवि की प्रकृति भी वीरगति और वीराख्यान की रचना में भिन्न प्रकार से संयोजित होती है। इन्हीं कारणों से 'राम की शक्ति-पूजा' और 'तुलसीदास' को आख्यानक प्रगीत कहा गया है। उन्हें

आख्यानक-काव्य या खण्ड-काव्य नहीं कहा जा सकता।

यद्यपि ये दोनों व्याख्यानक प्रगीत, प्रगीत के गुणों से सम्पन्न हैं परन्तु इनमें वीरगीतों की-सी गेयता उपलब्ध नहीं है। इनकी छन्द-योजना गीतात्मक नहीं है, परन्तु इस एक कमी के कारण इन रचनाओं को प्रगीत श्रेणी से निष्कासित भी नही किया जा सकता। देश-विदेश में ऐसे अनेक वीरगीत मिलते हैं जिनकी गेयता अनिवार्य नहीं होती। ये पाठ्य-रूप में स्वीकृत किये जाते हैं।

'पंचवटी प्रसंग' नामक निराला की एक आरम्भिक रचना गीति-नाट्य के रूप में प्रस्तुत की गयी है। 'गीति-नाट्य' के अनेक भेद होते हैं। कुछ तो नृत्यमूलक गीति-नाट्य हुआ करते हैं, जिनमें गेय अंश नृत्य के सहायक मात्र होते हैं, कुछ विशुद्ध गायन के लिए निर्मित होते हैं और शेष कुछ भावनाट्य की मनोवैज्ञानिक प्रमुखता लिये रहते हैं। निराला का यह गीति-नाट्य बंगाल की रास-लीलाओं की पद्धति पर रचा गया है। इन रास-लीलाओं में विभिन्न पात्र आते हैं और लम्बे-लम्बे उद्गार व्यक्त करते हैं। लम्बे उद्गारों के लिए गद्य उतना समीचीन माध्यम नहीं होता, इसलिए उन्हें पद्यात्मक रूप दिया जाता है। निराला को मुक्त छन्द की प्रेरणा रास की इस लोक-नाट्य की प्राणाली से प्राप्त हुई थी। 'पंचवटी प्रसंग' में मुक्त छन्द का प्रयोग किया गया है, जो पद्य होता हुआ भी गद्य के अधिक समीप है और संवादों के अधिक उपयुक्त है।

लोकनाट्य की पद्धति पर 'पंचवटी-प्रसंग' का प्रणयन होने के कारण इसका रंगमंच सीधा-सादा और अनलंकृत है। कहा जा सकता है कि यह प्राकृतिक रंगमंच ही है। यहाँ किसी प्रकार की औपचारिकता का प्रयोग नहीं किया गया। इसके अतिरिक्त इसकी नाट्यशैली भी लोकनाट्य की शैली है। इस शैली के संवाद भावात्मक होते हैं। न इनमें किसी प्रकार का चरित्र-चित्रण होता है और न सूक्ष्म मानसिक विकृतियाँ होती हैं। इनका उद्देश्य दर्शक-समाज में रस की प्रतीति कराना हुआ करता है। निरालाजी के 'पंचवटी-प्रसंग' में लोकनाट्य की यही पद्धति अपनायी गयी है, यद्यपि इसमें एक साहित्यिक उत्कर्ष भी लाया गया है। निराला जैसे कवि के लिए यह स्वाभाविक ही था कि लोकनाट्य की शैली को साहित्यिक स्तर पर पहुँचाने का प्रयत्न करते। उनकी भाषा और उनका राम, सीता और लक्ष्मण की चरित्र-रेखाओं को उद्भासित करने का प्रयास उनके इस नाटक को साहित्यिक स्तर पर लाने में समर्थ हुआ है। निराला का यह गीति-नाट्य नाटक के स्तर पर होने की अपेक्षा गीत अधिक है। इसमें स्वच्छन्दतावादी भावनाधारा निर्व्याज रूप से अपनी समस्त विशेषताओं के साथ प्रस्तुत हुई है। प्रकृति का परिवेश है, वीरों का परिवार है। राक्षसों और आततायियों का अपर फल है, जिसमें वीर चरित्रों की निर्भीकता, साहस और शक्तिमत्ता प्रचुरता से प्रकाशित हो सकी है। ये सब

लक्षण वीर-गीतों के हैं और यद्यपि निरालाजी ने उसे नाट्य संवादों के माध्यम से प्रकट किया है; परन्तु उनकी मूल प्रकृति स्वच्छन्दतावादी वीरगीत की है।

इस प्रकार यद्यपि निरालाजी की समस्त काव्य-रचनाएँ प्रगीत शैली में निर्मित हैं; परन्तु इस सीमा में उनके प्रयोगों की संख्या अपरिमित है। निराला की स्वच्छन्द प्रतिभा छोटी सीमाओं में रह भी नहीं सकती थी। प्रगीत के सभी रूपों का प्रयोग और प्रकाशन निरालाजी की कविताओं में उपलब्ध होता है। अनेकानेक प्रगीत रूपों का ही नहीं, विभिन्न भाषा-शैलियों का और असंख्य छन्द-योजनाओं का प्रयोग निराला की बृहत्तर काव्य-प्रतिभा का परिचायक है। रवीन्द्रनाथ से जब एक बार पूछा गया था कि उन्होंने कोई महाकाव्य क्यों नहीं लिखा, किसी बृहत् आख्यान का निर्माण क्यों नहीं किया, तो उन्होंने उत्तर दिया था कि मेरा महाकाव्य ही असंख्य टुकड़ो में बँटकर मेरी गीतसृष्टि में आकार ग्रहण कर सका है। कुछ युग ही ऐसे होते हैं कि जिनमें महान् कवियों की प्रतिभा गीतमुखी हो जाती है। विशेषकर नवीन संस्कृति की किशोरावस्था में महाकाव्य की रचना नहीं हो पाती। उसके बदले लघु प्रगीतों में उस युग की समग्र चेतना प्रतिबिम्बित होती है। निराला का युग भी भारतीय संस्कृति के नव-निर्माण की किशोरावस्था का युग था, जिसमें बहिर्मुखता और समन्वित आदर्शों और जीवन-लक्ष्यों के स्थान पर नये स्वप्नों और नयी आकांक्षाओं को स्वरूप दिया गया है। इस नवोन्मेष के अनुरूप ही निराला के काव्य-रूप निर्मित हुए हैं।

●

निराला की काव्य-कला

–डॉ० विजयेन्द्र स्नातक

आधुनिक हिन्दी साहित्य में निरालाजी विद्रोह, क्रान्ति और परिवर्तन के कवि माने जाते हैं। विरोध और संघर्ष को स्वीकार कर अपनी काव्य-धारा को नवीन मार्ग से प्रवाहित करने की जैसी सामर्थ्य निराला में है वैसी हिन्दी के किसी अन्य कवि में नहीं है। कदाचित् उनकी इस दुर्धर्ष क्षमता को देखकर ही उन्हें 'महाप्राण कवि' कहा जाता है। युगान्तरकारी साहित्य-सर्जन की प्रेरणा से निराला ने साहित्य के विविध रूपों को ग्रहण किया है। गद्य और पद्य दोनों ही क्षेत्रों में उनके द्वारा जो प्रयोग किये गये हैं, वे ऐसे हैं जिनका महत्त्व आँकना सरल नहीं है। जिस समय निराला अपनी प्राणवत्ता के साथ ही हिन्दी साहित्य के प्रांगण में अवतरित हुए, साधारण पाठक उनकी रचनाओं की गहराई में सहज रूप से प्रवेश न कर सका। फलतः निराला की रचनाओं को क्लिष्ट और अस्पष्ट बताकर दूर रखने का प्रयास किया गया; किन्तु जिस काव्य में शक्ति और ओज होता है, वह क्लिष्टता के क्षणिक आरोप से दबाया नहीं जा सकता।

निरालाजी का शैशव बंगाल में व्यतीत हुआ और प्रारम्भिक शिक्षा भी बँगला भाषा में ही हुई। जिन दिनों निरालाजी बंगाल में शिक्षा प्राप्त कर रहे थे, उन दिनों स्वामी रामकृष्ण परमहंस और स्वामी विवेकानन्द की विचारधारा का वहाँ की शिक्षित जनता पर बहुत व्यापक प्रभाव था। अद्वैतवाद की नवीन दृष्टि से जैसी व्याख्या स्वामी विवेकानन्द ने की थी, वह देश-विदेश में बड़े सम्मान के साथ ग्रहण की जा रही थी। बालक सूर्यकान्त पर भी इन विचारों की गहरी छाप पड़ना स्वाभाविक था। अद्वैत वेदान्त की इस प्रवृत्ति को तब और प्रश्रय मिला जब सूर्यकान्त त्रिपाठी को रामकृष्ण मिशन की ओर से प्रकाशित होनेवाले 'समन्वय' पत्र के सम्पादकीय विभाग में काम करने का अवसर मिला।

बँगला भाषा, वेदान्ती भावना, विरक्त साधु-संन्यासियों की विचारधारा आदि ने निराला की प्रारम्भिक रचनाओं को अत्यधिक प्रभावित किया। जब निराला ने हिन्दी में कविता लिखना प्रारम्भ किया तब वे हिन्दी की अपेक्षा बँगला और संस्कृत के अधिक निकट थे। सौभाग्य से पत्नी तो हिन्दीभाषिणी थीं, उसकी प्रेरणा से हिन्दी के प्रति नैसर्गिक प्रेम जागृत हुआ और हिन्दी को ही आपने अपनी अभिव्यक्ति

का माध्यम बनाया। जब इन्होंने लिखना प्रारम्भ किया तो इतना तीव्र प्रवाह चला कि उपन्यास, कहानी, कविता, निबन्ध, आलोचना सभी दिशाओं में लेखनी घूम गयी।

निराला ने जिस युग में कविता लिखना प्रारम्भ किया वह द्विवेदी-युग का अन्तिम चरण और छायावाद-युग का उन्मेष-काल था। कविवर प्रसाद की छायावादी रचनाएँ शनैः-शनैः प्रकाश में आने लगी थीं और हिन्दी कविता में नयी दिशा की सूचना मिलना प्रारम्भ ही हुआ था। कवि निराला की पत्नी का असामयिक देहान्त होने से कवि के मानस पर उसका वियोगजन्य प्रभाव पड़ा। कवि ने शून्य में निहारते हुए 'जूही की कली' कविता लिखी, जो कल्पना के वेग को ग्रहण कर भावाभिव्यक्ति में समर्थ हुई। इस कविता में शैली, प्रसाधन, भंगिमा, सब-कुछ एकदम नवीन था। इतना अभिनव कि हिन्दी का पाठक उसे अपनाने में हिचकिचाया। उसे लगा कि कहीं यह सब किसी और भाषा का तो नहीं है। किन्तु हिन्दी में नूतन शक्ति-क्षमता भरनेवाली यह कविता कवि की प्राणवत्ता का परिचय देती हुई भावी काव्य-परिच्छेद का भी संकेत प्रस्तुत कर गयी—

विजन वन वल्लरी पर
सोती थी सुहाग भरी
स्नेह स्वप्न मग्न अमल
कोमल तन तरुणी
जुही की कली, दृग बन्द किये
शिथिल पत्रांक में।

'जुही की कली' आज हिन्दी साहित्य में ऐतिहासिक एवं साहित्यिक महत्त्ववाली रचना मानी जाती है। इस रचना के भीतर केवल रचयिता की शक्ति का ही आभास नहीं, वरन् उस युग के भावी परिवर्तन का भी संकेत छिपा है। निरालाजी की प्रवृत्ति वेदान्त की ओर होने से उनकी प्रारम्भिक रचनाओं में दार्शनिक गूढता (या दूसरे शब्दों में हम उसे रहस्यवादिता भी कह सकते हैं) का सन्निवेश रहा है। निराला की अद्वैत भावना को व्यक्त करनेवाली उनकी प्रसिद्ध कविता 'तुम और मैं' है। इस कविता में निराला ने ब्रह्म की सत्ता को सत्य मानते हुए अपने अहं को उसी में लीन करके देखा है—स्त्रीत्व के रूप में नहीं वरन् उसी शक्ति का एक लघु रूप मानकर। अग्नि के स्फुलिंग की भाँति अहं को उस विराट् का एक अंश मानना ही अभिप्रेत है। भाव-वस्तु के साथ कविता में काव्य-गुण भी इतना उच्चकोटि का है कि कविता दार्शनिक परिवेश में भी पाठक के मन को पूर्णता के साथ पकड़ने में समर्थ होती है—

तुम तुंग हिमालय श्रृंग और मैं चंचल गति सुर सरिता।
तुम विमल हृदय उच्छ्वास और मैं कान्त कामिनी कविता।
तुम प्रेम और मैं शान्ति, तुम सुरापान घन-अन्धकार।
मैं हूँ मतवाली भ्रान्ति।

इस कविता का मूल भाव वेदान्त पर आधृत है, किन्तु जगत् या जीवन के प्रति ऐसी कोई विरक्ति इसमें से प्रतिध्वनित नहीं होती जो ब्रह्म सत्य जगन्मिथ्या का सन्देश देकर साधक को संसार से विरत कर सके। कवि के सामने संसार है और उसमें आत्म का बोध है। यह आत्मबोध ही आशावाद का स्रष्टा है। नैराश्य को दर्शन का अंग माना भी क्यों जाय ? इसी भाव को एक दूसरी कविता में बड़ी शक्ति के साथ कवि ने व्यक्त किया है—

जीवन की विजय, सब पराजय,
चिर अतीत आशा, सुख सब भय।
सबमें तुम, तुममें सब तन्मय।

'परिमल' संग्रह में आशा और जागरण की भावना से परिपूर्ण अनेक कविताओं द्वारा कवि ने यह स्पष्ट करने की चेष्टा की है कि ब्रह्म की सत्ता अखण्ड और सत्य होने पर भी यह जीवन नैराश्य या कुण्ठा के लिए नहीं मिला है। ब्रह्म-चिन्तन निरालाजी का प्रिय विषय रहा है। औपनिषदिक चिन्ता-धारा का अनुसरण करते हुए उसका अद्वैत भावना के साथ समन्वय करने की कला निरालाजी को प्राप्त है। 'परिमल' की चिन्तनप्रधान तथा भावनाप्रधान दोनों ही कोटि की कविताओं में कवित्व का मांसल पुट दृष्टिगत होता है। नीचे की कविता में चिन्तन की प्रधानता है—

तुम हो अखिल विश्व में या यह अखिल विश्व है तुममें।
अथवा अखिल विश्व तुम एक, यद्यपि देख रहा हूँ तुममें भेद अनेक।
बिन्दु विश्व के तुम कारण हो या यह विश्व तुम्हारा कारण।
पाया हाय न अब तक इसका भेद,
सुलझी नहीं ग्रन्थि मेरी, कुछ मिटा न खेद।

दार्शनिक चिन्ताधारा के साथ निराला के मन पर भारतीय जीवन-दर्शन की छाप भी गहरी पड़ी है। अतीत के सुन्दर चित्र अंकित करते हुए करुणा, प्रेम और संवेदना को निराला ने अपने काव्य-विषयों में स्थान दिया है। जगत् में चारों ओर बिखरे हुए दुःख-दैन्य को कवि ने अपने काव्य में करुणा के माध्यम से गाया है। जिन कारुणिक दृश्यों से हमारी भावना सिक्त होती है और हम द्रवित हो उठते हैं, कवि निराला ने उन्हें गहराई से समझा और दृढ़ता से पकड़ा है। 'विधवा', 'भिक्षुक', 'दीन', 'मजदूर' आदि विषयों का चयन कवि के अन्तर की करुणा का

ही प्रतिरूप है। इन कविताओं में शब्दों के माध्यम से सूक्ष्म करुणा को जहाँ कवि ने मूर्तिमन्त और सजीव किया है वहाँ साथ-ही-साथ काव्य के अलंकृत उपकरणों को भी अपनी परिपूर्णता तक पहुँचाया है। प्रत्येक कविता सामाजिक अभिशाप पर व्यंग्य और प्रहार की दुर्निवार शक्ति लेकर सामने आती है। प्रगतिवादी विचारधारा में जो विद्रोह स्वर पनपा था वैसा ही स्वर इन कविताओं के अन्तराल में छिपा है, मानो कवि ने आनेवाली प्रगति को बीस वर्ष पहले ही समझ लिया हो। 'विधवा' शीर्षक कविता का काव्य-शिल्प है.......

वह इष्टदेव के मन्दिर की पूजा-सी,
वह दीप शिखा-सी शान्त, भाव में लीन
वह क्रूर काल ताण्डव की स्मृति-रेखा-सी
वह टूटे तरु की छुटी लता-सी दीन
दलित भारत की विधवा है।

'भिक्षुक' शीर्षक कविता अपने सजीव वर्णन के लिए हिंन्दी सहित्य में पर्याप्त प्रसिद्धि प्राप्त कर चुकी है......

वह आता
दो टूक कलेजे का करता पछताता पथ पर आता।
पेट पीठ दोनों हैं मिलकर एक
चल रहा लकुटिया टेक
मुट्ठी भर दानें को, भूख मिटाने को
मुँहफटी पुरानी झोली का फैलाता।

निराला की कविता में जन-जागरण तथा राष्ट्रीय भावना से परिपूर्ण गीतों का भी विशेष स्थान है। अपने अतीत गौरव का स्मरण करते हुए उद्बोधन के उद्देश्य से ऐसे ओजस्वी गीत उन्होंने लिखे जो परतन्त्र देश की जनता में जीवन संचार की अदभुत क्षमता रखते हैं। अपने राष्ट्र की महानता का स्मरण करते हुए कवि ने प्रार्थना के स्वर में जिस उदात्त गरिमा का संचार किया है वह देखते ही बनता है.....

मुकुट शुभ्र हिम तुषार, प्राण प्रणव ओंकार
ध्वनित दिशाएँ उदार, शतमुख शतरव मुख रे

इस गीत का मुख्य भाव प्रार्थना है, किन्तु इसकी पृष्ठभूमि सांस्कृतिक चेतना है तथा राष्ट्रीयता इसकी ध्वनि है; जिसे सुनकर प्रार्थना करनेवाले का अन्तःकरण दीप्त और भास्वर हो उठता है। भारतवर्ष के अतीत गौरव का स्मरण करानेवाली कविताओं में 'महाराज शिवाजी का पत्र', 'यमुना', 'जागो फिर एक बार' आदि का

उल्लेख किया जा सकता है। सांस्कृतिक धरातल पर आधृत आख्यानक कविताओं में 'पंचवटी प्रसंग', 'राम की शक्ति-पूजा' मुख्य हैं। 'यमुना' कविता में एक ओर सांस्कृतिक पृष्ठभूमि का सौन्दर्य है तो दूसरी ओर काव्य-शिल्प का मनोहारी रूप भी उसे कान्तिमय बना रहा है। छायावादी कविता के प्रतीकात्मक अलंकरण इस कविता में अपने सौन्दर्य के निखार पर हैं—

बता कहाँ अब वह वंशीवट, कहाँ गये नटनागर श्याम ?
चल चरणों का व्याकुल पनघट, कहाँ आज वह वृन्दाधाम ?
कभी यहाँ देखे थे जिनके श्याम विरह से तप्त शरीर ?
किस विनोद की तृषित गोद में आज पोंछतीं वे दृग नीर ?

व्यंग्य, विप्लव, विद्रोह और संघर्ष को व्यक्त करने के लिए निरालाजी ने जो कविताएँ लिखीं उनमें केवल पैना दंश ही नहीं वरन् निर्माण का स्वर भी गूँजता हैं। 'कुकुरमुत्ता' उनकी एक व्यंग्यप्रधान रचना है। 'कुकुरमुत्ता' से पहले भी आपने व्यंग्यप्रधान अनेक कविताएँ लिखी थीं; किन्तु इसमें आकर आपका व्यंग्य प्रहार के चरम बिन्दु तक पहुँच गया है। 'कुकुरमुत्ता' में कवि ने आध्यात्मिक एवं भौतिकवादी उपादानों पर तीव्र प्रहार किया है। गुलाब को देखकर कुकुरमुत्ता कहता है:—

खून खींचा खाद का तूने अशिष्ट
डाल पर इतरा रहा है कैपिटलिस्ट

गुलाब को कैपिटलिस्ट बताकर साम्राज्यवाद का प्रतीक ठहराया है। सामाजिक व्यंग्य की दृष्टि से 'कुकुरमुत्ता' का स्थान बहुत ऊँचा है। निर्धन-वर्ग के जीवन को 'कुकुरमुत्ता' के समान चित्रित करते हुए कवि ने साम्यवादी बना डाला है।

विप्लव और विद्रोह की भावना को व्यक्त करने के लिए निरालाजी ने अनेक कविताएँ लिखी हैं, किन्तु 'बादल राग' को उनकी सबसे अधिक विप्लवकारिणी कविता कहा जाता है। छह रागों में कवि ने कविता को समेटा है। प्रथम राग मधुर है। दूसरा भैरव है। बादल को विप्लवकारी, कहीं आतंकवादी, कहीं क्रान्तिकारी रूप में चित्रित करके कवि ने विप्लव का रूप खड़ा किया है।

निराला ने 'सरोज-स्मृति' शीर्षक कविता शोकगीत की शैली में लिखी है, जिसमें अपनी पुत्री के असामयिक निधन से उद्‌भूत करुण-शोकमयी भावनाओं को कवि ने 'ऐजेजी' की शैली से वर्णित किया है। पुत्री के निधन पर कवि को उसका बाल्यकाल स्मरण हो आता है; जब सवा साल की आयु में ही नन्हीं बच्ची की माँ का देहावसान हो गया था। इस कविता में विवाह-सम्बन्धी रूढ़ियों पर भी कवि ने व्यंग्य किया है। सरोज की मृत्यु पर कवि के मर्माहत शब्द पुकार उठे—

दुःख ही जीवन की कथा रही
क्या कहूँ आज जो नहीं कही।

निराला के काव्य में प्रकृति-चित्रण का सुन्दर रूप उनके 'गीतिका' संग्रह में दृष्टिगत होता है। प्रकृति को नारी के रूप में चित्रित करने की प्राचीन परिपाटी का कवि ने निर्वाह नहीं किया है, वरन् स्वतन्त्र दृश्यांकन के रूप में ही प्रकृति के मनोहर चित्रों को अंकित किया है। प्रकृति को रहस्यवादी दृष्टि से देखने का मोह दार्शनिक कवि निराला संवरण नहीं कर सके हैं। प्रकृति के सुन्दर पदार्थों में निहित चरम सौन्दर्य को पा लेने की इच्छा कवि के अन्तर में सतत विद्यमान रही है, जिसके फलस्वरूप प्रकृति-चित्रण पर रहस्यवाद का झीना आवरण पड़ना स्वाभाविक है। किन्तु यह स्थिति सर्वत्र नहीं है। 'शेफालिका' कविता में जहाँ अद्वैतवादी विचारधारा का प्रभाव है, कवि रहस्य के आवरण में कहता है–

बन्द कंचुकी के सब खोल दिये प्यार से–
यौवन उभार ने
पल्लव पर्यङ्क पर सोती शेफालिके।

शेफाली को नायिका (आत्मा) के रूप में चित्रित कर प्रेमी गगन (परमात्मा) से मिलने का संकेत कवि ने किया है। इसके अतिरिक्त प्राकृतिक सौन्दर्य के स्वतन्त्र वर्णनों की भी निराला की कविता में कमी नहीं है। दिवसावसान के समय मेघमय आसमान से उतरती हुई परी-सी सुन्दरी सन्ध्या-सुन्दरी का आलंकारिक वर्णन देखने योग्य है–

दिवसावसान का समय
मेघमय आसमान से उतर रही है,
यह सन्ध्या सुन्दरी, परी-सी, धीरे, धीरे, धीरे।

सन्ध्या का दूसरा वर्णन और देखिये–

अस्ताचल ढले रवि, शशि छबि विभावरी में।
चित्रित हुई है देख, यामिनी गन्धा जगी॥

प्रगति और प्रयोग की दृष्टि से निराला का काव्य अन्य कवियों से सदैव दस वर्ष आगे रहा है। जिसे आज के युग में प्रगतिवाद और प्रयोगवाद कहकर व्यवहृत किया जाता है, वह निराला की कविता में अपने आगमन से दस वर्ष पहले झाँकने लगा था। प्रयोगों की बहुलता देखनी हो तो निराला की 'नये पत्ते' रचना अनुशीलन के योग्य है। इन कविताओं के विषय प्रगतिशील विचारधारा के हैं और प्रक्रिया की शैली प्रयोगवादी कही जा सकती है।

सामाजिक एवं राजनीतिक व्यंग्य की कविताओं के साथ मार्क्सवादी विवेचन को मिलाकर कवि ने इनमें प्रगतिशीलता का अच्छा समाहार किया है। 'गर्म पकौड़ी' और 'प्रेम-संगीत' कविताओं में व्यंग्य की मनोहारी छटा है—

पहले तूने मुझको खींचा दिल देकर कपड़े-सा फींचा।

इस प्रयोगों में कवि के अन्तर्मन पर पड़े संस्कार भी हैं और युग-संघर्ष से उद्भूत मनोविकार भी। सामन्तवादी युग की प्रथा-परम्पराओं पर चोट करते हुए कवि की वाणी में मार्क्सवाद का गुञ्जन सुनायी पड़ता है, किन्तु दूसरी ओर मार्क्सवाद को भी कवि अछूता नहीं छोड़ता। कुछ कविताएँ ऐसी हैं जो वर्तमान युग में हुए विविध आन्दोलनों का आभास देती हैं। 'स्फटिक-शिला' एक अनूठी कविता है, जिसमें कवि ने अनेक सुन्दर चित्र अंकित किये हैं। ग्रामीण युवती का एक स्थान पर वर्णन करते हुए उस पर सीता का आरोप करके कवि ने अपने मन की अवदात भावना का परिचय दिया है—

वर्तुल उठे हुए उरोजों पर जड़ी थी निगाह
चोंच जैसे जयन्त की, नहीं जैसे कोई चाह
देखने की मुझे और कहा तुम राम की॥

गीति-काव्य को समृद्ध बनानेवाली विविध रचनाओं के साथ आख्यानक गीति (खण्ड-काव्य), प्रबन्ध-काव्य, नाट्य कविता और रेखाचित्र भी कवि ने लिखे हैं। इनमें 'पंचवटी-प्रसंग', 'राम की शक्ति-पूजा', 'तुलसीदास' और 'अणिमा' उल्लेखनीय हैं।

नाट्य-काव्य के अन्तर्गत 'पंचवटी प्रसंग' पर संक्षेप में विचार करना आवश्यक है। पंचवटी प्रसंग पाँच दृश्यों में विभक्त नाट्य-काव्य है। इसमें राम-सीता के प्रेम-संवाद अति मर्मस्पर्शी शब्दावली में अंकित हुए हैं। इस प्रसंग की मुख्य घटना है शूर्पणखा का आगमन और रूप-वर्णन। शूर्पणखा के रूप का वर्णन सुनिये—

मीन मदन फाँसने की वंशी विचित्र नासा
फूल दल तुल्य कोमल लाल ये कपोल गोल
चिबुक और हँसी बिजली-सी
योजन गन्ध पुष्प जैसा प्यारा वह मुख-मण्डल
फैलते पराग दिङ्मण्डल आमोदित कर
खिंच आते भौंरे प्यारे।

'राम की शक्ति-पूजा' निराला की सबसे प्राणवान्, ओज गुण प्रधान रचना है। इस कविता की टक्कर की दूसरी कविता हिन्दी में नहीं मिलती। पौराणिक कथानक को कवि ने अपनी कल्पना और काव्य-सौष्ठव द्वारा पल्लवित करके जो

रूप दिया है वह सर्वथा नूतन है। जिस छन्द, लय, स्वर और पदावली में कविता बाँधी गयी है वह प्रक्रिया ही हिन्दी के लिए अभिनव है। द्वन्द्व और संघर्ष नाटक के प्राण-तत्त्व होते हैं। इस कविता में वर्णित राम का अन्तर्द्वन्द्व नाटकीयता में अपने चरम-बिन्दु को स्पर्श करनेवाला है। नाटक की पाँचों कार्यावस्थाओं का विधिवत् पालन करते हुए कवि ने इस कविता को उत्कर्ष के सर्वोच्च धरातल पर ले जाकर खड़ा किया है। युद्ध के वातावरण की उत्तेजना और उसकी भूमिका में राम की सभा का विषादपूर्ण चित्रण प्रारम्भ है, राम की निराशा, हनुमान् की उत्तेजना, विभीषण के द्वारा उद्बोधन प्रयत्न हैं, जाम्बवन्त के द्वारा राम को शक्ति-पूजा का परामर्श प्रत्याशा है, राम द्वारा पूजा का विधान नियताप्ति है और अन्त में शक्ति द्वारा विजय-मंगल का वरदान फलागम है।

कविता का प्रारम्भ और अन्त ऐसे नाटकीय ढंग से होता है कि पाठक के मन में कुतूहल, विषाद, हर्ष, उत्कण्ठा, औत्सुक्य आदि नाट्य सञ्चारियों का ताँता बँधा रहता है। भाषा और शैली में आदि से अन्त तक महाकाव्य सदृश उदात्त गरिमा अनुस्यूत है। भाषा को महाप्राण वर्णों के प्रयोग द्वारा ओजस्वी बनाया गया है। दीर्घ समासों की छटा से वाक्यावली को युद्ध-संघर्ष के अनुकूल किया गया है। अमूर्त अन्तर्द्वन्द्व को सघन एवं सुदृढ़ प्रतीकों द्वारा मूर्तिमान् किया गया है। एक उदाहरण लीजिये—

> है अमा-निशा, उगलता गगन घनान्धकार
> खो रहा दिशा का ज्ञान स्तब्ध हैं पवन चार
> अप्रतिहत गरज रहा पीछे अम्बुधि, विशाल
> भूधर ज्यों ध्यानमग्न, केवल जलती मशाल॥

संक्षेप में, 'राम की शक्ति-पूजा' केवल एक लम्बी आख्यानक कविता ही नहीं, अपितु वह अभिव्यञ्जना-सौष्ठव का चरम प्रस्तुत करनेवाली ऐसी कविता है जिसे छायावादी अभिव्यक्ति का श्रेष्ठतम निदर्शन कहा जा सकता है।

'तुलसीदास' निराला का प्रबन्ध-काव्य है जिसमें कवि ने मध्यकालीन भारतीय इतिहास पर नये दृष्टिकोण से विचार किया है। हिन्दू-संस्कृति के पतन का चित्र अंकित करते हुए कवि ने तुलसीदास को उस पतनोन्मुखी संस्कृति का रक्षक बताया है। सन्ध्या के वर्णन से कविता प्रारम्भ होती है, जैसे भारतीय गगन पर सन्ध्या के बादल छा गये हों। प्रकृति के परिवेश में जो संश्लिष्ट वर्णन है, उसमें संस्कृति के पतन का अध्याहार करके पाठक मध्ययुग के ह्रास को अपने मानस में देखने लगता है। मुगल सभ्यता के विकास से कवि का अन्तर इसलिए मर्माहत है कि वह भारतीय हिन्दू-संस्कृति के विनाश पर पनप रही है। कुसंस्कारों की कालिमा

देश पर छा रही है, मत-मतान्तरों के घटाटोप से देश आच्छन्न है। इस वर्णन के बाद कवि ने रत्नावली के प्रेम का चित्र खींचा है। रत्नावली के नारी भाव को निराला नवीन दृष्टिकोण से परखते हैं और उन्होंने रीतिकालीन परम्पराओं को समाप्त कर दिया है। तुलसी के मन को ऊर्ध्वगामी बनने की प्रेरणा कवि ने दी है और उसे एक ऐसी भूमि पर ले जाकर खड़ा कर दिया है जहाँ से उनका कवि सार्वभौम-रूप भास्वर हो उठा है।

तुलसीदास का काव्य-शिल्प निराला की सामर्थ्य के सर्वथा अनुकूल है। तुलसीदास का वर्णन देखिए–

भारत के नभ का प्रभा पूर्य शीतलच्छाय सांस्कृतिक सूर्य।
अस्तमित प्राज रे, तमस्तूर्य दिङ्मण्डल।

संक्षेप में निराला ने छायावादी कविता में नूतन भाव-वस्तु के साथ कला के रूप में भी नवीनता का वरदान दिया। उनकी भाषा, उनके छन्द, उनकी वर्ण-योजना सब मौलिक होने के साथ दीप्ति और कान्ति के उस शिखर को स्पर्श करती है जिसे प्रसाद की 'कामायनी' को छोड़कर और किसी कवि का काव्य नहीं कर सका।

मुक्तक छन्द का श्रीगणेश निरालाजी ने किया, छन्दों की विविधता और प्रयोगवादी परम्परा उन्होंने प्रारम्भ की। तुक और लय-स्वर में नूतनता का प्रवेश करने में निराला सबसे आगे हैं। स्वच्छन्द छन्द तो उनकी कविता का प्राण रहा है। छन्द के बन्धनों में निरालाजी का प्रयत्न जागरूकतापूर्ण है।

भाषा को सँवारने और प्रसंगानुकूल ढालने की कला तो निराला को बँगला और संस्कृतज्ञान के कारण सिद्ध हो गयी थी। जटिल, दुर्बोध, दुरूह, क्लिष्ट, सब प्रकार के शब्दों से अनमिल वाक्यावली बनाने की त्रुटि होने पर भी निराला की शक्तिमत्ता इसमें है कि वे भाव की जटिलता को तथा वर्णन की संश्लिष्टता को शब्दों के चयन से पूरा कर देते हैं।

संस्कृत शब्दों का प्रचुर प्रयोग कविता को जटिल भले ही बना दे, किन्तु प्रसंगानुकूल गति और प्रवाह अवश्य देता है। 'राम की शक्ति-पूजा' कविता इस कथन का प्रमाण है। युद्ध-वर्णन के प्रसंग की शब्दावली ध्यान देने योग्य है–

आज का तीक्ष्ण शर, विधृत क्षिप्रकर, वेग प्रखर
शत शैल संवरणशील, नील नभ गर्जित स्वर
प्रतिपल परिवर्तित, व्यूह-भेद कौशल समूह॥

निरालाजी लगभग पिछले पैंतालीस वर्ष तक काव्य-सृजन में लीन रहे। शारीरिक एवं मानसिक रुग्णता के दिनों में भी उनकी लेखनी ने विराम लेना

स्वीकार नहीं किया। अस्वस्थ दशा में भी शेर और गजल लिखकर उन्होंने अपनी गतिशीलता का परिचय दिया। निराला का महाप्राण व्यक्तित्व इस बात का प्रमाण है कि हिन्दी भाषा में अभिव्यञ्जना की पूर्ण शक्ति विद्यमान है, आवश्यकता है प्रतिभाशाली कवि और लेखक द्वारा उनके उपयोग की।

छायावादी कवियों में निराला का स्थान अपनी कई विलक्षणताओं के कारण सबसे अलग दिखायी देता है। वे छोटे-से-छोटे विषय को अपनी प्रतिभा और काव्य-मेधा के बल पर मूर्तिमान् बनाकर खड़ा करने में समर्थ हैं। चित्रमयता का प्रभाव सभी छायावादी कवियों पर पड़ा है, किन्तु प्रसाद और निराला ने इस कला को पूर्णता पर पहुँचाया है। छन्दों में अनुप्रास, लय, स्वर की रक्षा वे इस शैली से करते हैं कि मुक्तछन्द भी छन्द के सौन्दर्य का उदाहरण बन जाता है। महाकाव्य की उदात्त शैली पर कविता लिखने का श्रेय निराला को ही है। 'पंचवटी-प्रसंग' और 'राम की शक्ति-पूजा' में यह तथ्य देखा जा सकता है। जितना विरोध निराला ने सहन किया, वैसा किसी और कवि को नहीं करना पड़ा; किन्तु वे पर्वत की भाँति अटल खड़े रहे और अन्त में सभी विरोधियों को उनके सामने झुककर उनके महत्त्व को स्वीकार करना पड़ा।

●

महाप्राण निराला का विराट् बादल व्यक्तित्व

—गंगाप्रसाद पाण्डेय

दशदिक्व्यापी, सर्वाच्छादी तथा सर्वाभिषेकी वर्णोन्मद अषाढ़ की सजल श्यामल घटा को यदि आपने देखा है तो उसकी नीलिमा के भीतर निहित धरती के तापशमन, शस्यक्षेत्रों के दारिद्र-अपहरण एवं सूखे नदी-सरोवरों की सम्पत्तिहीन कृशता को दूर करने के उसके उद्दीप्त आश्वासन, संकल्प और सर्वसुलभ करुणा का ही अनुमान तथा अनुभव किया होगा।

स्वस्थ मांसल कजरी कपिला गाय के समान सर्ववत्सल उसकी मन्द-मन्थर गति करके मन की रिक्तना को सम्पूर्णता भर देने में समर्थ होती है। सबके लिए मंगलमय परिपूर्णता का ऐसा कोई दूसरा प्रतीक नहीं। इसके सौन्दर्य, त्याग और गुणों की गणना न कर सकने के कारण ही महाकवि कालिदास ने उसकी उपमा शिव-कण्ठ से दी है, जो सौन्दर्य और मंगल के चरम अधिष्ठाता तथा अपने में पूर्ण आशुतोष हैं। निराला ने उसे...ऐ त्रिलोकजित् ! ओ इन्द्र धनुर्धर ! सुरबालाओं के स्वागत विजय विश्व में नवजीवन भर, उतरो अपने रथ से भारत ! जैसे महिमा-मण्डित शब्दों में स्मरण किया है।

विराट्, अपने-आपको विस्तारित करने के लिए बादल के भीतर से स्वत: एक ऐसी शक्ति उद्भूत होती है कि वह सारे आकाश को छा लेता है। उसकी सर्वत्र विहार-क्षमता को रोकने का साहस किसी को नहीं, क्योंकि वह कामरूप है। समस्त भौतिक व्यवधान को चीरता-फाड़ता वह निरन्तर गतिशील रहता है। अन्त:सार की गुरुता के कारण वायु का वेग भी उसका कुछ नहीं बिगाड़ सकता। भीतर से रिक्त, सारहीनों पर ही किसी का बल- प्रयोग सफल होता है। दीपक को बुझा देनेवाली हवा आग के प्रज्वलन का कारण बनती है। भीतर से भरा-पूरा बादल वायु को अपना रथ बनाने में समर्थ होता है। निराला ने उसे मन्द चञ्चल समीर रथ पर उच्छृंखल कहा है।

सजल बादल की सबसे बड़ी विशेषता यह होती है कि वह अपने सर्वस्व दान के पश्चात् स्वयं निश्शेष हो जाता है। रिक्त या हलका होने की स्थिति उसके जीवन में कभी नहीं आती। सर्वस्व दानियों की यही विशेषता होती है।

अपने जल-दान से बादल समस्त सन्तप्त लोक को शीतलता तथा शान्ति देता है। केवल उसके लिए यह कहा जा सकता है—संतप्तानांत्वमसिशरणम्।

आशय यह कि जलागम से वनस्पतियाँ और ओषधियाँ वीर्यवती होती हैं, पशु-पक्षी पुलकित होते हैं और मनुष्य का हृदय प्राण के स्थूल रूप अन्न की आशा से आश्वस्त हो उठता है। इस प्रकार विराट् बादल का प्रभाव चर-अचर, जड़-चेतन सब पर समान रूप से परिलक्षित होता है। इसीलिए उसे साधु, सौम्य, सुभग और आयुष्मान् कहा गया है।

बादल का जलवर्षण वन्य-प्रकृति, निखिल जीव-जन्तु तथा मानवीय जीवन-विकास एवं पोषण के लिए अमृत-द्रव्य है। उसके रस-सिंचन के पश्चात् ही पृथ्वी बीज धारण के उपयुक्त एवं उर्वरा बनती है। स्पष्ट है कि बादल की आकर्षक आकृति, वर्णमयी रंगमयता, ध्वनि, गति और वृष्टि सभी सबके लिए स्फूर्तिप्रद और परमप्रिय हैं, किन्तु सामान्य जन-जीवन तथा गाँवों में इसका जो स्वागत-सत्कार होता है, वह बहुत ही स्वाभाविक, सरल-सहज और प्रीति-स्निग्ध तथा आत्मीय होता है। कृषकों का तो यह जीवनाधार ही है। वे इस अकारण परोपकारी आगन्तुक का परम प्रेम से स्वागत करते हैं। वे जानते हैं कि कृषि का प्रवर्तक यही है। निराला ने इस ओर संकेत किया है—

जीर्ण बाहु है शीर्ण शरीर,
तुझे बुलाता कृषक अधीर,
ऐ विप्लव के वीर।

बादल का सम्पूर्ण सञ्चय, त्याग के लिए होता है, प्रजाओं के पालन के लिए होता है और इस अर्थ में वह प्रजापति भी है। उसकी ममता का कोष सबके लिए खुला रहता है, उसके उपहार से सभी पुष्ट और प्रसन्न होते हैं, किन्तु इस प्रजापतित्व की सार्थकता के लिए उसे कर्मानुसार दण्ड का भी विधान करना पड़ता है। प्रजाओं के उद्भव, स्थिति और संहार तीनों का वह अधिकारी है। वस्तुतः अमृत-जीवन जल-वर्षा के साथ वह ओलों की ही नहीं, वज्र की भी वर्षा करता है। उसका वह कठोर रूप भी अपने उद्देश्य में कल्याणकारी ही होता है। ओले तो जैसे उसकी व्यंग्य-बौछार हैं और वज्र-शक्ति के गर्व में ऊपर उठे हुए पर्वतों के अभिमानांकुरों को भंजन करने का अमोध अस्त्र। प्रकृति पुरुष होने के नाते वह स्वयं प्रकृति के भीषण, उग्र तथा कठोर एवं मृदु, कोमल और शान्त रूपों का समीकरण है। निराला ने उसे कुसुम कोमल, कठोर पाँव कहकर सम्बोधित किया है। बादल अपनी इस विविध प्रक्रिया से प्रकृति की द्वन्द्वमयी स्थिति को स्पष्ट करता है। उसके वास्तविक स्वरूप की अवगति के लिए यह उक्ति कितनी सार्थक है—

जनामित्वां प्रकृति पुरुषं कामरूपं मघानः।

महाप्राण निराला के विराट् व्यक्तित्व का पूर्ण तादात्म्य इस प्रकृति-पुरुष बादल से ही सम्भव है। बादल पर लिखी उनकी दर्जनों कविताएँ इसका ज्वलन्त और जीवन्त साक्ष्य उपस्थित करती हैं। मनीषियों की मान्यता है कि कवि की प्रतिभा बाह्य प्रकृति का ही अन्तःस्वरूप है। वस्तुतः उसमें बाह्य प्रकृति का द्वन्द्व पाया जाना कोई आश्चर्य की बात नहीं। निराला के व्यक्तित्व और उनकी प्रतिभा में एक साम्य पाया जाता है, जो विश्व के बहुत कम कवियों में मिलता है। इस व्यक्तित्व का बहुविध प्रकृत-रूप उनकी बादल राग कविताओं में पूर्णतया स्पष्ट है। निराला के भैरव घोष भरे बादल व्यक्तित्व का एक विप्लवी चित्र देखिये—

ऐ निर्बन्ध !
अन्धतम-अगम-अनर्गल-बादल।
ऐ स्वच्छन्द !
मन्द-चञ्चल-समीर रथ पर उच्छृंखल !
ऐ उद्दाम !
अपार कामनाओं के प्राण !
बाधारहित विराट् !
ऐ विप्लव के प्लावन !
सघन घोर गगन के
ऐ सम्राट् !
ऐ अटूट पर छूट टूट पड़नेवाले उन्माद !
विश्व-विभव को लूट-लूट लड़नेवाले अपवाद !
श्री बिखेर, मुखफेर कली के निष्ठुर पीड़न।
छिन्न-भिन्नकर पत्र-पुष्प-पादप-बन-उपवन,
वज्रघोष से ऐ प्रचण्ड।
आतंक जमानेवाले।
कम्पित जंगम-नीड़ विहंगम,
ऐ न व्यथा पानेवाले।
भय के मायामय आँगन पर
गरजो विप्लव के नव जलधर।

इस कविता में बादल के लिए प्रयुक्त सम्बोधन निराला के लिए भी उपयुक्त ठहरते हैं। कविता को इस प्रकार रखिये और शब्द-शब्द में निराला को भेंटिये—

हे बन्धनहीन, घोर-घोर से अन्धकार (आपत्ति-अड़चन) में भी मुक्त, हे स्वतन्त्र, वायु के रथ पर (कल्पनालोक में) चलनेवाले उच्छृंखल (भाव-स्वातन्त्र्य के उपासक) मनमानी करनेवाले। कहावत है कि 'जैसी बहे बयार पीठ तब तैसी दीजै' परन्तु निराला इस परम्परा को मानकर नहीं चलना चाहते। हवा के रुख पर न चलकर वे हवा का रुख बदलना चाहते हैं। उनकी इच्छा है—

आज नहीं है मुझे और कुछ चाह
अर्द्ध विकच इस हृदय-कमल में आ तूं
प्रिये, छोड़कर बन्धनमय छन्दों की छोटी राह !

ऐ साहसी, अनन्त अभिलाषाओं के जीवन, हे मुक्त, हे विशाल, हे युगान्तर करनेवाली बाढ़ बहानेवाले नयी काव्यधारा को लक्ष्य करके निराला ने लिखा है—

बहने दो,
रोक-टोक से कभी नहीं रुकती है,
यौवन-मद की बाढ़ नदी की
किसे देख झुकती है ?
गरज-गरज वह क्या कहती है, कहने दो—
अपनी इच्छा से प्रबल वेग से बहने दो !

सावन की तरह मेघाच्छन्न भावों के मनोनभ के स्वामी से रूढ़ियों पर आक्रमण करनेवाले पागलपन, विश्व के वैभव (शोषण-संचित सम्पत्ति) को लूटकर लड़नेवाले अपवाद, (लूट का साहस सबको नहीं होता), ऐ कली को पीड़न के द्वारा विकास देनेवाले (सौन्दर्य को विकसित एवं व्यापक बनानेवाले), पत्र-पुष्प, पादप, वन, उपवन (सम्पूर्ण प्राचीन प्रकृति) को छिन्न-भिन्न कर नया रूप देनेवाले, वज्र (दृढ़ता) की गर्जन से स्वार्थरतों पर आतंक जमानेवाले प्रचण्ड (नयी व्यवस्था को स्वीकार न करनेवालों के प्रति ऐ सहानुभूतिहीन), भय (भ्रम) के आँगन (केन्द्र) में युगान्तर का नवजीवन देनेवाले बादल गरजो, जीर्ण-शीर्ण को ध्वस्त करने के लिए निर्भय हुंकार करो।

इस प्रकार इस कविता में कवि ने संकीर्ण, अवरुद्ध तथा जीवन में परिवर्तन, परिष्कृति तथा गति लाने के लिए ही विप्लवकारी बादल का रूप सामने रखा है, जो कवि के व्यक्तित्व की बाह्य प्रकृति मात्र है। सामूहिक मुक्ति ही इस कविता की इस विप्लवी मेघ-गीत की मूल प्रेरणा है।

निराला को यह भलीभाँति ज्ञात है कि 'निर्दय विप्लव की प्लावित माया' के बिना संसार में सामूहिक उन्मेष न कभी हुआ न होगा। इसीलिए कवि विप्लवी बादलों का आह्वान करता है—

तिरती है समीर सागर पर
अस्थिर दुःख पर सुख की छाया-
जग दग्ध हृदय पर
निर्दय विप्लव की प्लावित माया !
यह तेरी रणतरी
भरी आकांक्षाओं से,
घन, मेरी गर्जन से सजग सुप्त अंकुर
उर में पृथ्वी के, आशाओं से
नवजीवन की, ऊँचा कर सिर,
ताक रहे हैं ऐ विप्लव के बादल !
फिर फिर !

और जब विप्लवी बादल गरजता है, मूसलाधार बरसता है, तब सारा संसार काँप उठता है। वज्रपात से बड़े-बड़े अभिमानी अचल पर्वतों के शरीर चूर-चूर हो जाते हैं। केवल छोटे पौधे (साधारणजन) प्रसन्न होते हैं, क्योंकि 'विप्लव रव से छोटे ही हैं शोभा पाते।' धनीमानी बादल की गर्जना सुनकर काँप उठते हैं (क्रान्ति से घबड़ातें है) किन्तु जीर्णबाहु शीर्णशरीर कृषक बड़ी उत्सुकता से उसका स्वागत करते हैं, क्योंकि यही बादल उनका जीवनाधार है। यह विप्लवी बादल निराला के चिरविप्लवी व्यक्तित्व का पूर्ण प्रतीक है, इसमें सन्देह नहीं।

निराला ने अपने व्यक्तित्व के विविध परीक्षणों के अनुरूप बादल के विविध स्वरूपों का स्मरण किया है—

आज श्याम-घनश्याम, श्याम छबि,
मुक्तकण्ठ हैं तुम्हें देख कवि,
अहो कुसुम-कोमल कठोर पवि !
शत-सहस्त्र-नक्षत्र-चन्द्र-रवि-संस्तुत
नयन मनोरंजन।
बने नयन अंजन।

इस कविता में बादल के बाहरी रूप और अपने व्यक्तित्व के स्वरूप को एक ऐसी विराटता में पर्यवसित कर दिया है कि विश्व के असंख्य रूपों में गतिशील चेतना हमारी आँखों में अंजन बनकर समाविष्ट हो जाती है। सभी वस्तुओं में आत्मतत्त्व और आत्मा में समत्व का यही सिद्धान्त मनुष्य और प्रकृति में एक ही आध्यात्मिक स्पन्दन की स्थापना करता है, जिसके अनुसार प्रकृति और

मनुष्य एक ही व्यापक सत्य के अंश बन जाते हैं। वास्तव में आनन्द की प्रतीति तभी होती है, जब हम अपनी आत्मा का संसार से और संसार की आत्मा का विराट् भूमा की आत्मा से सहज एकत्व का अनुभव करते हैं।

मुक्त तुम्हारे मुक्त कण्ठ में
स्वरारोह, अवरोह, विघात,
मधुर मन्द्र, उठ पुनः-पुनः ध्वनि
छा लेती है गगन, श्याम कानन,
सुरभित उद्यान,
झर-झर-रव भूधर का मधुर प्रपात !
वधिर विश्व के कानों में
भरते हो अपना राग,
मुक्त शिशु। पुनः-पुनः एक ही राग अनुराग !

यहाँ हमें निराला के मुक्त स्वभाव, वाणी के स्वर, ताल, लय का नाद साधन और उनके शिशु-सुलभ सरल एवं निश्छल हृदय का अनायास परिचय मिल जाता है। जीवन, जगत् की नाना तूफानी स्थितियों, आपत्तियों, विपत्तियों, संघर्षों और कटुताओं के बीच अपने शिशु-सारल्य तथा क्रीड़ा-कौतुक को सजाये रखना निराला की निर्मल परमहंसी वृत्ति का अनन्य उदाहरण है। उन्होंने लिखा है—

छुद्र प्रफुल्ल जलज से
सदा छलकता नीर।
रोग-शोक में भी हँसता है
शैशव का सुकुमार शरीर।

'बादल' राग की एक कविता निराला के सर्वस्वदानी करुणामय रूप को सबके सामने स्पष्ट कर देती है। इस कविता में कवि ने अपनी अनन्तधार अन्तर्बादल-प्रतिभा से सर्व मंगलमय रसवर्षण द्वारा अखिल विश्व को संसिक्त करने की कामना की है। यहाँ पहुँचकर कवि के भाव-अमृत-सिंचन का प्रसाद सबको समान रूप से प्राप्त होता है। अहं प्रेरित अपनत्व के भ्रम को छोड़कर ही मनुष्य सच्चे अर्थों मे स्वत्व का स्वामी बनता है, विश्व के साथ सम भाव का अनुभव आकलन करता है। सर्वकल्याण ही दिव्य आत्मा का पोषण है और सर्वप्रेम ही उसकी प्रेम-विजय है—

झूम झूम मृदु गरज—गरज घनघोर।
राग अमर ! अम्बर में भर निज रोर !

झर झर झर निर्झर—गिर सर में,
घर, मरु, तरु-मर्मर, सागर में,
सरित्-तड़ित-गति-चकित पवन में
मन में, विजन-गहन-कानन में
आनन-आनन में, रव-घोर-कठोर-
राग अमर अम्बर में भर निज रोर !
अरे वर्ष के हर्ष !
बरस तू, बरस-बरस रसधार !
उथल-पुथल कर हृदय !
मचा हलचल
चले चल
मेरे पागल बादल !

ताप-शाप, रोग-शोक तथा दुःख-दारिद्र एवं विषमता की पीड़ा से लुण्ठित-कुण्ठित विश्व घर, उसके संवेदनात्मक स्पन्दनों पर अमृत की रसधार बहाने की यह अदम्य आकांक्षा निराला के व्यक्तित्व का उज्ज्वलतम रूप है। विराट् सजल घटा की तरह अपने संघर्ष की भीषण ज्वाला तथा कसक की विद्युत् को दबाये हुए कवि स्वयं आत्मज्ञान से द्वन्द्वातीत हो गया है। वह रुद्र शक्ति से सम्पन्न होते हुए भी शिव है, कठोर पवि होकर भी कुसुम कोमल है, विप्लव का उद्घोषक होकर भी नवजीवन का पोषक है, अतिचेतना होकर भी पागल है, पूरा बमभोला शंकर का साक्षात् प्रतिरूप। अस्तु, निराला के व्यक्तित्व और प्रतिभा की विराट् बहुमुखता और गहन गम्भीरता का मूल प्रतीक उनकी बादल-राग कविताएँ हैं, जिनको पूर्णतया इदयंगम कर लेने के पश्चात् कवि का विराट् बादल व्यक्तित्व सम्पूर्ण रूप से स्पष्ट हो जाता है।

एक बात और। इन कविताओं का शीर्षक बादल-राग बहुत ही साभिप्राय है और सांकेतिक। राग का मूल ध्वनि है। जो अक्षर या शब्द उच्चरित होते हैं, उनसे वायुमण्डल में संक्षोभ होता है और उसमें लहरें उत्पन्न होती हैं, जो गतिशील होकर समस्त ब्रह्माण्ड में व्याप्त हो जाती हैं। विज्ञान ने सिद्ध कर दिया है कि पृथ्वी के किसी कोने मे उच्चरित शब्द बेतार के तार द्वारा हम एक क्षण के सातवें हिस्से में सुन सकते हैं। प्रकृति में सक्रियता का इससे अधिक और क्या प्रमाण चाहिए ? इसी सक्रियता को भारतीय संस्कृति में प्राणशक्ति की संज्ञा दी गयी है। बादल में प्राण जल-रूप में स्थित है। इस दृष्टि से कवि के प्राण और बादल के प्राण में कोई अन्तर नहीं है। सृष्टि के समस्त कार्यों का संचालक यही प्राण

है और इस प्राण का उत्स शब्दब्रह्म का सामगान है। संसार के निखिल रूप शब्द के स्पन्दन से ही उत्पन्न होते हैं। इसलिए प्रत्येक स्थूल आकृति के रूप के साथ उसका संगीत, राग भी निहित रहता है। इस संगीत के स्वरों को पहचानकर यदि हम नाद या ध्वनि का विधान कर सकें तो वस्तु-विशेष या व्यक्ति-विशेष के रूप अणु संचालित होकर अपना संस्थान ध्वनि के अनुकूल बदलने लगते हैं। इसी प्रकृति संगीत के परिज्ञान और अपनी साधु या समावृत्ति से निराला ने अपने राग को बादल-राग और बादल-राग को अपना राग बनाने में पूर्ण सफलता प्राप्त की है। वे वास्तव में प्रकृति-पुरुष थे। उनका बादल-राग साम संगीतात्मक होने के कारण शाश्वत और कालातीत है। युग-युगों तक सर्व सुखदायी वर्षा ऋतु स्वयं इन कविताओं का भाष्य संसार के सामने उपस्थित करती रहेगी और प्रजाएँ निराला के स्वरों में मुखरित हो उठेंगी–

अलि, घिर आये घन पावस के।
लख ये काले-काले बादल,
नीलसिन्धु में खिले कमल-दल,
हरित ज्योति, चपला अति चंचल,
सौरभ के रस के–
अलि, घिर आये घन पावस के।

क्रान्तिद्रष्टा निराला

—प्रोफेसर देवेन्द्र कुमार जैन

आधुनिक हिन्दी साहित्य में निरालाजी ने जिन प्राण-रूपों की प्रतिष्ठा की, उनसे हम अपरिचित नहीं हैं। उनके साहित्य में जीवन के 'श्रेय' और 'प्रेय', दोनों का अद्‌भुत समन्वय है। उनकी अर्चना का वह सातत्य मात्र है, जिसे उन्होंने प्राणों की भाँति प्रतिष्ठित किया है। जीवन-सरिता मध्य लहराती वह अतुल भाव-राशि धवल दुग्ध-सी शत-शत उज्ज्वल फेनों में समुच्छ्वसित एवं सुवासित है। उसमें मधु और वासन्ती का सुन्दर योग है। किन्तु इन दोनों धाराओं के अतिरिक्त भी निराला की भाव-धारा यथार्थ भूमिका पर समुल्लसित है, जिसके लिए उन्हें गरल-पान कर नीलकण्ठ बनना पड़ा। जीवन के अन्तिम क्षणों तक उनके भाव किसी काल कोठरी में बन्द नहीं रहे। वे उन्मुक्त विचारों के साथ अपनी रचनाओं के प्रणयन में रत रहे। परिणामस्वरूप घेरों में बँधे हुए हिन्दी साहित्य को नयी दिशाएँ और व्यापक क्षेत्र में विकसित होने का सुअवसर मिला।

आधुनिक हिन्दी काव्य-जगत् में प्रसाद, निराला और पन्त बृहत्त्रयी के नाम से प्रसिद्ध हैं। प्राचीन युग में कालिदास, माघ और हर्ष का जो स्थान साहित्य में था आज वह प्रसाद, पन्त और निराला का है। यद्यपि निराला ने हिन्दी को महाकाव्य प्रदान नहीं किया, किन्तु जीवन और जगत् का जो विचार उन्होंने किया, वह स्फुट रचनाओं में व्याप्त है। आत्मानुभूति के सहज प्रकाश से लेकर वेदना, पीड़ा, निराशा और भारत माता का सजीव चित्र उनकी कृतियों में अंकित है। जिन अभावों की सिन्दूरी रेखाओं ने कवि निराला को क्रान्तदर्शी और आलोकवान् बनाया था वे ही एक और आत्म-विवृति बनकर सौन्दर्य के संयोग या छायावाद के रूप में उद्‌भासित हुई और दूसरी ओर प्रकृति रूप में यथातथ्य निरूपित करनेवाले प्रगतिवाद की प्रतिष्ठा हुई। सामाजिक विषमताओं का उन्होंने 'कुकुरमुत्ता' में सटीक वर्णन किया। व्यंग्यात्मक शैली में जनता के प्रतीक कुकुरमुत्ता तथा पूँजीपति के प्रतीक गुलाब को उन्होंने प्रस्तुत कर साहित्य में नयी भावनाओं की उद्‌भावना की थी। भावों के साथ शैली में भी निराला का निरालापन दिखायी देता है। उसमें उनके व्यक्तित्व की पूरी छाप मिलती है। इसीलिए वसुबन्धु और बाणभट्ट की रचना की भाँति समासगुम्फित निराला की रचना को शैली से हम अविलम्ब समझ लेते हैं। 'बेला'

और 'नये पत्ते' में उनके नये प्रयोगों का समावेश है। निराला ने छन्द और शैली में ही नहीं, गीतों की रचना में भी एक नयी विधा की सृष्टि की। 'अर्चना' और 'आराधना' में जो तन्मयता दिखायी देती है उसके मूल में संगीत का समावेश मुख्य है। यद्यपि लोक-जीवन में वे क्रान्तदर्शी थे, किन्तु कबीर की भाँति समाज-सुधार की आस्था उनमें नहीं थी। अतएव जहाँ व्यवहार में यथार्थवादी थे वहाँ आन्तरिक काव्य-चेतना में ज्ञानवादी भी। रहस्यानुभूति की विविध परतों में उनका यही रहस्य छिपा हुआ मिलता है।

निराला की क्रान्ति का दूसरा चरण है भारतीय विचारधारा का आत्मचिन्तन। उन्होंने स्वतन्त्र रूप से वेदान्त का अध्ययन कर निजी मान्यताओं का प्रकाशन किया था। 'ब्रह्म सत्य है, जगत् मिथ्या है' इस मान्यता को लेकर नही चले। उन्होंने एक ही तत्त्व में नानात्व का सौन्दर्य निहारा। उनकी यह पकड़ मानसिक और भाविक अधिक प्रतीत होती है, तात्त्विक कम। अन्त में उनका यह भावलोक प्रज्ञा में परिणत हो जाता है। इस सत्य को कवि ने अपनी रचनाओं में कई प्रकार से व्यक्त किया है। उदाहरण के लिए—

भर देते हो,
बार-बार प्रिय करुणा की किरणों से
क्षुब्ध हृदय को पुलकित कर देते हो
मेरे अन्तर में आते हो देव निरन्तर,
कर जाते हो व्यथा भार लघु।

—परिमल, पृ. 117।

तथा-तुम तुंग हिमालय शृंग और मैं चञ्चल गति सुरसरिता।

कहा जाता है कि निरालाजी में दार्शनिक भावों की अतिशय गम्भीरता होने से काव्य में सहज बोधगम्यता नहीं है; किन्तु 'परिमल' की रचनाओं को समझ लेने के बाद यह कठिनाई बहुत-कुछ हल हो जाती है। 'परिमल' का ही विकसित रूप 'गीतिका' में है। उनका 'तुलसीदास' खण्ड-काव्य आज भी हिन्दी साहित्य में अपनी पद्धति की अकेली रचना है। उसमें उन्होंने सांस्कृतिक आदर्श को रंगीन चित्रों में भरने की चेष्टा नहीं की! इसलिए कुछ लोग उनके महत्त्व समझने या बूझने में आनाकानी भी करते हैं, किन्तु मनोवैज्ञानिक चरित्र-चित्रण के साथ निराला ने तुलसीदास को जैसा हृदयंगम किया उसका अभिव्यक्त रूप 'तुलसीदास' है। हिन्दी साहित्य में आने के पूर्व ही निरालाजी ने अपनी भूमिका की स्थापना बँगला साहित्य में की थी। उसी से अनुप्रेरित हो वे कई विशेषताओं को हिन्दी में पूरी तरह समाहित कर सके। भिक्षुक, विधवा, बादल राग-जैसी कविताओं में भी उन्होंने

जीवन्त यथार्थ का चित्र खींचा है–

तिरती है समीर-सागर पर
अस्थिर सुख पर दुःख की छाया
जग के दग्ध हृदय पर
निर्दय विप्लव की प्लावित माया
यह तेरी रण-तरी।

(बादल राग)

वैयक्तिक जीवन में घात-प्रतिघातों से निराला के जिस कवि का निर्माण हुआ, वह पूर्ण पौरुष समन्वित है। वे किसी भी भूमिका में अपने से हारे नहीं। यह जीने की आस्था का सबसे प्रबल प्रमाण है। छायावादी कवियों में जो सबसे बड़ा दोष माना जाता है वह पलायनवादी होने का है। किन्तु निराला में पलायनवृत्ति का संश्लेष तक नहीं है। हाँ वे इष्ट की अनुपलब्धि में अभ्यर्थना के साथ उपालम्भ और अर्चना, दोनों का सुन्दर का मेल कर देते हैं, यथा–

नयन मुँदेंगे जब, क्या देंगे,
चिर प्रिय-दर्श ?
सत सहस्र, जीवन पुलकित प्लुत
प्यालाकर्षण ?

(परिमल, पृ. ६३)

निराला ने काव्य, नाटक, उपन्यास, कहानी, निबन्ध आदि सभी अंगों में साहित्य को समृद्ध बनाया। वस्तुतः उनकी प्रतिभा बहुमुखी थी। हिन्दी सहित्य के महारथियों में निराला का नाम अग्रगण्य है। उनके जीवन का पूरा प्रतिबिम्ब हमें उनकी रचनाओं में दिखायी देता है। लेखक की यह सबसे बड़ी विशेषता है कि वह व्यक्तित्व का पूर्ण विकास अपनी रचनाओं में कर सका। हिन्दी साहित्य में वह विरल ही है। महोदवी वर्मा का यह कथन–

तुमको पीड़ा में ढूँढ़ा,
तुममें ढूँढूगी पीड़ा।

महाकवि निराला के चरित्र के सम्बन्ध में अत्यन्त युक्तियुक्त है। यथार्थ में सभी प्रकार से निराले थे। अतएव अभावपूर्ण जीवन में भी काव्य-चेतना का निर्माण कर शक्तिसम्पन्न बने रहे। पन्त सुकुमारता के कवि हैं। प्रसाद अपने अभावों को अधिक दिनों तक नही जीवित रख सके। केवल निराला ही सभी संघर्षों से फौलाद बन टक्कर लेते रहे। अतएव कुछ आलोचक निराला की रचनाओं में उनके इस पौरुष-रूप का दर्शन कराते हैं।

आज हिन्दी साहित्य में काव्य-शैलियों के जो विभिन्न रूप दिखायी देते हैं, उनका बहुत-कुछ श्रेय निराला को है। मुक्त छन्दों की रचना का प्रथम कवि निराला ही माना जाता है। बाद में प्रसाद ने भी अतुकान्त और मुक्त छन्दों में कुछ कविताएँ लिखी थीं। कहा जाता है कि मुक्त छन्दों में कला नही दिखायी देती। किन्तु निराला और प्रसाद तथा पन्त की रचनाओं में ध्वनि-सौन्दर्य की व्यञ्जना, लय और गीत से समन्वित प्राप्त होती है, जैसे—

आया भर दूसरा ही,
स्पन्दन तब हृदय में,
अन्वेषण नयनों में,
प्राणों में लालसा। (परिमल, पृ० २१३)

हिन्दी-काव्य में गद्य की रचना नयी शैली की प्रवृत्ति है। उसमें शैली का अधिक विचार है। किन्तु इस साहित्य की सृष्टि भी छायावाद की प्रतिक्रिया से सम्भव हुई है। इस प्रकार निराला ने साहित्य के जिन वट-वृक्षों का बीजारोपण विविध दिशाओं में किया था वे ही आज फूलते-फलते दृष्टिगोचर हो रहे हैं। काव्य-परम्परा का विकास एवं विभिन्न अंगों का प्रकाशन उनकी सत् साधना का परिणाम है। क्या यह महाकवि के लिए कम गौरव की वस्तु है ? फिर उन्होंने अपने जीवन के हर क्षेत्र में दिया। सब-कुछ खोकर भी वे अन्तिम साँस तक कुछ-न-कुछ देते रहे। कुछ पाने के लिए, जीवन जी लेने के लिए उन्होंने अपने भावों को कदापि मैला नहीं बनाया। उनकी सबसे बड़ी विशेषता थी जिस हँसी-खुशी के साथ उन्होंने शूलों से गले मिलना सिखाया, उसके साथ ही अन्त में निःशेष भी हो गये। किन्तु इस आँच का आभास उन्हें पूरा था। इसीलिए अदृष्ट की ओर संकेत करके उन्होंने लिखा था—

जब कहीं झड़ जायेंगी वे,
कह न पायेंगी।
वह हमारी मौन भाषा,
क्या सुनायेंगी। (परिमल, पृ० ३२)

और आस्था के साथ इन पंक्तियों को दुहराया था—अभी न होगा मेरा अन्त। उसके लिए हार-हारकर यह कहना पड़ता है कि पौरुष का वह कवि, महाप्राण निराला अब हमारे बीच नहीं है। किन्तु उसकी आत्मा का आलोक अभी देदीप्यमान् है और बना रहेगा। भला अभी तो उसको विदेह-लाभ मिला है, उसके नाम की पंखुरियाँ अब अपनी सुवास को दिगन्तों में ले जाकर विकीर्ण करेंगी।

निराला के काव्य में प्रेम की अभिव्यक्ति

–विश्वम्भर 'मानव'

प्रेम एक आदिम वृत्ति है। मनुष्य के प्रेम का सम्बन्ध इसीलिए किसी भी वस्तु से हो सकता है, जैसे पुस्तक, पुष्प और पशु-पक्षी से; लेकिन यह भाव जैसे-जैसे जड़ से चेतन की ओर विकसित होता है, वैसे-ही-वैसे वह जटिल और मधुरतर होता जाता है। सारा अन्तर प्रतिदान की सम्भावना पर निर्भर करता है। जड़ वस्तुओं से हम कितना ही प्रेम क्यों न करें, वह विशेष स्फूर्तिदायी नहीं होता। जड़ वस्तुएँ हमारें सम्बन्ध में क्या सोचती हैं, इसका पता हमें नहीं चलता, क्योंकि उनके हृदय नहीं होता। अन्य वस्तुएँ अपनी चेतना के अनुसार हमारी भावना का कुछ-न-कुछ प्रत्युत्तर देती ही रहती हैं। संसार के सभी देशों में ऐसे लोग रहे हैं, जिन्होंने कुत्ते, घोड़े या बिल्ली को जीवन-व्यापी प्रेम दिया है, पर मनुष्य-मनुष्य के बीच की बात ही दूसरी है।

हिन्दी-काव्य में प्रेम अपने लौकिक रूप में भी पाया जाता है, और अलौकिक रूप में भी। लौकिक प्रेम में वीरगाथा-काल का तीव्र भाव है, जिसकी पूर्ति के लिए नायक-नायिका जीवन के सभी संकटों को मोल लेने के लिए तत्पर रहते हैं और समय उपस्थित होने पर प्राणों की बाजी तक लगा देते हैं। खुली प्रकृति में उत्साह के इस परिचय के कारण रोमांस में एक विचित्र प्रकार की 'थ्रिल' की अनुभूति होती है। रीतिकालीन प्रेम का एक व्यक्तिगत रूप भी है जिसका आभास, बोधा, ठाकुर, आलम, घनानन्द आदि की कविता से मिलता है, दूसरा, रूढ़िबद्ध नायिका-भेद सम्बन्धी स्वरूप है जो बिहारी, देव, पद्माकर, मतिराम आदि की रचनाओं में झलकता है। यहाँ नायिका विशिष्ट नहीं, सामान्य नारी है। नारी के यहाँ अलग-अलग 'टाइप' हैं। उसे जो अनेक श्रेणियों में विभाजित कर दिया गया है, उसी के आधार पर वह पहचानी जाती है। आधुनिक काव्य में लौकिक प्रेम की स्वीकृति यों 'बच्चन जी' से ही प्रारम्भ हो गयी थी, पर उसे ठीक से अभिव्यक्ति मिली 'अज्ञेय' के काव्य में। 'बच्चन' का प्रेम बहुत-कुछ स्वकीय के प्रति है। उनका 'निशा निमन्त्रण' हिन्दी की सबसे बड़ी शोक-गीत है, पर है वह अपनी पत्नी के प्रति ही। विलास के क्षेत्र में यही दशा 'मिलन-यामिनी' की है। रोमांस को

एक स्वाभाविक वृत्ति के रूप में उत्तर छायावाद-काल में ही स्वीकार किया गया और अब तो प्रेम एकदम व्यक्तिगत स्तर पर उत्तर आया है। अलौकिक प्रेम की अभिव्यक्ति भक्ति-काल में हुई। इसमें एक ओर निर्गुण-काव्य है, दूसरी ओर समुण-काव्य, एक ओर रहस्यवादी काव्य है, दूसरी ओर भक्ति-काव्य। इस काव्य की उच्चता, पवित्रता और मधुरता बेजोड़ है।

लौकिक और अलौकिक दोनों से भिन्न एक इस प्रकार का प्रेम-काव्य भी है, जिसे दोनों के मध्य रखा जा सकता है। राधा-कृष्ण के नाम की चोट में व्यक्त होनेवाला ढेर सारा रीतिकालीन काव्य ऐसा ही है। एक आड़ सिद्ध-काव्य ने भी कभी ली थी, जिसमें नग्नता के ऊपर धर्म का झीना आवरण था। एक तीसरी कोटि में आधुनिक काव्य की वह धारा समझनी चाहिए जिसका प्रेम-पात्र निर्दिष्ट नहीं है, जहाँ यह पता ही नहीं चलता कि भावना लौकिक के प्रति है अथवा अलौकिक के प्रति। छायावाद-युग में प्रेम की यही मिली-जुली अनुभूति पायी जाती है। केवल महादेवीजी का काव्य इसका अपवाद है।

प्रसाद, निराला, पन्त तीनों कवियों की प्रेम-सम्बन्धी परिस्थितियाँ भिन्न कोटि की रही हैं, यही कारण है कि अभिव्यक्तियाँ भी भिन्न प्रकार की हैं, फिर व्यक्तिगत प्रेम के सम्बन्ध में इन कवियों ने बहुत कहा है। इस वर्णन में मांसलता है, सबसे अधिक 'प्रसाद' में। प्रेम के ये वर्णन अतिशयोक्तिपूर्ण हैं। 'प्रसाद' के 'आँसू' और पन्त की 'ग्रन्थि' में विरह का दुःख अपने अतिरंजित रूप में ही पाया जाता है। लेकिन इन कवियों की ऐन्द्रियता और अतिरंजना में भी एक प्रकार की गम्भीरता है। उसका एक कारण तो यह है कि अपनी उद्दाम-भावना को ये धीरे-धीरे सूक्ष्मता की परिधि तक विस्तृत कर देते हैं, दूसरे सौन्दर्य के प्रति ललक को इन्होंने कल्पना के आवरण में ऐसा छिपा दिया है कि वह धीरे-धीरे धुँधली और अस्पष्ट हो उठती है। कहने का तात्पर्य यह कि मन की तीव्रता को एक ओर गम्भीरता, दूसरी ओर सूक्ष्मता, तीसरी ओर कल्पना और चौथी ओर अस्पष्टता की दिशा में ले जाने से वह रहस्यमय हो उठी है। इसी से छायावादी-युग का प्रेम भी बस छायावादी ही है।

'निराला' जी के सम्बन्ध में कुछ लोगों ने जो यह प्रचारित करने का प्रयत्न किया है कि उनके प्रेम का लक्ष्य उनकी सुन्दर पत्नी ही थीं, वह सत्य से बहुत दूर है। पत्नी के प्रति भी उनका भाव उमड़कर बहा है—पर कम। जैसे सभी का, वैसे निराला का अन्तर भी स्वच्छन्द प्रेम के माधुर्य से परिपूरित रहा है, यह उनके वर्णनों से एकदम स्पष्ट हो जाता है।

ऐसा सुना जाता है कि 'निराला' की पत्नी सुन्दरी और गुणवती थीं और ये उनकी ओर आकर्षित भी बहुत थे। खड़ीबोली की कविता की ओर इनका झुकाव उन्हीं की प्रेरणा से हुआ। उनके आकर्षण के कारण वे प्रायः ससुराल चले जाते

थे। कुछ दिन वे गढ़ाकोला और कलकत्ते में भी रहीं। 'गीतिका' का भावपूर्ण समर्पण उन्हीं के लिए है। इस समर्पण के आधार पर कुछ लेखकों ने निरालाजी की प्रेम-सम्बन्धी रचनाओं के पीछे उनकी पत्नी के व्यक्तित्व के प्रभाव को मान्यता दी है। समर्पण की भाषा सामान्य रूप से उच्छ्वसित कोटि की होती है। उससे धोखे में आने की आवश्यकता नहीं है। विवाह के समय इनकी पत्नी की अवस्था बारह वर्ष की थी और अठारह वर्ष की अवस्था में उनकी मृत्यु हो गयी। वे एक गाँव की रहनेवाली थीं। निराला ने 1916 में ही 'जुही की कली' जैसी रचना प्रस्तुत की थी, अतः सम्भव है प्रारम्भ में उनकी कोई बात चुभ गयी हो, लेकिन दोनों के व्यक्तित्व में बहुत अन्तर था। कुछ लोगों ने उनकी तुलना कालिदास की पत्नी विद्योत्तमा और तुलसी की सहधर्मिणी रत्नावली से जो की है, वह अतिशयोक्तिपूर्ण लगती है। फिर भी 'निराला' अपनी पत्नी से बहुत प्रेम करते थे। इसका आभास 'कुल्ली भाट' से लगता है।

'प्रिया के प्रति' एक रचना 'परिमल' में है। इसमें उनकी मृत्यु के उपरान्त वे उन्हें स्मरण करते हैं। जानना चाहते हैं, परलोक में वे सुख से हैं अथवा दुःख में ? इसमें मृत्यु के परे जीवन के प्रति जिज्ञासा के साथ वियोग की व्यथा का वर्णन बहुत मार्मिक बन पड़ा है। हृदय की उज्ज्वलता के आधार पर भावनाओं की पूरी उच्चता यहाँ प्रदर्शित हुई है। आत्म-निवेदन की भाषा अत्यन्त संयमित है। कहने से अधिक यहाँ कुछ न कहना ही अधिक मर्मस्पर्शी हो उठा है—

एक बार भी यदि अजान के
अन्तर उठ आ जाती तुम,
एक बार भी प्राणों की
तम-छाया में आ कह जाती तुम,
सत्य हृदय का अपना हाल,
कैसा था अतीत वह, अब यह
बीत रहा है कैसा काल।
मैं न कभी कुछ कहता,
बस तुम्हें देखता रहता।
क्या तुम व्याकुल होती ?
मेरे दुःख पर रोती ?
मेरे नयनों में न अश्रु प्रिय आता,
मौन दृष्टि का मेरा चिर अपनाव
अपना चिर निर्मल अन्तर दिखलाता।

'मरण दृश्य' शीर्षक रचना भी पत्नी से सम्बन्धित बतलायी जाती है। इसमें प्रिया की ओर से यह पश्चाताप प्रकट किया गया है कि उसने अपने प्रियतम को दुःख-ही-दुःख दिया। फिर भी उसकी इच्छा है कि वे नित्य नवीन गीतों का सृजन करें। जहाँ तक उसका सम्बन्ध है, वह मृत्यु को वरण कर उन्हें मुक्त कर जायगी। इस प्रकार अतीत की मधुरता से वर्तमान जीवन की कटुता की तुलना करते हुए कवि मृत्यु में भी एक अभिप्राय खोज लेता है—

दिये थे जो स्नेह-चुम्बन,
आज प्याले गरल के धन,
कह रही हो हँस-पियो प्रिय,
पियो, प्रिय, निरुपाय।
मुक्ति हूँ मैं, मृत्यु में
आयी हुई, न डरो।

निराला की पत्नी की मृत्यु 18 वर्ष की अवस्था मे ही अपने नैहर डलमऊ में हो गयी थी। उस समय वे कलकत्ते में थे। उन्हें तार से सूचना दी गयी थी, लेकिन उनके आने के पूर्व ही वे चल बसीं। अन्तिम भेंट उनसे नहीं हो पायी। कहने का तात्पर्य यह कि कवि अपनी पत्नी की रुग्णावस्था में अथवा उनकी मृत्यु-शय्या के निकट नहीं था। अतः यह घटना तथ्य पर आधारित नहीं है। लेकिन काव्य का सत्य एक भिन्न् ही प्रकार का होता है। इस विवशता की वेदना उन्हें बराबर कसकती रही होगी। इसी से सम्भव है, ऐसी कल्पना उन्होंने की हो कि यदि वे मृत्यु के समय उनके पास होते, तो वे क्या कहतीं। यह भाव बीस वर्ष तक कवि के हृदय में पकता रहा और उसकी अभिव्यक्ति सन् 1938 में हुई। स्मृति में आयी हुई यह कल्पना सत्य से कम मार्मिक नहीं।

स्वच्छन्द प्रेम का इतिहास भिन्न प्रकार का है। उदाहरण के लिए 'परिमल' की 'स्मृति चुम्बन' कविता को लें। इसमें यौवन-काल के चुम्बनों की स्मृति रक्षित है—

बालिकाएँ मेरे संग की कुमारियाँ
शिथिल कर देह
वह जाती अविराम
कहाँ जाने किस देश में।
इंगित कर मुझको
बुलाती थी बार-बार

प्यार-ही-प्यार का
चुम्बन-संसार था।

इस रचना में किशोरावस्था की समाप्ति पर एक ऐसे सुख के परिवेश का वर्णन है, जिसमें कवि सुन्दरी बालिकाओं से घिरा हुआ है। भावनाओं के इस प्रेम राज्य का आलोक निरन्तर झरकर आनन्द के फूल खिलाता रहता है। यहाँ सोने के दिन हैं, चाँदी की रातें। भावों के आदान-प्रदान की तुलना कवि ने प्रकृति के जीवन से की है। जैसे किरणें पुष्पों के अधर चूमती हैं, जैसे निर्झर सरिता से जा मिलते हैं, जैसे विहंग आकाश में उड़ते हैं। इस प्रकार मुक्त वातावरण में भावनाओं का खेल मुक्त रूप से चल रहा है। यह दूसरी बात है कि इन कुमारियों में से कवि का झुकाव एक की ओर विशेष रूप से है, जिसे वह अपने यौवन-वन की शकुन्तला बतलाता है, लेकिन वर्णन यह लौकिक है और इसमें लालसा का प्राधान्य है। हमारा अनुमान है कि बंगाल के प्रवास-काल की कोई मधुर स्मृति कवि को 'हाण्ट' कर रही है–

देखा एक अपर लोक
रोम-रोम में समायी जहाँ
चुम्बन की लालसा,
ज्योति नयन-ज्योति से
अधरों से अधर,
कण्ठ कण्ठ से लगा हुआ,
बाहुओं से बाहु,
प्राण-प्राण से मिले हुए।

परिमल की, 'स्मृति-चुम्बन" की टक्कर में 'अनामिका' की "प्रेयसी" शीर्षक रचना रखी जा सकती है, जिसमें भाव नारी की ओर से व्यक्त हुआ है। यहाँ भी प्रथम दर्शन उपवन से होता है। देखते ही वह अपना प्राण उसे सौप देती है। लेकिन कुल, शील और धर्म की मर्यादा उसे कुछ कहने से रोकती है और वह चुप लौट जाती है। एक दिन युवक उसके द्वार पर पहुँचता है। संयोग से घर के सब प्राणी उस समय अपने काम पर गये हैं। युवक उसे पुकारता है। युवती उस पुकार को अनसुनी नहीं कर पाती। दोनों एक-दूसरे का हाथ अपने हाथ में लेते हैं और पुरानी भूल का सुधार करते हैं। युवक उस रूप-माधुरी का पान कर न जाने कितनी बार तृप्ति का ऋनुभव करता है। युवती को लगता है कि प्रेम से बड़ा और कुछ नहीं है, यहाँ तक कि उसके लिए जाति और धर्म के बन्धन भी तोड़े जा सकते हैं–

दोनों हम भिन्न वर्ण,
भिन्न जाति, भिन्न रूप,
भिन्न धर्म-भाव, पर
केवल अपनाव से, प्राणों से एक थे।
किन्तु एक रात का।
जल और पृथ्वी का
भिन्न सौन्दर्य से बन्धन स्वर्गीय है।

'रेखा' में भी प्रेम के उदय, विकास और प्राप्ति की कहानी कही गयी है। यौवन के आगमन पर जैसी सभी एक प्रकार की विकलता का अनुभव करते हैं, जैसे सभी प्रतीक्षा करते हैं, जैसे सभी किसी से मिलन के लिए आतुर रहते हैं, यही दशा कवि की है। कवि के प्रति जो भी झुकाव का अनुभव करता है, उसका स्वागत वह करता है और एक दिन ऐसा भी आता है कि अपने प्रणय के लक्ष्य से उसकी भेंट होती है। उसका सामना होते ही भावों की सारी सम्पत्ति वह उसके चरणों पर उँडेल देता है और जीवन की सार्थकता का अनुभव करता है–

अन्त में
मेरी ध्रुवतारा तुम
प्रसरित दिगन्त में
अन्त में लायी मुझे
सीमा में देखी असीमता
एक स्थिर ज्योति में
अपनी प्रबाधता–
परिणय निज पथ का स्थिर।

ये तीनों ही कविताएँ लम्बी, वर्णनात्मक और अतीत की घटनाओं पर आश्रित हैं। तीनों में ही यौवन का वर्णन है, तीनों प्रेम-भाव को प्रस्फुटित करती हैं, तीनों ही कामना से प्रणय की अनन्यता की ओर मुड़ जाती हैं। इन रचनाओं से कोई निष्कर्ष निकालना ठीक नहीं होगा, पर इतना तो स्पष्ट ही है कि अतीत में कहीं कोई था जो कवि के दृष्टि-पथ में बार-बार उदित होकर उसके भावगत को आन्दोलित कर जाता है। वर्णनों से यह भी स्पष्ट है कि वह कोई भी क्यों न हो, कवि की पत्नी नहीं है।

जहाँ तक प्रेम के व्यवहार - पथ का सम्बन्ध है, निराला के काव्य में कहना-सुनना बहुत कम है। सम्पर्क स्थापित हो गया, दोनों आकर्षित होकर एक-दूसरे के निकट आ गये, यही बहुत है। इससे अधिक और क्या चाहिए ? यह मौन

रहकर ही प्रेम की मधुरता का अनुभव करना चाहता है। वाचालता उसे पसन्द नहीं, इसी से वह कहता है—

बैठ लें कुछ देर
आओ, एक पथ के पथिक-से।
मौन मधु हो जाय
भाव मूकता की आड़ में
मन सरलता की बाढ़ में
जल-बिन्दु-सा बह जाय।

सभी कवियों की भाँति निराला ने अपनी प्रेमिका के अनुपम लावण्य का वर्णन किया है। लावण्यमयी होने के साथ वह लज्जावती है। इस लाज के कारण ही तो वह मिल नहीं पाती। लेकिन जब मिलन होता है तो यह कान्ति और यह लज्जा भोग की मनोवृत्तियाँ, क्रियाओं और चेष्टाओं को रसभीनी कलाकारिता प्रदान करती हैं। संयोग-काल के इस चित्र को देखिए—

स्पर्श से जाल लगी,
अलक-पलक में छिपी छलक
उर से नव राग जगी।
चुम्बन-चकित चकित चतुर्दिक् चंचल।
हेर, फेर मुख, कर बहु सुख छल,
कभी हास, फिर त्रास, साँस बल
उर-सरिता उमगी।

लौकिक प्रेम में एक ऐसी स्थिति आती है, जब प्रणयी लोग शरीर को बीच में डालकर सुख का अनुभव करते हैं। किसी प्रकार की बाधा या विवशता हो तो दूसरी बात है, नहीं तो प्रेम में शरीर को बचाना बहुत कठित काम है। निराला के होलीवाले गीत में ऐसा वर्णन भी पाया जाता है, जहाँ हमारी सभी इन्द्रियाँ तृप्ति का अनुभव करती हैं। संकोच के कारण हम उसे उद्धृत नहीं कर पा रहे हैं।

लेकिन जीवन में किसी को भी स्थायी रूप से बाँधकर नही रखा जा राकता। विरह की एक स्थिति वह है जो आशंका से उत्पन्न होती है। जब कोई व्यक्ति किसी के लिए बहुत महत्त्वपूर्ण हो उठता है, तो पल भर के लिए भी उसका वियोग सहन नहीं किया जा सकता, यहाँ तक कि संयोग-काल में भी वह डर लगा रहता है कि किसी दिन यह स्थिति बत्ल न जाय—यह व्यक्ति बदल न जाय। दूर तो होना ही है, लेकिन किसी [illegible] उसका प्रेमास्पद कितनी दूर हो जायगा, इसका अनुमान प्रेमी को प्रायः नहीं होता। ऐसी ही एक आशंका का वर्णन

निरालाजी ने 'परिमल' में किया है–

फिर किधर को हम बहेंगे,
तुम किधर होगे,
कौन जाने फिर सहारा
तुम किसे दोगे ?
हम अगर बहते मिले,
क्या कहोगे भी कि हाँ, पहचानते ?
या अपरिचित खोल प्रिय चितवन
मगन बह जावगे पल में
परमप्रिय-संग अतल जल में ?

इनके काव्य में प्रेम कहीं पुरुष के माध्यम से व्यक्त हुआ है, कहीं नारी के माध्यम से। नारी की ओर से जो भाव व्यक्त किये गये हैं, उनमें आकर्षण, अनुनय, अनन्यता, प्रतीक्षा और समर्पण का प्राधान्य है। पुरुष की ओर से जिन भावनाओं की अभिव्यक्ति हुई है, उनमें एक ओर अगाध तृप्ति है, दूसरी ओर गहरा असन्तोष, बीच में विरह है। अन्त में स्मृति का आधार रह गया है। कुल मिलाकर प्रेम यहाँ एक महती प्रेरणा के रूप में स्वीकार किया गया है।

निराला की कविताओं की दार्शनिक पृष्ठभूमि

–कुन्नुकुषि कृष्णनकुट्टी

श्री रामकृष्ण के आत्मशिष्य नरेन ने एक दिन अतीव जिज्ञासा से अपने गुरुदेव के सामने यह प्रश्न रखा–'गुरुदेव' ! आपको कभी ईश्वर के दर्शन प्राप्त हुए हैं ? प्रश्न का स्रोत था निश्छल जिज्ञासा। आदर भाव से उत्तर की प्रतीक्षा में स्थित शिष्य की ओर देख रामकृष्णदेव मुस्कराने लगे। गुरु की मुस्कान देख शिष्य की जिज्ञासा बढ़ी। उस बढ़ती जिज्ञासा को आश्चर्य में परिणत करते हुए गुरुदेव ने कहा–'हाँ।' उन्होंने आगे कहा–'जिस प्रकार तुम्हारे दर्शन मुझे प्राप्त हुए और हो रहे हैं, उसी प्रकार मुझे भगवान् के भी दर्शन प्राप्त हैं।'

श्री रामकृष्ण की इन वाणियों से यह व्यक्त हुआ कि ईश्वर और मनुष्य में अन्तर नहीं है। उपनिषद् आदि में पायी जानेवाली अद्वैत दर्शन की प्रमाणोक्तियाँ इस कथन से भिन्न नहीं हैं।

अयमात्मा ब्रहा–मैं स्वयं ब्रहा हूँ। –बृहदारण्यकोपनिषद्

ब्रह्मै वेदं विश्वम्–विश्व तो केवल ब्रह्म है। –मुण्डकोपनिषद्

सर्वं खल्विदम् ब्रह्म–सभी कुछ ब्रहा है। –छान्दोग्योपनिषद्

तत् त्वमसि–वह तू है। –छान्दोग्योपनिषद्

इन सभी उक्तियों से यही व्यक्त हो जाता है कि विश्व के प्राणियों में विराजमान शक्ति और ब्रह्म की शक्ति अभिन्न है। उपनिषदों का सारग्रन्थ गीता में भी यही तत्त्व व्यक्त किया गया है।

मयि सर्वमिदम् प्रोताम्
सूत्रे मणि गणा इव॥

(सूत्र में मणियों की तरह सब मुझमें पिरोये गये हैं।)

इस प्रकार उपनिषद् और गीता में ये सब तत्त्व सन्निविष्ट किये गये थे तो भी ब्रह्म- समाजवादी (तब नरेन ब्रह्मसमाजी थे) नरेन पहले इन बातों को स्वीकार

कर न सका। इतना ही नहीं उनका यह मत था कि ब्रह्म को तन्मजीव को अभिन्न मानना मूर्खता है। श्री रामकृष्ण का शिष्यत्व स्वीकार करने के बाद के कुछ काल तक नरेन की यह धारणा परिवर्तित नहीं हुई। 'शिष्य को परिचित कराने के उद्देश्य से गुरुदेव ने जब अष्टावक्र संहिता—जैसे कुछ अद्वैतवादी ग्रन्थों को उच्च स्वर में पढ़ने को कहा, तब उसका विरोध करते हुए उन्होंने कहा—"यह ईश्वर निन्दा है, क्योंकि इस प्रकार के दर्शन में और निरीश्वरवाद में कोई अन्तर है ही नहीं। जगत् में इससे बड़ा पाप हो ही नहीं सकता, जबकि मैं अपने को और सृष्टिकर्त्ता को अभिन्न मानूँ। जिन ऋषियों ने ऐसी बातें लिखी हैं, शायद वे भ्रष्ट-बुद्धि रहे होंगे।[1]" लेकिन विवेकानन्द के इस मत में अन्तर आने में देरी न लगी। सच्चे गुरु का कर्त्तव्य तो अपने शिष्य की गलत धारणाओं को शीघ्र मिटा देना है। जिज्ञासु विद्यार्थी के रूप में आये नरेन को जिन गुरुदेव ने स्वामी विवेकानन्द बनाया था, उनके लिए यह कार्य भी आभासरहित रहा" "शिष्य के दृष्टिकोण में शीघ्र परिवर्तन आ गया। उन्होंने अपनी ही आँखों से देख लिया कि जगत् में ईश्वर को छोड़ दूसरा कुछ है ही नहीं।......जब वे घर गये और भोजन के लिए बैठे तब देखा कि तश्तरी, भोजन और परोसनेवाला सब-के-सब ईश्वर हैं, गलियों मे जो गाड़ियाँ, घोड़े आदि दिखायी दिये, वे सब उसी तत्त्व के बने हुए हैं।"[2]

अद्वैतभाव पर अधिष्ठित श्री रामकृष्ण-विवेकानन्द दर्शन ने भारत के ही नहीं विदेशों के भी असंख्य लोगों को आकर्षित किया था। विश्व भर में दिखायी पड़नेवाले रामकृष्ण मिशन केन्द्र तथा उसके कार्यकर्त्ता इसके मूर्त प्रमाण हैं।

1902 में स्वामी विवेकानन्द की आत्मा विश्वात्मा में विलीन हो गयी। श्री रामकृष्ण दर्शन विवेकानन्द के कर्मों तथा वाणियों द्वारा सर्वत्र व्याप्त हो गयी और कुछ ही काल में उसने भारत को प्रभावित किया। 1900 से प्रारम्भ कर कुछ वर्षों तक के हिन्दी साहित्य का अवलोकन करने पर यह पता लग जायगा कि इस दर्शन धारा ने हिन्दी साहित्य को किस प्रकार प्रभावित किया था।

1857 के प्रथम स्वतन्त्रता-संग्राम का परिणाम जैसे विदेशी सत्ता के लिए अनुकूल निकला वैसे ही विदेशी सभ्यता के लिए भी अनुकूल रहा। भौतिकता पर अधिष्ठित पश्चिमी सभ्यता भारतीय संस्कृति को परिवर्तित करने लगी। इस काल में उच्छृंखल सामन्ती सत्ता पर भी विदेशी दबाव पड़ा। इस परिस्थिति ने सहित्य को भी प्रभावित किया। उनके उपरान्त विश्व महायुद्ध की निर्ममता ने मनुष्यत्व को मूल्यहीन कर दिया और साहित्यकारों के व्याकुल हृदय को मन्थित किया। इस मन्थन के फलस्वरूप सुधा तथा गरल दोनों निकल आये। अनेकानेक

1. वेदान्त केसरी
2. वेदान्त केसरी

कविताएँ नवीन रूपों तथा भावों में रची गयीं।

यह काल अव्यवस्था का था। मार्क्सवादी विचारधारा, फ्रॉयड का मनोविज्ञान, भारतीयता एवं स्वतन्त्रता का बोध आदि रह-रहकर भारतीय बुद्धि मण्डल को प्रभावित करते रहे। विविध प्रकार की विचारधाराएँ, विविध प्रकार के मार्ग, अनेकानेक आशा-अभिलाषाएँ—लेकिन इन सबमें एक सूक्ष्म सम्बन्ध रहा जो था भारतीयता का भाव। तथाकथित विशुद्ध भौतिकवादी मार्क्सियन विचारधारा रखनेवाले भी इस भारतीय भाव-बन्धन से मुक्त नहीं थे। इसके बीच खण्डन में प्रगतिवादी साहित्यकार संघ का आविर्भाव हुआ, जिसने भी साहित्यकारों की विचारधारा को मन्थित किया। इस प्रकार सहित्य क्षेत्र में एक प्रकार की उथल-पुथल हो रही थी, यद्यपि साहित्यकारों की विचारधाराएँ, तत्त्व आदि विभिन्न रहे तो भी सबका लक्ष्य एक ही रहा-राष्ट्र की स्वतन्त्रता।

विशृंखल भारतीय को पुनः केन्द्रीकृत करने के उद्देश्य से जनता में सभी भारतीयता का भाव भरने के उद्देश्य से ब्रहा समाज, आर्य समाज आदि संस्थाएँ कार्य करने लगीं और तिलक के नेतृत्व में राष्ट्रीय शिक्षा प्रचार के यज्ञ शुरु किये गये। इसके फलस्वरूप भौतिक विचारधारा की नींव हिलने लगी थी।

उपर्युक्त बातों को ध्यान में रखकर 1947 तक की काव्यधारा पर दृष्टिपात करेंगे तो मालूम हो जायगा कि आध्यात्मिकता का एक सूक्ष्म भाव सब में विद्यमान है। मैथिलीशरण गुप्त, प्रसाद, निराला, पन्त आदि की कविताओं में यह भाव लक्षित होता है। मानवता को देवत्व की जननी कहने के लिए भी राष्ट्रकवि तैयार हो जाते हैं, लेकिन वे मनुष्य को पशु कहना नहीं चाहते। मानवता के प्रति प्रेम का यह भाव प्रौढ़ भारतीय आध्यात्मिक तत्त्वों का सरलीकृत साहित्यिक रूप है। "कठिन दार्शनिक तथा आध्यात्मिक तत्त्वों को सरल बनाने में और उन्हें साधारण जन-जीवन में व्यवहार योग्य बनाने में श्री रामकृष्ण तथा विवेकानन्द ने बहुत यत्न किये। उन्होंने मानवता की महत्ता को दिखाया—अपने ही जीवन में।[1]"

त्वम् स्त्री त्वम् पुमानसि
त्वम् कुमार उतवा कुमारी
त्वम् जीर्णो दण्डेन वचसि त्वम्
जातो भवसि विश्वतो मुखः

सैकड़ों वर्षों पहले बनाये गये इन उपनिषद् तत्त्वों के आधार पर स्वामी विवेकानन्द ने कहा यदि तुम भलाई चाहते हो तो अपने आडम्बरों को दूर फेंक दो। सजीव देवता की, मनुष्य देवता की, मानव रूपधारी सबकी आराधना करो।

1. श्वेताश्वतर उपनिषद्

विवेकानन्द की ऐसी प्रेरणामयी वाणियों का प्रभाव भारत के ही नहीं बाहर के भी लोगों पर पड़ा। भारतीय कवियों में चिरस्मरणीय महाप्राण निराला ही हैं जिन्होंने श्री विवेकानन्द के शब्दों को हृदयस्थ करके साहित्य-सेवा की थी। श्री रामकृष्ण-विवेकानन्द के दर्शन से प्रत्यक्ष परिचय प्राप्त करने का अवसर उन्हें मिला था। हिन्दी के कवि थे निराला, तो भी जन्मे और पले बंगाल में। बचपन से ही आध्यात्मिकाधिष्ठित वातावरण में रहने का भी मौका मिला। श्री रामकृष्ण-विवेकानन्द-साहित्य का हिन्दी अनुवाद करना, श्री रामकृष्ण आश्रम की पत्रिका 'समन्वय' का सम्पादन करना आदि कार्य निराला को इन दोनों महापुरुषों की विचारधाराओं से बाँध रखने में सहायक रहे। "निराला पर स्वामी विवेकानन्द की व्याख्या का (उपनिषदों के मन्त्रों की व्याख्या) विशेष प्रभाव है, इसका परिणाम यही हुआ है कि विवेकानन्द की तरह निराला जागरण, पंचवटी आदि जैसी कविताओं को छोड़कर दार्शनिक ऊहापोह में नहीं पड़ते, उनका ध्यान बराबर जीवन और जगत् की स्थिति, उन्नति और अभ्युदय की ओर रहता है। जीवन की महानता के लिए आत्मवाद का सिद्धान्त उन्हें मान्य है; किन्तु घोर पीड़ा और करुणापूर्ण क्षणों में वे विवेकानन्द के समान ही 'पहले रोटी पीछे धर्म' की घोषणा करने लगते हैं।"[1] यह ठीक है तो भी सबमें निराला का व्यक्तित्व छलकता था, सबमें निराला की अपनी निराली छाप लगी रहती थी। किसी भी बात को उसी रूप में अपनानेवाले नहीं थे निराला। रचना-शिल्प में, भाव-संयोजन में, काल्पनिक उड़ानों में सबमें निरालापन-यही निराला की विशेषता थी। निराला तो अद्वैतवादी विचारधारा से प्रभावित थे। लेकिन प्रेम के स्वर्णिम धागों से निर्मित एक अत्याकर्षक अवगुण्ठन से उनका आध्यात्मिक तत्त्व आच्छादित रहा। उसका एक मोहक दृश्य देखें—

> भक्ति योग कर्म ज्ञान एक ही है
> यद्यपि अधिकारियों के निकट भिन्न दीखते हैं।
> एक ही है दूसरा नहीं है कुछ
> द्वैत भाव ही है भ्रम
> तो भी प्रिये
> भ्रम के भीतर से भ्रम के पार जाना है। (पंचवटी प्रसंग)

जिस प्रकृति का शब्दचित्र निराला ने खींचा है, वह भी साधारण चित्रों से भिन्न ही लगता है। प्रकृति के प्रत्येक वस्तु में ब्रह्म की शक्ति विद्यमान है। पवन कहे तो वह ब्रह्म है, कभी कहे तो वह भी ब्रह्म के समान सहयोग एवं सामीप्य में रहनेवाली आत्मा है। भक्ति की बाता कहे तो उसके बारे में कहना ही क्या—

1. निराला की साहित्य और साधना—डॉ० विश्वम्भर नाथ उपाध्याय

व्यष्टि और समष्टि में नहीं है भेद
भेद उपजाना भ्रम
जिस प्रकाश के बल से
सौर ब्रह्माण्ड को उद्‌भासमान देखते हो
उसमें नहीं वंचित है एक भी मनुष्य कोई
व्यष्टि और समष्टि में समाया वही एक रूप
चिद्‌घन आनन्द-कन्द। (पंचवटी प्रसंग)

इन्हीं आधारों पर ही निराला के सम्बन्ध में कहा गया है—"निराला हिन्दी काव्य के प्रथम दार्शनिक कवि और सचेत कलाकार हैं।"[1]

इसके विपरीत निराला का एक निराला उग्र रूप भी था। प्रतिदिवस स्नान-जप-तर्पणादि के पश्चात् बन्दरों को खिलानेवाले पण्डे के सामने भूख-प्यास से विह्वल होकर रहनेवाले आर्त्त मनुष्य का दृश्य इलाहाबाद की एक सड़क के किनारे दुपहरी धूप में बैठकर पत्थर तोड़नेवाली महिला का दयनीय रूप, लकुटिया टेककर फटी झोली लटकाकर आनेवाले भिक्षुक की दुःस्थिति आदि देखकर कवि उग्र रूप धारण करते हैं। उस समय उनके कोमल शब्द वज्रकठोर बन जाते हैं। इतने कठोर कि पाठक का मन तड़फड़ाने लगता है। एक क्षण हुए इस परिवर्तन के पीछे कौन-सा जादू था ? वह जादू भी विवेकानन्द के मन्त्रों का। एक बार स्वामी ने शान्त स्वर में कहा था—"हम लोगों के देश में अब ज्यादा रोने- धोने का समय नहीं है, इस समय कुछ बल पौरुष की आवश्यकता है, निर्गुण ब्रह्म में विश्वास होने, सब तरह के कुसंस्कारों से रहित होकर मैं ही निर्गुण ब्रह्म हूँ, इस ज्ञान की सहायता से खुद अपने पैरों पर खड़ा होने से हृदय में कैसी अपूर्व शक्ति का विकास होता है, कहा नहीं जा सकता।" जिस मुँह से आध्यात्मिकता के शब्द निकले थे, उसी मुँह से घन गर्जन जैसे शब्द भी निकले थे—"हाय ! देश के गरीबों की ओर कोई भी ध्यान नहीं देता। वे ही देश के मेरुदण्ड हैं।......लेकिन कोई भी उनके प्रति सहानुभूति नहीं रखता, दुःख में उन्हें सान्त्वना देनेवाला भी कोई नहीं।" निराला की वाणियों में भी जो भाव अन्तर्निहित हैं, वे क्या इन शब्दों से भिन्न हैं ? उनकी विशिष्टता क्या इससे अलग है ?

यह बात विचारणीय अवश्य है कि क्या निराला को प्रगतिवादी कवि कहना ठीक है ? प्रगतिवादी कवियों की अपेक्षा कोसों दूर आगे वे पहुँच चुके थे। उसकी शक्ति उन्हें मिली थी—स्वामी विवेकानन्द की वाणियों से। इसलिए निराला को भारतीय आध्यात्मिकता का कवि कहना ही अधिक उचित होगा। क्योंकि

1. नन्ददुलारे वाजपेयी—हिन्दी साहित्य : बीसवीं शताब्दी।

भारतीय आध्यात्मिकता के मूर्त रूप थे भी विवेकानन्द। मनुष्यमात्र की उन्नति करना स्वामी जी का लक्ष्य रहा। कर्म क्षेत्र से मुक्ति पाने के लिए वे विरक्त नहीं बने थे। स्वामीजी के ही समान मनुष्यमात्र की सेवा करना निराला का भी लक्ष्य रहा, उनका मार्ग साहित्य-सर्जना रहा, क्योंकि वे थे एक साहित्य-सेवी। स्वयं निराला ने इसको व्यक्त किया है। एक कवि-सम्मेलन के सिलसिले में मैनपुरी के प्रासाद में पहुँचे निराला ने वहाँ के नौकरों को देखकर राजा और रानी से कहा–"इन नौकरों की उचित देखभाल रखना। ये भी इन्सान हैं और इन्सानों की सेवा ही मेरा सब-कुछ है।"

सुसंस्कृत और सुगठित विचारधाराओं के आधार पर जब चारों ओर की प्रक्रियाओं को देखा जाता है और उससे उद्भूत अनुभूतियों को निजी व्यक्तित्व के साथ अभिव्यक्त किया जाता है, तब वह शाश्वत बन जाता है। निराला ने भी यही किया। उनका व्यक्तित्व भी इतना प्रौढ़ रहा और उनकी रचनाओं की गहराई भी इतनी अधिक रही कि दोनों दुरूह समझे गये। इसलिए आचार्य नन्ददुलारे वाजपेयी ने लिखा–"यदि सामयिक हिन्दी में कोई ऐसा विषय है, जो अन्य सब विषयों की अपेक्षा अधिक क्लिष्ट और दुरूह समझा जा सके तो वह सूर्यकान्त त्रिपाठी निराला का विकास है।"[1]

●

1. हिन्दी साहित्य–बीसवीं शताब्दी

निराला की भाषा

–डॉ० कैलाशचन्द्र भाटिया

महाप्राण निराला के सम्बन्ध में संस्मरण लिखते हुए डॉ० उदयनारायण तिवारी ने अपने विचार इस प्रकार व्यक्त किये हैं–"जब वे अत्यन्त प्रसन्न रहते हैं तो अपनी मातृभाषा बैसवाड़ी में वार्त्तालाप करते हैं। बँगला में बोलते समय भी वह प्रसन्न ही रहते हैं। क्योंकि वह भी उनके लिए मातृभाषावत् ही है, किन्तु जब वे किंचित् रुष्ट हो जाते हैं तो संस्कृतगर्भित हिन्दी का प्रयोग करने लगते हैं, किन्तु जब विशेष रौद्रभाव के आवेश में आते हैं तो अंग्रेजी बोलने लगते हैं।" संक्षेप में यह है निराला की विभिन्न मानसिक भूमियों का विश्लेषण। इस प्रकार मातृभाषा बैसवाड़ी तथा मातृभाषावत् बँगला तथा विदेशी भाषा अंग्रेजी पर पूर्णाधिकर होते हुए भी निराला ने खड़ीबोली को ही स्टैण्डर्ड रूप में महत्त्वपूर्ण योगदान दिया। 'गीतिका' की भूमिका में स्वयं स्वीकार किया है........"फिर खड़ीबोली केवल बोली में ही नहीं खड़ी हुई कुछ भाव उसने ब्रजभाषा संस्कृति से भिन्न अपने कहकर खड़े किये हैं, यद्यपि वे बहिर्विश्व की भावना से संश्लिष्ट हैं........मैंने अपनी शब्दावली को काव्य के स्वर से भी मुखर करने की कोशिश की है।'

'परिमल', 'अनामिका', 'तुलसीदास' और 'गीतिका' की भाषा अत्यधिक समृद्ध एवं संस्कृत की तत्समता से बोझिल है, जबकि 'अणिमा', 'बेला', 'नये पत्ते' आदि की भाषा प्रायः सरल, सुबोध एवं मुहावरेदार है।

निरालाजी की भाषा-सम्बन्धी विशेषताओं से पूर्व यह भी उल्लेखनीय है कि निराला की दृष्टि में काव्यभाषा का विशेष स्थान है। विशेष भावों की अभिव्यक्ति के लिए उनको वे सहस्रों शब्द गढ़ने पड़े जो संगीत, ताल एवं लय के साथ खड़ीबोली में खप सके। शब्दों के इस महान् निर्माता एवं पारखी के काव्य में अनायास ही भाषा के महत्त्व को प्रतिपादित करनेवाली अनेक भावमय पंक्तियाँ जाने-अनजाने यत्र-तत्र बिखरी पड़ी हैं।

भाषा तुम पिरो रही हो शब्द तोलकर
किसका यह अभिनन्दन होगा। -तरंग के प्रति
खुलकर अति पिय नीरव भाषा ठण्डी उस चितवन से –'बहू'
मलिन दृष्टि के भाषा-हीन भाव से, –रास्ते के फूल

मौन मुग्ध हो जाय
भाषा कूकता की आड़ में
प्रेम भाव बिन भाषा का
तान तरल कम्पन वह बिन शब्द अर्थ की।
वह भाषा छिपती छवि सुन्दर
कुछ खुलती आभा में रँग कर (तुलसीदास)

संस्कृत की तत्समप्रियता-संस्कृत के पुराने अप्रचलित शब्दों का पुनः प्रयोग, संस्कृत की धातुओं की सहायता से नवीन शब्दों को गढ़ने का कार्य विशेष रूप से निराला द्वारा किया गया।

कहीं-कहीं फारसी-अंग्रेजी के प्रचलित शब्द के स्थान पर भी निरालाजी को शब्द गढ़ना पड़ा तो संस्कृत की तत्समता का ही आश्रय लिया, जैसे 'तनिमा' नजाकत के स्थान पर।

अत्यधिक तत्समता एवं समासप्रियता के कारण अस्पष्टता भी आना स्वाभाविक है। ऐसे स्थलों को कवि ने स्वयं टिप्पणियों में व्यक्त किया है, जैसे–

'हर्ष-अलि हर स्पर्शशर,' आनन्द रूपी भौंरा स्पर्श का चुभा तीर हर रहा है। तीर के निकालने से भी एक प्रकार का स्पर्श होता है। तो सुखद है तीर रूप का चुभा तीर है।' इस सम्बन्ध में आचार्य रामचन्द्र शुक्ल ने लिखा है कि यह जो अर्थ कवि को स्वय समझना पड़ा है वह उन पदावलियों से जबरदस्ती निकाला जान पड़ता है।

निराला की भाषा के सम्बन्ध में टिप्पणी देते हुए आचार्य चतुरसेन शास्त्री लिखते हैं, "वे जब आवेश में भावमग्न हो विचार प्रवाह करते हैं, तो भाषा को उसका बोझ वहन करना दूभर हो जाता है। वह लड़खड़ाने और अटकने लगती है। उनकी कविता का आनन्द लेना दुर्लंघ्य गौरीशंकर शैलशिखर पर चढ़ने के समान साहस और परिश्रम साध्य है। यह बात स्पष्ट दर्शित होती है, जहाँ निराला संस्कृत की तत्समता के साथ-साथ समास-पद्धति भी अपना लेते हैं।"

समासान्त पदावली उनके काव्य 'क्लेषयुक्त', 'नर्तन निर्झर', 'हँसीडिलोलें,' 'अलि-अलकों' 'विरह विटव', 'पल्लव-पलने', 'चित्त-चकोर', 'कामना-कुसुम', 'पल्लव-पर्यंक', 'कर्म-कुसुम' आदि सामाजिक पदों की कली नहीं है, जिससे उनका काव्य अनुप्रास एवं समास के हिंण्डोल झूल रहा हो। यह समास-शैली उनकी बढ़ती ही गयी है। कहीं-कहीं सरल तथा छोटे-छोटे शब्दों का समास है, पर ओजपूर्ण स्थलों पर वे क्लिष्ट शब्दों से युक्त हो जाते हैं।

विच्छुरित-वह्नि-राजीवनयन हतलक्ष्य-बाण।
उद्धतथलंकारपति-दपित-कपि-दल-बल-विस्तार ॥

कहीं-कहीं लम्बे-लम्बे समास होते हुए भी एक अलौकिक प्रवाह बना हुआ है, जिसमें पाठक बहता ही जाता है।

इस सम्बन्ध में आचार्य नन्ददुलारे वाजपेयी का कथन द्रष्टव्य है—

"उन्होंने हिन्दी पद-विन्यास को भी अधिक प्रौढ़ तथा अधिक प्रशस्त बनाने का सफल प्रयास किया। अत्यन्त सार्थक शब्द-सृष्टि द्वारा निरालाजी ने हिन्दी को अभिव्यक्ति की विशेष शक्ति प्रदान की है। शब्द-संगीत परखने और व्यवहार में लाने में वे आधुनिक हिन्दी के दिशा-नायक हैं। अनुप्रास के वे आचार्य हैं।"

अनुप्रासमयता—निरालाजी एक साथ अनुप्रास, रूपक तथा समास का निर्वाह करते थे, जिसकी कुछ झाँकी सामासिक पदों में दिखायी गयी है। सबसे प्रथम तो यह स्मरणीय है कि महाकवि सूर्यकान्त त्रिपाठी ने अपना उपनाम 'निराला' भी 'मतवाला' पत्र से ताल मिलाते हुए रखा था। उनके काव्य में 'मार्ग-मृत्तिका मलिन' तथा जन से, धान्य से धरा का कृषि फल आदि पंक्तियों की कमी नहीं, कहीं-कहीं तो एक-से ही उपसर्गों की झड़ी लग जाती है—

निःस्पृह निःस्व निरामय, निर्मम
निराकांक्ष, निर्लेप, निरुद्गम
निर्भय, निराकार, निःसमय, शम
मया आदि पदों की दासी। (आराधना, पृ० ५०)

सन्धियुक्त शब्द—निराला के काव्य में संस्कृत के तत्सम शब्दों का समास रूप तो प्रायः दृष्टिगत होता ही है, पर सन्धि-रूप भी कहीं-कहीं मिलता है; जैसे—गर्जितोर्मि, शरदिन्दु दृग, मज्जनावेदन, चेतनोर्मियों कल्मषोत्सार, सरितोपम अनुद्दव, सित्सुन्ध एवम्विध आदि उल्लेखनीय हैं।

आधुनिक हिन्दी साहित्य के विकास में स्वच्छन्दतावादी आन्दोलन के द्वितीय चरण की भाषा का विश्लेषणात्मक अध्ययन प्रस्तुत करते हुए डॉ० कृष्णलाल ने लिखा है, "एक समृद्ध भाषा-शैली का विकास होने लगा, जिसमें संस्कृत तत्सम तथा ध्वनि व्यंजक शब्दों का प्राधान्य था। वह चमत्कारपूर्ण और आलोकमय विशेषणों तथा चित्रमय और ध्वन्यात्मक शब्दों का युग था।" डॉ० लाल के इस उद्धरण से तीन प्रमुख विशेषताएँ प्राप्त होती हैं—

(1) आलोकमयता, (2) चित्रमयता, (3) ध्वन्यात्मकता।

आलोकमय प्रायः निराला ने संस्कृत की पद्धति से ही विशेषणों का प्रयोग किया है, जैसे सौन्दर्य-गर्भिता सरिता।

विशेषणों के प्रयोग में अनुप्रास का भी प्राय: ध्यान रखा गया है, जैसे-सुरभि-समीर, मुग्ध मौनमय। साभिप्राय विशेषणों का प्रयोग भी द्रष्टव्य है, 'टलमल पद', उसके पीछे बाहर जैसे 'भुक्खड़ फलोवर'।

कहीं-कहीं संस्कृत शब्द का विशेषण संस्कृत शब्द द्वारा तथा उर्दू शब्द का विशेषण उर्दू शब्द द्वारा खिल उठा है, जैसे—फल सर्वश्रेष्ठ नायाब चीज।

जुही मुस्करायी, नागन बलखायी आयी।
मन्द गन्ध से पुरवाई डस गयी सुहायी॥

'वसन्तागमन' कविता में सारी प्रकृति में वसन्त के आने पर हर्ष है। लताएँ प्रसूनों से भर जाती हैं, मलयानिल मन्द-मन्द गति से बहता है, भौंरे गुन-गुन में लीन हैं, गीतिका में ऐसे शब्द-चित्र भरे पड़े हैं। शरीरिक सौन्दर्य का एक चित्र देखिये—

जो तुलसीदास, वही ब्राह्मण कुल-दीपक,
आयत-दृग, पुष्ट देह, गत-भय
अपने प्रकाश में नि:संशय
प्रतिभा का मन्द स्मित परिचय, संस्मारक (तुलसीदास)

ध्वन्यात्मकता—भाषा में ध्वन्यात्मक शब्दावली का विशेष महत्त्वपूर्ण स्थान होता है। ध्वन्यर्थ-व्यंजक शब्दों की संयोजना हिन्दी साहित्य में आदि-काल से ही प्रारम्भ हो गयी थी। आधुनिक काल में निराला, पन्त आदि कवियों के इस ओर फिर भी कुछ उदाहरण द्रष्टव्य हैं। नूपुरों व झरने के सम्बन्ध में कुछ उद्धरण देखिये—

नूपुर में भी रुनझुन-रुनझुन नहीं,
सिर्फ एक अव्यक्त शब्द-सा चुप, चुप, चुप।
झर-झर-निर्झर गिर सर में
मरु-तरु मर्मर सागर में—
बादल की ध्वनि सुनिए—
(परिमल से युद्धस्थल)
बाजी बहती लहरें कलकल।
मेरी झररर, झररर छमामे
भोर न मारो की है चोप।
कड़-कड़-कड़ सन-सन बन्दूकें
अररर अररर अररर तोप।

सुन-सुन घोर वज्र हुंकार।

कहीं-कहीं झड़ी लग जाती है, जैसे-

गाती यमुना, मुझे सुनाती धीरे-धीरे,
कलकल कुलकुल कलकल टलमल टलमल।

(शरत्पूर्णिमा की विदाई)

दुरुक्ति—शब्दचित्र तथा ध्वन्यात्मकता लाने के अतिरिक्त बल प्रदान करने के लिए भी दुरुक्ति का प्रयोग होता है। निराला के काव्य में भी यह प्रवृत्ति विशेष दृष्टिगत होती है, जैसे—यह बार-बार गर्जन।

भावानुसार भाषा—निराला ने अपने सौन्दर्य पक्ष के उद्घाटन में सर्वत्र कोमल वर्णों का ही प्रयोग किया है, जैसे-तवर्ग, पवर्ग, तथा, र, ल आदि वर्णों का भाषा पर असाधारण अधिकार होने के नाते निराला 'ण' जैसे वर्ण को प्रयोग करते हुए भी कोमलता ही प्रस्तुत करते हैं—

आओ मधुर सरण मानस मन
नूपुर-चरण-रणन जीवन नित
बंकिम चितवन चिंत चारु मरण।

कठोर वर्णों के द्वारा ओजमय भाषा—

स्वर्ग धराव्यापी संकर का
छाया विकट कटक उन्मान।
लगाये ऊपर चन्दन।
करते समय बदीश-नन्दिनी का अभिनन्दन।

मनोवैज्ञानिक स्थलों पर भाषा—तुलसीदास की भूमिका में कृष्णदासजी ने अपने विचार व्यक्त करते हुए लिखा है, "मनोवैज्ञानिक तथ्यों का निरूपण उसका ध्येय है; अतः उसे अपनी भाषा बहुत-कुछ स्वयं गढ़नी पड़ी है। किस सफलता से उसने छोटी-छोटी बातों को लेकर बड़े-बड़े मानसिक घात-प्रतिघातों को अपनी वाणी द्वारा सजीव कर दिया है......।" इस प्रवृत्ति के प्रमाण में तुलसीदास से ही एक छन्द दे रहा हूँ :—

जब आया फिर देहात्मबोध
बाहर चलने का हुआ शोध
रह निर्विरोध, गति हुई रोध-प्रतिकूल
खोलती मृदुल दल बन्द सकल
गुदा-गुदा विकुल धारा अविचल

भाषा का चलता रूप—प्रगतिवादी धारा में लिखी गयी निराला की तीन प्रसिद्ध पुस्तकें 'अणिमा', 'बेला' और 'नये पत्ते' हैं। इन संग्रहों की भाषा के सम्बन्ध में श्री गिरीशचन्द्र तिवारी ने लिखा है, "इन तीनों की भाषा साधारण के अत्यधिक नजदीक है। 'अणिमा' के इन गीतों की भाषा प्रायः सरल है और साथ ही गद्यानुसार भी इसकी भाषा उर्दू के शब्दों से भी प्रभावित है। प्रान्तीय भाषाओं में खासकर उर्दू में यह प्रकरण है और जोरों से चल रहा है। इसके बाद 'बेला' में भाषा की सरलता और मुहावरेदारी और बढ़ती गयी है।"

ऐसी बात नहीं है कि भाषा का सरल तथा चलता हुआ रूप बाद की ही रचनाओं में मिलता हो, प्रारम्भिक रचनाओं में भी ऐसे उद्धरण मिलते हैं—

हिल हिल
खिल खिल
हाथ हिलाते
तुझे बुलाते
विप्लवरव से छोटे ही हैं शोभा पाते

मिली-जुली भाषा का रूप—

पर हैं प्रोलेटेरियन झगड़े जहाँ
मियाँ-बीबी के क्या कहना है वहाँ
नाचता है सूदखोर जहाँ कहीं ब्याज डूबता
नाच मेरा क्लाइमेक्स को पहुँचता।

उर्दू शब्द—लोक में प्रचलित उर्दू शब्दों को बहिष्कृत करने की वृत्ति निराला की नहीं थी, यद्यपि संस्कृत की तत्समप्रियता की ओर उनका झुकाव पर्याप्त था। उनके काव्य में फतह, आब, दाग, दगा, गैर, हक, ज्यादह, खूब, होशियार, तस्वीर, सिर्फ, तूफान, नाराज आदि शब्द सहज ही मिल जाते हैं।

व्यंग्यप्रधान काव्य 'कुकुरमुत्ता' में उर्दू के शब्दों का विशेष आधिक्य है—

एक थे नव्बाब, फारस से मँगाये थे गुलाब जबाँ पर लफ्ज।

इस प्रकार इसमें तहतीब, चमन, खुशनुमा, फव्वारे, सुर्ख, फिरोजी, जर्द आसमानी, रंगोआब, नव्बाब, कल्म, नकली आदि सैकड़ों शब्द मिलते हैं।

प्रचलित अंग्रेजी शब्द भी निराला के काव्य में पर्याप्त मिलते हैं—

लार्ड के लाड़लों को कैमरा हाथ।

इसके अतिरिक्त रेल, ग्रेड, कारनेट, कलारोओनेट, ड्रम, फ्लूट, गीटार, बाल डान्स, रोमांस, पीसमीट, प्रोग्रेसिव, पोएट आदि शब्द उल्लेखनीय हैं।

निराला के 'चाबुक' कहानी-संग्रह में मुझको पर्याप्त अंग्रेजी के शब्द मिले हैं। 'सुकुल की बीबी' कहानी-संग्रह में भी इस परम्परा का निर्वाह किया गया है। संग्रहों से मैं शब्द दे रहा हूँ—

सब-डिवीजन, पोइट्री, लेक्चर्स, लिटरेचर, स्कूल, ब्लेड, ब्रिज, गार्जियन, ब्राण्डी, कोट-पैण्ट, स्लीपर, मेस, रोमैण्टिक, परगेटिव डबल फोर्स सेण्टेन्स, कॉलम, नोट, पैराग्राफ, गेट, मोटर ड्राइवर, कालेज, डिक्शनरी, फेल, नम्बर, प्रोफेसर, टैक्सी, पम्प, इन्स्पेक्टर, ड्यूटी, मैट्रीक्यूलेशन, पाउडर, क्रीम, सिनेमा, स्टार, कैप, हैट, फीस, आइडिया, पिकेटिंग, सब्जेक्ट कमेटी, प्रेस-रिपोर्टर आदि उल्लेखनीय हैं। कहीं-कहीं कृदन्त रूप भी मिलते हैं, जैसे-आमलेट के सिलसिले में 'बायल्ड तथा हाफ बायल्ड'। 'गुरुडम' आदि संकर पदावली उल्लेखनीय हैं। 'लेक्चर्स' आदि बहुवचन के रूप भी मिलते हैं।

इस प्रकार निराला की भाषा में हिन्दी के सभी रूपों के दर्शन होते हैं। महाकवि को जब जिस भाव को व्यक्त करने की आवश्यकता होती थी, सरस्वती का वही रूप उनके समक्ष नाचता-गाता प्रस्तुत होता था। जहाँ एक ओर संस्कृत की तत्समता तथा सामासिकता से उनकी भाषा दुरूह तथा बोझिल है, वहाँ लोक-प्रचलित मुहावरों से युक्त भी है; जिसमें उनका वास्तविक व्यक्तित्व झाँकता है। निराला की भाषा एक आदर्श भाषा है, जिसने हिन्दी के परिनिष्ठित रूप के विकास में पर्याप्त योग दिया है।

●

निराला के गद्य-ग्रन्थ

—डॉ० भोलानाथ

संस्कृत में एक उक्ति यह है कि गद्य कवियों की कसौटी है। यह एक विचित्र बात है कि हिन्दी के लगभग सभी प्रमुख छायावादी—और तत्पश्चात् प्रगतिवादी और प्रयोगवादी—कवियों पर यह उक्ति पूरी तरह से चरितार्थ होती है। प्रसाद, पन्त, निराला, महादेवी, माखनलाल चतुर्वेदी, रामकुमार वर्मा, भगवतीचरण वर्मा, बच्चन, दिनकर, अज्ञेय आदि सभी कवि सुन्दर और महत्त्वपूर्ण गद्य लेखक हैं। कविता के माध्यम से उनके भावों और विचारों की सफल अभिव्यक्ति नहीं हो पाती। उसकी ही अभिव्यक्ति के लिए इन कवियों ने गद्य का सहारा लिया है। भावनाओं और विचारों के भिन्न-भिन्न स्वरूपों की अभिव्यक्ति के लिए इन सबको भिन्न-भिन्न विधाओं को अपनाना पड़ा। गर्व का विषय है कि जिसने जो भी उठाया उसी में सफल रहा और सफलता उच्चकोटि की मिली। कवि सदैव, चौबीसों घण्टे, कवि मात्र ही नहीं रह सकता और आज का कवि तो कविमात्र होने पर जीवित ही नहीं रहने पायेगा। उसके व्यक्तित्व और चेतना का बहुमुखी होना युग की आवश्यकता है। और तब उसके व्यक्तित्व के भिन्न-भिन्न रूप साहित्य के भिन्न-भिन्न रूपों के द्वारा अभिव्यंजित होते हैं। इस दृष्टि से विचार करने पर निराला के गद्य-साहित्य का महत्त्व हमारे सामने विशेष रूप से प्रकट होता है। वह उनके व्यक्तित्व के अनेक रूपों पर प्रकाश डालता है। यदि निराला ने गद्य-साहित्य न प्रस्तुत किया होता तो उनका सम्पूर्ण व्यक्तित्व उनके साहित्य के माध्यम से न उभर पाता।

निराला की औपन्यासिक कृतियों के नाम ये हैं—

उपन्यास—1-अप्सरा, 2-अलका, 3-प्रभावती, 4-निरुपमा, 5-चोटी की पकड़, 6-काले कारनामे और 7-चमेली। 'चमेली' निरालाजी की अधूरी कृति है। उसका एक ही परिच्छेद 'रूपाभ' पत्रिका में निकला था। उसके बाद लेखक उसे पूरा न कर सका। 'काले कारनामे' एक छोटा-सा उपन्यास है, जो बहुत हद तक व्यक्ति और समाज की ढोंगी और अवांछित प्रवृत्तियों को दृष्टि में रखकर लिखा गया है। उपन्यास साहित्य में उनकी प्रथम कृति है अप्सरा-1931 ई० में 'वेश्या की समस्या' उठायी गयी है। इस उपन्यास की नायिका है कनक-जिसको नृत्य-संगीत

में भारत-प्रसिद्ध माता सर्वेश्वरी उसकी गन्धर्व जाति का पुनरुद्धार करना चाहती हैं और इस लक्ष्य को सामने रखकर उसे पठन-पाठन तथा नृत्य-संगीत में पारंगत कराना चाहती हैं। कुमार नामक एक नवयुवक एक अंग्रेज डी० एस० पी० से उसकी रक्षा करता है। कनक-कुमार एक-दूसरे के प्रति आकृष्ट होते हैं। कनक और कुमार के मित्र चन्दन के प्रयत्नों के फलस्वरूप कुमार डी० एस० पी० हैमिल्टन के कुचक्र से बचता है और कनक और कुमार का मिलन होता है। इस उपन्यास की मुख्य विशेषताएँ हैं—संयोग तत्त्व की अधिकता, कल्पित घटनाओं की बहुलता, रूप और भावनाओं का काव्यात्मक वर्णन, साधारण कथावस्तु, नारी हृदय का चित्रण, सुन्दर चरित्र-चित्रण, वेश्याओं में भी उच्चतम भावनाओं की उपस्थिति आदि। एक आलोचक के अनुसार, इसके प्रकाशन से 'प्रथम बार साहित्य के मुख पर प्रणय-हास मिला।'

'अप्सरा' लिखने के कारण निरालाजी पर उनके कुछ मित्रों और आलोचकों ने कुछ छींटाकशी की थी। सम्भवतः उसी से प्रेरित होकर उन्होंने 1933 में 'अलका' नामक उपन्यास प्रकाशित कराया। इसकी नायिका शोभा पर तालुकेदार मुरलीधर की कुदृष्टि पड़ती है। अरक्षित और अनाश्रित शोभा को एक वृद्ध सज्जन के यहाँ आश्रय और आत्मनिर्भरता का पाठ मिलता है। उसके निराश किन्तु निःशुल्क शिक्षादान में निरत पति को कूटनीति के कारण जेल जाना पड़ता है, जहाँ से लौटकर वह मजदूरों में कार्य करने लगता है। यहीं उसकी अलका से भेंट होती है, जिसे आगे चलकर एक रात मुरलीधर भगा ले जाना चाहता है और जो मुरलीधर की ही पिस्तौल से, जिसे एक लड़की छल से उससे उसे मारने के लिए प्राप्त कर लेती है, उसे मार डालती है। इस उपन्यास की विशेषताएँ हैं गाँव की जनता और उस पर होनेवाले अत्याचारों का वर्णन, मोहक रूप-चित्रण, पात्रों में विशिष्टता का अनुभव, काव्य तत्वप्रधान भाषा-शैली, नाटकीय तत्त्व, आकस्मिकता और संयोग का आश्रय, आदर्शवादी दृष्टिकोण और व्यंग्य। श्री शिवनारायण श्रीवास्तव के कथनानुसार, 'अपनी त्रुटियों के होते हुए भी यह उपन्यास अच्छा बन पड़ा है।' तत्पश्चात् उनका 'चोटी की पकड़' नामक उपन्यास निकला। इस उपन्यास में जमींदारों का विलासी जीवन चित्रित किया गया है। रुपयेवालों का अनैतिकतापूर्ण जीवन और ऐसे वातावरण में पलनेवाली महिलाओं की चरित्रहीनता भी देखने को मिलती है। सुन्दर चित्रण, नवीनता का आकर्षण, बंगाल प्रान्त के सम्पन्न और विभिन्न जीवन के चित्र और व्यंग्य-प्रधान लाक्षणिक भाषा इस उपन्यास के गुण हैं। के० सी० सौनरिक्सा के अनुसार, 'हिन्दी के गद्य और कथा-साहित्य के विकास के मार्ग पर (यह) मील के पत्थर की तरह है।' 1936 ई० में निराला ने 'प्रभावती' नामक एक ऐतिहासिक उपन्यास प्रकाशित कराया, जिसमें मध्य-युग का सामन्ती जीवन

मुखरित हो उठा है। डा० रामचन्द्र तिवारी के अनुसार, 'इसमें इतिहास कम, कल्पना अधिक है।' सौनरिक्सा के अनुसार, 'यह उपन्यास ऐतिहासिक उपन्यासों में एक नयी दिशा है। जाति, वंश, रंग-रूप, धन, अधिकार आदि के लिए लालच और इन सबका अभिमान चित्रित है और व्यक्तिगत वीरता, विकृत वीर-पूजा, विदेशी आक्रमण आदि भी मिलता है।' 1936 ई० में ही 'निरुपमा' का भी प्रकाशन हुआ जो उनका सर्वश्रेष्ठ उपन्यास है। निरुपमा इस उपन्यास की नायिका है और कृष्णकुमार नायक। यामिनी राय खल नायक अर्थात् नायक के प्रतिद्वन्द्वी के रूप में माना जा सकता है। उपन्यास सुखान्त है और रायबाबू को (पाठकों की दृष्टि से काफी मनोरंजक) दण्ड मिल जाता है। डॉ० तिवारी के कथनानुसार निरुपमा की 'विवशता, उदारता एवं मानसिक संघर्ष के चित्रण में पूर्ण कलात्मकता' और 'कुमार के चरित्र की दृढ़ता' में पर्याप्त आकर्षण है। श्री शिवनारायण श्रीवास्तव की विवेचना इस उपन्यास में कथा-सौष्ठव, भावानुभूति, सामाजिक यथार्थ, रमणीयता, गम्भीर प्रेम, बंगाली भावुकता, नाटकीय स्थितियाँ, अनेक रमणीय, प्रभावपूर्ण, मर्मस्पर्शी और मनोरंजक स्थल, समाज के अनेक स्वाभाविक खण्ड चित्र, ग्राम्य वातावरण, सजीव व्यंग्य, सप्राण पात्र, मानसिक द्वन्द्व और अन्तर्व्यथा, नवीन सामाजिक व्यवस्था की ओर संकेत, व्यावहारिक और पात्रानुकूल भाषा तथा बँगला के उपन्यासों का-सा आनन्द है।

निराला के उपन्यास चरित्रप्रधान, उज्ज्वल नारी चरित्रवाले, प्रेमप्रधान, सामाजिक समस्याओं से परिपूर्ण, सुन्दर आलंकारिक भाषा, भावानुकूल शैलीवाले और आकर्षक एवं मनोरंजक हैं।

हिन्दी के सभी उपन्यासकार कहानियाँ भी अवश्य लिखते रहे हैं और साहित्य-विषयक किसी भी प्रकार के सामर्थ्य में निराला किसी से भी कम नहीं थे। उन्होंने भी कहानियाँ लिखी हैं। कहानी रचना की ओर उनका ध्यान बीसवीं शताब्दी के तृतीय दशक में ही गया था। उन्हीं के कथनानुसार उन्होंने लगभग 20 कहानियाँ लिखीं। उनकी प्रारम्भिक कहानियाँ 'मतवाला' नामक पत्रिका में समय-समय पर निकला करती थीं। आगे चलकर उनके चार कहानी-संग्रह प्रकाशित हुए—लिली (1936 ई०), सखी (1935 ई०), सुकुल की बीबी (1931 ई०) और चतुरी चमार (1945 ई०)। पद्मा और लिली, ज्योतिर्मयी, कमला, श्यामा, अर्थ, प्रेमिका-परिचय, परिवर्तन, हिरनी, सुकुल की बीबी, गजानन शास्त्रिणी, कला की रूपरेखा, क्या देखा और चतुरी चमार आदि उनकी श्रेष्ठ कहानियाँ हैं। ये कहानियाँ मूलतः सामाजिक हैं। इनमें राजनीति, धर्म, कला, विधवा–विवाह, अछूतोद्धार, वेश्या, अनियन्त्रित और उच्छृंखल प्रेम, पति-पत्नी, प्रेममय जीवन आदि विषयों पर चर्चा की गयी है। इन कहानियों का भावपक्ष अत्यन्त सबल है। प्रायः सभी आलोचकों

का यही मत है कि इन कहानियों की कला उच्चतम् कोटि की नहीं है। इनसे मनोरंजन होता है और विचारों को उत्तेजना भी मिलती है। इनमें वर्णन और चित्रण की प्रधानता है। कला की दृष्टि से कहानियाँ प्रेमचन्द स्कूल की लगती हैं। इनमें इतिवृत्तात्मकता है। घटना के विकास में कोई विशेष चमत्कार नहीं पाया जाता। पात्र अधिकांशतः मध्यम तथा उच्च वर्ग के हैं। चरित्र पर घटनाओं के ही द्वारा प्रकाश डाला जाता है। लेखक का दृष्टिकोण बहुत-कुछ यथार्थवादी है। व्यंग्य और हास्य प्रचुर मात्रा में हैं। उदार शब्दकोश के साथ-साथ भाषा में साहित्यिकता प्रायः पायी जाती है। चतुरी चमार निराला की सर्वश्रेष्ठ कहानी हैं।

निराला के गद्य-साहित्य में दो रेखाचित्र भी हैं। सामान्य पाठक को ये हास्य और व्यंग्यप्रधान बड़ी कहानी में दिखलायी पड़ सकते हैं और वह इनको चतुरी चमार के साथ-साथ रख सकता है। इन चित्रों से व्यक्तित्व उभरता है। 'कुल्ली भाट' 1939 ई० में प्रकाशित हुआ था। हास्यपूर्ण ढंग से घटनाओं का वर्णन करके लेखक कुल्ली भाट के जीवन और व्यक्तित्व पर प्रकाश डालता है। क्रियाप्रधान हास्य कम है, कथनप्रधान हास्य अधिक। उदाहरण के रूप में इसके दो हास्यप्रधान स्थल उपस्थित किये जा रहे हैं। नायक अपने एक मित्र के यहाँ अत्यन्त आवश्यक कार्य से गया। वे कनकौआ (पतंग) उड़ाते रहे, और बिना मुड़े हुए बोले—देख ही रहे हैं अभी फुर्सत नहीं है। नायक ने डिप्टी साहब के आने की झूठी बात कही और परिणाम यह हुआ कि वे तुरन्त काम खतम करके साथ हो लिये। अपने घर आकर नायक ने सही बात बतलायी और स्पष्ट कह दिया कि जैसा मेरा आना-जाना व्यर्थ रहा, वैसा आपका। दुःख न कीजियेगा। जाइये कनकौआ उड़ाइये। एक दूसरा हास्य देखिये। सास ने पूछा-भैया, मेरी लड़की आपको पसन्द आयी। उत्तर मिला—मुझे उसे देखने का अभी तक सौभाग्य ही न मिला। मैं जाता था तो दीया बुझा दिया जाता था। एकाध बार दियासलाई लेकर गया और जलायी तो उसने मुँह फेर लिया और आस-पास के लोग खाँसने लगे। डॉ० रामचन्द्र तिवारी का कहना है कि 'कुल्ली भाट' में निरालाजी ने पूरे समाज पर बड़ा गहरा व्यंग्य किया है और सौनरिक्साजी का विचार है कि 'कुल्ली भाट' एक अनोखी जीवन कहानी है और कम-से-कम हिन्दी साहित्य में तो बेजोड़ रही है।

निरालाजी का लिखा हुआ दूसरा रेखाचित्र है—बिल्लेसुर बकरिहा। उसमें अवध का ग्रामीण जीवन चित्रित किया गया है। इसमें गाँववालों के अन्दर पाये जानेवाले अन्ध- विश्वास, ढोंग-ढकोसले, गरीबी, संकुचित दृष्टिकोण, मूढ़ता और वासना की भूख आदि का यथार्थवादी दृष्टिकोण से ही चित्रण किया गया है। विधवाओं और निराश्रिताओं की करुण कथाएँ मर्मस्पर्शी ही नहीं, मर्म को बेधनेवाली

हैं। यहाँ निराला की अनुभूति मार्मिक रूप में मुखरित हो उठी है। डॉ० रामचन्द्र तिवारी का कथन है-इसकी भाषा की सजीवता और व्यावहारिकता तो हिन्दी गद्य-साहित्य में अकेली है।

निरालाजी की लिखी आलोचनाएँ दो रूपों में मिलती हैं—1–महान कवियों पर लिखी गयी अलोचनाएँ और 2–निबन्ध रूप में लिखी गयी आलोचनाएँ। प्रथम प्रकार की पुस्तकें दो हैं—1-रवीन्द्र कविता कानन और 2-पन्त और पल्लव। रवीन्द्र कविता कानन (1928 ई०) उनकी प्रथम आलोचना कृति है। निराला साहित्यिक बँगला और व्यवहृत बंगला, दोनों खूब अच्छी तरह जानते थे। संस्कृत और अंग्रेजी के साहित्यों का भी पर्याप्त अध्ययन और मनन किया था। उपर्युक्त पुस्तक में रवीन्द्रनाथ ठाकुर के साहित्य की बारीकियों को बड़ी ही विद्वत्ता और कुशलता के साथ समझाया गया है। 'पन्त और पल्लव' छपी सन् 1949 ई० में लेकिन लिखी बहुत पहले गयी थी। बड़ी ही विद्वत्ता, बड़ी ही सूक्ष्म दृष्टि और बड़ी निर्भीकता के साथ पन्त के 'पल्लव' संग्रह की कुछ कविताओं पर, 'पल्लव' की भूमिका में व्यक्त अनेक विचारों पर और पन्त की काव्य-सम्बन्धी मौलिकता तथा सामर्थ्य पर तुलनात्मक और विवेचनात्मक ढंग से विचार किया गया है। उनके आलोचनात्मक लेखों में भी चिन्तन की सूक्ष्मता, मनन की गम्भीरता, अध्ययन की व्यापकता, विचार स्वातन्त्र्य और निराला का अपना पर्याय अर्थात् निर्भीकता बराबर मिलती है। श्री रामप्यारे मिश्र का कथन है--'उनकी आलोचना के कशाघातों की प्रताड़ना ऊँचे तबके के राष्ट्रसेवियों या सुविदित यशस्वी कवियों को भी सरकस के व्याध्र की भाँति निस्तेज बना देती थी।'

निराला का निबन्ध-साहित्य भी हिन्दी के लिए महत्त्वपूर्ण सम्पत्ति और गर्व की वस्तु है। हमारे सामने उनके तीन निबन्ध-संग्रह हैं: 1-चाबुक, 2-प्रबन्ध पद्म, और 3-प्रबन्ध प्रतिमा। 'चाबुक' उनका प्रथम निबन्ध-संग्रह है। इसका प्रणयन 1923 ई० के आसपास हुआ था। इसमें 9 निबन्ध हैं। उनका विषय साहित्य है। एक निबन्ध वर्णाश्रम धर्म की वर्तमान स्थिति पर है। आलोचनात्मक होते हुए भी इन निबन्धों में कटुता और तीखेपन का प्रायः अभाव है। उनके दूसरे निबन्ध-संग्रह 'प्रबन्ध-पद्म' का प्रकाशन 1934 ई० में हुआ था। इसमें भी विचारात्मक साहित्यिक निबन्ध हैं। भाषा भावों की अनुगामिनी है। उर्दू के शब्दों का प्रयोग स्वतन्त्रतापूर्वक हुआ है। बहस का आनन्द मिलता है। विचार और विवेचन में सूक्ष्मता है। आलोचना, दार्शनिकता, साहित्य और राष्ट्र, नारी आदि विषय हैं, ध्येय है ज्ञानवृद्धि और साहित्य का महत्त्व-प्रचार। तीसरा निबन्ध-संग्रह 'प्रबन्ध प्रतिमा' 1940 ई० में प्रकाशित हुआ था। इसके लेख विचारप्रधान हैं। लेखक की निर्भीकता स्पृहणीय है। टैगोर, गाँधी, तुलसी, पन्त आदि सभी पर बुद्धि भली है। तीखा मजाक और

चुभनेवाले व्यंग्य दर्शनीय हैं। विषय के सभी पक्षों पर विचार किया गया है। जहाँ कोई गम्भीर बात कही गयी है, वहाँ 'ध्यान दीजिये' आदि वाक्यांशों के द्वारा लेखक पाठकों को सचेत कर देता है। कभी-कभी भाषण-कला का आनन्द मिलता है। हास्य और व्यंग्य की कमी नहीं है। हिन्दी-साहित्य, हिन्दू समाज और उनकी उन्नति के लिए विचार-विनिमय लक्ष्य है। शुद्ध विवेचनात्मक निबन्ध भी इस संग्रह में हैं। अधिकार-समस्या, सामाजिक पराधीनता, मेरे गीत और कला, प्रान्तीय साहित्य सम्मेलन फैजाबाद, नेहरूजी से दो बातें आदि निबन्ध इसमें हैं। मेरा विचार है कि यह निरालाजी का सर्वश्रेष्ठ निबन्ध-संग्रह है।

निराला के गद्य-साहित्य में केवल ललित ही नहीं, उपयोगी साहित्य भी है। उन्होंने ध्रुव, भीष्म और राणाप्रताप की जीवनियाँ लिखी है, परिव्राजक, श्रीरामकृष्ण कथामृत (4 भाग), विवेकानन्द के व्याख्यान और राजयोग का प्रणयन किया है। आनन्दमठ, कपालकुण्डला, चन्द्रशेखर, दुर्गेशनन्दिनी, कृष्णकान्त का बिल, युगलांगुलीय, रजनी देवी, चौधरानी, राधारानी, विष वृक्ष और राज सिंह आदि बंकिम बाबू के उपन्यासों के अनुवाद भी प्रस्तुत किये, खड़ीबोली में रामचरितमानस लिखना प्रारम्भ किया, महाभारत भी लिखा तथा हिन्दी-बँगला-शिक्षा, रस-अंलकार, वात्स्यायन कामसूत्र और तुलसीकृत रामचरितमानस की टीका भी लिखी। उनके द्वारा प्रस्तुत दो नाटकों—समाज और शकुन्तला—का भी उल्लेख मिलता है। इसके साथ-ही-साथ हमें इस बात को भी न भूलना चाहिए कि उन्होंने 'समन्वय' और 'मतवाला' नामक पत्रों का सम्पादन भी किया था।

'आज' के निराला स्मृति अंक (29 अक्टूबर, 61 ई०) में प्रकाशित निम्नलिखित दो लेखकों के विचार निराला के गद्य-साहित्य पर सुन्दरतम ढंग से प्रकाश डालते हैं। श्री चन्द्रबली सिंह का कथन है--"निराला का यथार्थवादी गद्य-साहित्य उनकी कविता की तरह ही संघर्षों के बीच उनके अपराजेय व्यक्तित्व का प्रतिबिम्ब है।.....निराला का गद्य-साहित्य राजनीतिक, सामाजिक, धार्मिक, साहित्यिक, हर तरह के गुरुडम के विरुद्ध चुनौतीभरी आवाज है। उसमें निराला की तेजस्विता और दर्प है.......निराला ने जिस तरह आखिरी साँस तक तपकर, उसकी आहुति देकर, लघुता के बीच पायी जानेवाली महानता के मान की रक्षा की उसे समझने में निराला के गद्य-साहित्य से बहुत मदद मिलती है।"

जगदीशचन्द्र माथुर का निम्नलिखित विचार निराला के गद्य-साहित्य के प्रति अर्पित सत्य और सुन्दर प्रशस्ति है—

"निरालाजी ने कविताएँ तो दीं ही, ऐसी चीज भी दी जिसने उस समय हिन्दी साहित्य को चकाचौंध कर दिया। वह था उनका ललित गद्य। कौन जानता था कि अभिजात संस्कृतमयी भाषा का अधिकार कवि धरती की गन्ध से सुवासित,

चौराहे और चौपाल की उच्छृंखल किन्तु चित्रोपम वर्णावलियों को इस सहज भाव से हिन्दी गद्य में आरोपित कर सकेगा। गद्य पन्त, प्रसाद, महादेवी, सभी ने लिखा है, किन्तु निराला–जैसा गद्य उस युग में चमत्कार था......महादेव घूर्जटी का यह धूल-धूसरित रूप......"

सच है, यदि निराला का गद्य-साहित्य न होता तो हिन्दी कई दृष्टियों से दीन-हीन-विपन्न होती।

सच है, निराला का गद्य–साहित्य न होता तो उनकी चेतना, साहित्यिक प्रतिभा, साहित्यिक सामर्थ्य, अनुभूति और व्यक्तित्व का एक महत्वपूर्ण पक्ष एवं स्वरूप अव्यक्त रह जाता।

सच है, यदि यह न होता तो बहुत-कुछ न होता।

●

निबन्धकार निराला

–डॉ० सरला शुक्ल

महाप्राण निराला के व्यक्तित्व को निकट से जानने का सौभाग्य मुझे नहीं मिला, किन्तु साहित्यकार का व्यक्तित्व उसके साहित्य में अंकित रहता है; इस दृष्टि से कविवर का स्वरूप-दर्शन उनके गीतों, कहानियों एव उपन्यासों में किया जा सकता है। परन्तु उनके स्वभाव की अक्खड़ता, सत्यवादिता, स्पष्टोक्ति, सिद्धान्तप्रियता एवं सर्वोपरि रसज्ञता, मृदुता के जितने दर्शन उनके निबन्धों में होते हैं, उतने अन्यत्र नहीं। निबन्ध व्यक्ति के चिन्तन एवं भावात्मक अनुभूति का लिखित रूप है। निबन्ध आकार में लघु, सुसंगठित एवं आत्मसम्पूर्ण रचना है। निबन्ध चाहे वर्णनात्मक हो, चाहे विचारात्मक या भावात्मक, लेखक उसमें अपना हृदय खोलकर रख देता है। वह अपनी अनुभूति या चिन्तन को निस्संकोच पाठक के सम्मुख प्रस्तुत करता है। लेखक और पाठक के बीच सम्बन्ध स्थापित करनेवाला निबन्ध सबसे सरल और प्रशस्त मार्ग है। निबन्धकार उपदेशक के रूप में स्वयं को श्रोतागणों से पृथक् करके विधि-निर्माण का प्रयास नहीं करता। वह तो केवल अपने विचार और भावनाएँ उन्मुक्त भाव से अपने निबन्ध में ग्रथित करता है, जिसकी युक्तियाँ और तर्क पाठक को अभिभूत करते हैं। निबन्ध में दुराव का कोई स्थान नहीं। निबन्ध में आपसी बातचीत का आनन्द मिलता है और एक सौजन्यपूर्ण घरेलू वातावरण का सृजन होता है।

निराला के निबन्धों में उपर्युक्त सभी तत्त्व वर्तमान हैं। अपने निबन्धों के सम्बन्ध में उन्होंने स्वयं कहा है–"लेखों में अज्ञान, हेकड़ी, असाहित्यिकता के भी निदर्शन हैं, मैं चाहता तो छपते समय कुछ अंशों में उनकी नोकें मार देता, पर मनुष्य ज्ञानी नहीं, इसीलिए दुर्बलता की पहचान मैंने रहने दी। इसका दर्शन दुर्बलता न होकर सबलता भी हो सकता है, कारण उस भाषा, उस प्रकाशन का एक कारण भी तब निकलेगा।" लेखक के ये वाक्य उसके जीवन तथा साहित्य के प्रति सच्चाई के द्योतक हैं। निबन्धकार अपने विचारों को यथातथ्य रूप में प्रकट करना ही अभीष्ट समझता है। ऐसा करने में कुछ लेखक या नेता उसके विरोधी आलोचक हो जायेंगे, इसकी उसे कोई चिन्ता नहीं, वह चिन्ता की सीमा से परे चिन्तन में तल्लीन एक ऐसा साधक है, जिसकी साधना खुलकर जनता के समक्ष आती है

और सहज ही गृहीत होती है। लेखक स्वीकार करता है—"भारत में विचार शुद्धि के लिए धन ही नहीं, समाज, शरीर और मन भी देना पड़ता है, तब विश्वमानवता की पहचान होती है। हमारे पीड़ित, अशिक्षित, पतित, निराश्रय, निरन्न मानवों का तभी उद्धार होगा, तभी भारत की भारती जाग्रत कही जायगी, तभी उसकी अपनी विशेषता सर उठायेगी।"

'प्रबन्ध प्रतिमा' लेखक के विचारात्मक निबन्धों का संग्रह है; जिसमें राजनीतिक, साहित्यिक एवं समाज के बहुविध विकास एवं चिन्तन की झलक मिलती है। लेखों की सूची विषय विविधता की द्योतक हैं। चरखा, गाँधीजी से बातचीत, नेहरूजी से बातें, महर्षि दयानन्द सरस्वती और युगान्तर, नाटक-समस्या, अधिकार-समस्या, साहित्यिक सन्निपात या वर्तमान धर्म, रचना-सौष्ठव, भाषाविज्ञान, बाहरी स्वाधीनता और स्त्रियाँ, सामाजिक पराधीनता, विद्यापति और चण्डीदास, कविवर श्री चण्डीदास, कवि गोविन्ददास की कुछ कविता, कला के विरह में जोशी-बन्धु, हिन्दी साहित्य उपन्यास, वर्तमान हिन्दू समाज, प्रान्तीय साहित्य सम्मेलन फैजाबाद, मेरे गीत और कला, बंगाल के वैष्णव कवियों का शृंगार वर्णन, हमारा समाज—कवि के बहुमुखी चिन्तन के परिचायक हैं। इन सभी निबन्धों में लेखक के व्यक्तित्व की सिद्धान्तमयता सम्मुख आती है। कहीं भी वह किसी राजनीतिक नेता का, साहित्यिक रचयिता का या सामाजिक परम्परा का इसीलिए विरोध नहीं करता कि उससे उसका कुछ व्यक्तिगत हानि या लाभ है, प्रत्युत इसलिए कि उसका उससे सैद्धान्तिक विरोध है। किसी एक व्यक्ति के एक रूप या सिद्धान्त से उसका विरोध हो सकता है, तो उसका दूसरा पक्ष कविवर को आकर्षित भी कर सकता है; जिसकी वे भरपूर सराहना करते हैं।

निराला का निबन्ध 'गाँधीजी से बातचीत' अपने निरालेपन में अद्वितीय है। भाषा एवं राजनीति का दार्शनिक विवेचन करते हुए उनकी भाषा सहज ही गम्भीर एवं व्यंग्य-वाचाल हो जाती है। साहित्य की स्वतन्त्रता कभी भी बाहरी उपकरण को बहुत ज्यादा साथ नहीं ले सकती। बाहरी वस्तु सापेक्षवाद की तरह रहे, लेकिन किसी की अपेक्षा में वही रहता है, जो सत्तावाला है या सत्ता स्वयं अपेक्षा में रहती है, जब बहिर्मुखी होती है— हमारे यहाँ ज्ञान सापेक्ष नहीं, निरपेक्ष है और 'ऋते ज्ञानान्न मुक्तिः' यह सदा सत्य है। इस मन से जाँच करने पर महात्माजी की कुल क्रियाएँ एक सापेक्षता लिये हुए हैं। वे जैसे स्वतन्त्रता के लिए लागू होती हैं वैसे ही महात्मा गाँधी के व्यक्तित्व के लिए, उदाहरण में हिन्दी को लें, हिन्दी राष्ट्रभाषा है। यह आवाज गाँधीजी की बुलन्द की हुई है। पाठक यह भी जानते हैं कि हिन्दी को राष्ट्रभाषा बतानेवाले गाँधी, तिलक के मुकाबले सर उठाते हुए देश के सामने आनेवाले गाँधी हिन्दी के प्रश्न स्वयं बदल गये हैं। उनके इस एक आवाज उठाने के साथ तमाम हिन्दीभाषी उनके साथ हो गये। नेता को यही चाहिए।

जिन्होंने हिन्दी के द्वारा हिन्दीभाषी पन्द्रह करोड़ जनता की भावनाजन्य स्वन्त्रता बात की बात में मार दी। लोग लट्ठ की तरह बकने लगे—हिन्दी राष्ट्रभाषा है। वस्तु और विषय की यह पराधीनता है। गाँधीजी की यही स्वाधीनता।

इन्दौर में हिन्दी साहित्य सम्मेलन का सभापतित्व करने के बाद गाँधीजी 1935-36 में हिन्दी साहित्य सम्मेलन के फिर सभापति होते हैं। यहीं इन्दौर में महात्माजी ने एक आवाज मारी-"कौन है हिन्दी में रवीन्द्रनाथ ठाकुर, जगदीशचन्द्र वसु, प्रफुल्लचन्द्र राय ?"

बाद में महात्माजी लखनऊ आये। हिन्दी साहित्य सम्मेलन के संग्रहालय का 'दरवाजा खोलने' और निरालाजी ने सोचा, चूँकि महात्माजी लखनऊ में टिके हुए थे, इसलिए पता लगाना लाजिमी हो गया कि उन्होंने यह आवाज लगायी या आवाजकशी की। लेकिन मेरे लिये उस समय महात्माजी रहस्यवाद के विषय हो गये, कहीं खोजे ही नहीं मिले। अन्ततः निरालाजी की महात्माजी से भेंट हुई। कुछ अंश उद्धृत हैं—"कमरे के भीतर जाने के साथ मेरी निगाह महात्माजी की आँखों पर पड़ी। देखा, पुतलियों में बड़ी चालाकी है।"

निराला—सभापति के अभिभाषण में हिन्दी के साहित्य और साहित्यिकों के सम्बन्ध में जहाँ तक मुझे स्मरण है आपने एकाधिक बार पं० बनारसीदास चतुर्वेदी का नाम सिर्फ लिया है। इसका हिन्दी के सहित्यिकों पर कैसा प्रभाव पड़ेगा, क्या आपने सोचा था ?

महात्माजी—मैं तो हिन्दी कुछ भी नहीं जानता।

निराला—तो आपको क्या अधिकार है कि आप कहें कि हिन्दी में रवीन्द्रनाथ ठाकुर कौन हैं ?

महात्माजी—मेरे कहने का मतलब कुछ और था।

निराला—यानी आप रवीन्द्रनाथ जैसा साहित्यिक हिन्दी में नहीं देखना चाहते, प्रिन्स द्वारकानाथ ठाकुर का नाता या नोबुल पुरस्कार प्राप्त मनुष्य देखना चाहते हैं, यह ?

मैंने स्वस्थचित्त हो महात्माजी से कहा—बँगला मेरी वैसी ही मातृभाषा है, जैसी हिन्दी। रवीन्द्रनाथ का पूरा साहित्य मैंने पढ़ा है। मैं आपसे आधा घण्टा समय चाहता हूँ, कुछ चीज चुनी हुई रवीन्द्रनाथ की सुनाऊँगा और कला का विवेचन करूँगा, साथ ही कुछ हिन्दी की चीजें सुनाऊँगा।

महात्माजी—मेरे पास समय नहीं है।

मैं हैरान होकर हिन्दी साहित्य सम्मेलन के सभापति को देखता रहा, जो राजनीतिक रूप से देश के नेताओं को रास्ता बतलाता है, बेमतलब पहरों तकली चलाता है, प्रार्थना में मुर्दे गाने सुनाता है, हिन्दी साहित्य सम्मेलन का सभापति है,

लेकिन हिन्दी के कवि को आधा घण्टा वक्त नहीं देता— अपरिणामदर्शी की तरह जो जी में आता है, खुली सभा में कह जाता है, सामने बगले झाँकता है।"

एक साहित्यिक के दृष्टिकोण से निराला ने खुलकर महात्माजी की आलोचना की। वही निराला महात्माजी के निधन पर 13 दिन तक उपवास करते रहे और किसी को कानोकान खबर नहीं। बहुत दिन बाद बनारस के किसी दैनिक में अपने उपवास का समाचार पढ़कर वे खिन्न हो गये। "मैंने प्रचार के लिए उपवास नहीं किया है। मैंने इसलिए उपवास किया है कि हमारे राष्ट्रपिता को हमारे ही एक भाई ने गोली से मार डाला। इससे हम पर बहुत बड़ा कलंक लग गया है। इस बात का मुझे बड़ा दुःख है, मैं इसका प्रायश्चित कर रहा हूँ। मेरे ख्याल से दुष्ट व्यक्ति की हत्या भी निन्दनीय है, गाँधीजी तो महान् सन्त और राष्ट्रसेवक थे।" कविवर का हृदय सत्य को सहज और निरपेक्ष भाव से ग्रहण करने की क्षमता रखता था, तभी वे जीवनपर्यन्त साधना में संलग्न रहे। साधना उनकी मूक तथा आलोचना वाचाल थी, यद्यपि दोनों के मूल में कल्याणकारी निर्माणकर्त्री करुणा का उत्स था।

'कला के विरह में जोशी-बन्धु' तथा 'साहित्यिक सन्निपात' या 'वर्तमान धर्म' निबन्धों में उनकी सूक्ष्म विवेचना-शक्ति का परिचय तो मिलता ही है, साहित्यिक आलोचना की व्यक्तित्वप्रधान व्यंग्यात्मक शैली का भी दर्शन होता है। आधुनिक हिन्दी के उस प्रारम्भिक युग में किस प्रकार साहित्यिक मतवाद पनप रहे थे एवं खण्डन-मण्डन की प्राचीन शैली के नवीन संस्कार हो रहे थे, इसका अच्छा परिचय इन निबन्धों में मिलता है। 'विद्यापति और चण्डीदास' निबन्ध में कवियों का सरस तुलनात्मक विवेचन किया गया है। साथ ही साहित्य को श्लीलता और अश्लीलता के मानदण्ड से ऊपर उठाने का प्रयास किया गया है।

'नाटक समस्या', 'रचना-सौष्ठव एवं भाषाविज्ञान' जैसे निबन्धों में निराला ने साहित्यकार भावों का उदात्तीकरण, भाषा की अनुरूपता एवं परिष्कार पर अपने विचार प्रकट किये हैं। इसी संग्रह में एक महत्त्वपूर्ण निबन्ध-'मेरे गीत और कला' भी है। इस निबन्ध में भी अनायास ही वे एक जगह अपने गीतों की स्वच्छन्दता का वर्णन करते हुए अपने व्यक्तित्व की बन्धनहीनता की चर्चा कर जाते हैं—"मैं खड़ीबोली का वाल्मीकि नहीं, न 'वाल्मीकि की प्रिये दास यह कैसे तुझको भाया' मेरी पंक्ति है, पर 'भयो सिद्ध करि उलटा जापू' अगर किसी पर खप सकता है तो हिन्दी के इतिहास में एकमात्र मुझ पर। कबीर उलटवासी के कारण विशेषता रखते हैं, पर वहाँ छन्दों का साम्य है, उलटवासी नहीं, यहाँ छन्द और भाव दोनों की उल्टी गंगा बहती है।"

यह सब उलटा-पलट मैंने जान बूझकर नहीं किया, और उलटा-पलट है भी नहीं, इससे सीधा और प्राणों के पास तक पहुँचता रास्ता छन्दों के इतिहास में दूसरा नहीं।

प्रकृति के स्वाभाविक चाल भाषा जिस तरफ भी जाय-शक्ति, सामर्थ्य और मुक्ति की तरफ या सुखानुयता, मृदुलता और छन्द साहित्य की तरफ यदि उसके साथ जातीय जीवन का भी सम्बन्ध है तो यह निश्चित रूप से कहा जायगा कि प्राणशक्ति उस भाषा में है। अपनी भाषा और छन्द के अतिरिक्त कवि ने वर्ण-विन्यास, पद-साहित्य आदि की भी विस्तृत आलोचना की है। अपने गीतों में उद्धरण देकर उनके अर्थ स्पष्ट किये हैं और यह प्रमाणित कर दिया है कि कला बन्धनहीन होने पर भी इसी सृष्टि की वस्तु है।

'बंगाल के वैष्णव कवियों का श्रृंगार वर्णन' सरल शैली में लिखा हुआ विवरणात्मक निबन्ध है।

अधिकार-समस्या, बाहरी स्वाधीनता और स्त्रियाँ, स्वाभाविक पराधीनता, हमारा समाज आदि सामाजिक निबन्ध हैं, जिनमें लेखक ने विभिन्न समस्याओं पर अपने दृष्टिकोण से विचार किया है। 'बाहरी स्वाधीनता और स्त्रियों' में वे लिखते हैं कि "अब वह समय नहीं रहा कि हम स्त्रियों के वह रूप रखें, जिसके लिए गोस्वामी तुलसीदासजी ने 'चित्र लिखित कपि देखि डराती' लिखा था। पुरुष के अभाव में स्त्री हाथ समेटकर, निश्चेष्ट बैठी न रहे। उपार्जन से लेकर सन्तान-पालन, गृहकार्य आदि वह सँभाल सकें, ऐसा रूप, ऐसी शिक्षा उसे मिलनी चाहिए। पहले दोनों भाव और कार्य अलग-अलग थे, अब दोनों के भाव और कार्यों का एक ही में साम्य होना आवश्यक है। इस तरह गार्हस्थ्य धर्म में स्वतन्त्रता बढ़ेगी। परावलम्बन न रह जायगा। स्त्रियाँ भी मेधा की अधिकारिणी होंगी। हृदय और मस्तिष्क दोनों में एकीकरण होगा। संसार में जितने प्रकार की प्राप्तियाँ हैं, शिक्षा सबसे बढ़कर है। अशिक्षित अपढ़ होने के कारण ही स्त्रियों को संसार में नरक-यातनाएँ भोगनी पड़ती हैं।–उनके दुःखों का अन्त नहीं होता।"

उनके सम्पूर्ण निबन्धों में हम देखते है कि एक प्रबुद्ध साहित्यिक के नाते जो भी प्रश्न उनके सम्मुख आता है, चाहे वह सामाजिक हो, राजनीतिक या काव्य-भूमि से सम्बन्ध रखनेवाला, सबसे उपयुक्त हल ढूँढ़ निकालना, सब पर निरपेक्ष भाव से चिन्तन करना उनकी अनोखी सामर्थ्य है।

किसी भी व्यक्ति को उसके समस्त परिवेश में जानने का सबसे पूर्ण और मधुर माध्यम उनका साहित्य है। साहित्य की उस परिधि में उसका असीम और दुर्बोध अन्तर्मन भी स्पष्टता से एक सीमित परिधि में अवतीर्ण होता है। इस दृष्टि से निराला के निबन्ध उनके व्यक्तित्व के खुले पृष्ठ हैं।

●

व्यंग्यकार निराला

—बेढब बनारसी

विश्व के अनेक महान् साहित्यकारों की भाँति निराला की प्रतिभा भी बहुमुखी थी। जिस ओर उनकी लेखनी चली, विजयिनी होकर लौटी। उनके साहित्य का मूल्यांकन हुआ नहीं; क्योंकि उसके लिए उपयुक्त कसौटी तैयार नहीं थी। किसी के जीवन में या तो उसके चाकचिक्य से लोग इतने प्रभावित हो जाते हैं कि स्पष्टता नहीं दीख पड़ती, या उसकी प्रकृति से इतना घबरा जाते हैं कि वास्तविकता समझने में नहीं आती। जीवन का मूल्यांकन तभी हो पाता है, जब हम तटस्थ होकर अध्ययन कर सकें। अनेक बार दुहरायी बात है, किन्तु सत्य है कि साहित्य तथा साहित्यकार का जीवन अलग नहीं किया जा सकता। दूसरी बात उसी के साथ यह भी है कि जब तक हम साहित्यकार को न समझें उसका साहित्य नहीं समझ सकते। यह छिपा नहीं है कि निराला और संघर्ष का चोली-दामन का साथ था और संघर्ष में जीवन ही व्यंग्य हो जाता है।

जहाँ हम कवि की प्रतिभा के सरोवर में 'राम की शक्ति-पूजा' और 'तुलसीदास' ऐसे स्निग्ध सुरभिमय सरोज देखते हैं, जहाँ कोमल नलिनियों के समान सरस रागमय गीतों का समूह मिलता है, उसी जगह जीवन के विविध अंगों पर कटाक्ष तथा व्यंग्य भी मिलते हैं। उन्होंने 'कुल्ली भाट' नामक उपन्यास में लिखा है—"मैं व्यंग्य बहुत लिख चुका हूँ, जैसे का वैसा ही नहीं समझता।" इसलिए यह निष्कर्ष निकाला जा सकता है कि उन्होंने जान-बूझकर ऐसी रचनाएँ की हैं, जिनसे समाज के शरीर पर कभी-कभी छुरी का प्रहार होता रहे। यह पहली प्रकाशित रचना है जिसमें आत्मचरितात्मक प्रकाश करते हुए निराला ने समाज पर रूढ़िवादी अनुदार समाज के गलित अंग पर कटाक्ष किया है। 'कुल्ली भाट' में विनोद का पुट है किन्तु अनेक स्थलों पर जो चोट की है, वह वास्तव में जागरण के लिए चुटकी है। ससुराल जाते हुए राह की लू तथा धूप से परेशान होकर लिखते हैं—प्रकाश वह दिखा कि मोह दूर हो गया। रवि बाबू को आरामकुर्सी पर दिखा, हजरत मूसा को पहाड़ पर दिखा, हजरत मूसा को पहाड़ पर मुझे गलियारे में। जब इनकी सास ने अपनी पुत्री के बारे में पूछा—मेरी लड़की कैसी है तो इन्होंने उत्तर दिया—"मैंने आपकी लड़की को छुआ तो नहीं है, बातचीत ही की है लेकिन अभी तक अच्छी

तरह देखा नहीं। क्योंकि जब मेरे देखने का समय होता है तब दीया गुल कर दिया जाता है। दूसरे दिन दियासलाई ले तो गया, जलाकर देखा भी लेकिन सलाई के जलते ही आपकी लड़की ने मुँह फेर लिया।" पर एक स्थान में लिखते हैं—"सासजी के ज्ञान पर आश्चर्य हुआ? खास तौर पर इसलिए कि उनकी बात का तात्पर्य मेरी समझ में नहीं आया।" अपनी पत्नी के खड़ीबोली के ज्ञान के सम्बन्ध में लिखते हैं—"श्रीमतीजी पूरे उच्छ्वास में खड़ीबोली के ज्ञान के धुरन्धर साहित्यिकों के नाम गिनाती गयीं। जैसे लेख में उद्धरण देखकर पाठक लेखक की विद्वत्ता और विचारों की उच्चता पर दंग हो जाता है, वैसे ही मैं भी खड़ीबोली के साहित्यकारों के नाम-मात्र से ही खड़ीबोली के ज्ञान पर जहाँ का वहीं रह गया।"

इस प्रकार इस उपन्यास में जीवन के अनेक क्षेत्र पर चिकोटियाँ मिलेंगी। उन्हीं दिनों सन् 1939 में कांग्रेस ने पहले-पहल शासन-सूत्र अपने हाथ में लिया था। जमींदार, किसान तथा हिन्दू-मुसलमान समस्या भी सामने थी। कभी कदाचित् दंगे भी हो जाया करते थे। इन सब पर चुटीली शैली की सजीवता और आत्मकथा की रोचकता इसमें वर्तमान है। आज भी वह पढ़ा जाय तो उसमें ताजगी है।

उनकी कहानियों में भी व्यक्ति तथा समाज पर व्यंग्य स्थान-स्थान पर मिलता है। निराला के कवि ने निराला के साहित्यकार को छोप लिया। उनकी ख्याति कहानीकार के रूप में नहीं हुई। प्रेमचन्द अथवा प्रसाद की भाँति वह 'होरी' या 'गुण्डा' का निर्माण नहीं कर सके। पर कहानियों में पर्याप्त मात्रा में व्यंग्यबाणों की वर्षा की गयी है। कुछ कहानियों ने ख्याति पायी, जैसे—'चतुरी चमार'। निराला कहते हैं—"चतुरी के जूते अपरिवर्तन के चुस्त रूपक जैसे टस से मस नहीं होते।" एक स्थान पर कहते हैं—"वेश का अभाव है तो भाषा को प्रभावशाली करना चाहिए, नहीं तो थानेदार साहब पर अच्छी छाप न पड़ेगी।" इसी प्रकार 'सुकुल की बीबी' तथा 'अर्थ' नामक कहानियों में भी सामाजिक तथा आर्थिक विषमताओं पर छींटे मारे गये हैं। उन्होंने एक स्थान पर कहा है कि "मैं आरम्भ से ही अस्वस्थ सामाजिक रूढ़ियों का विरोधी रहा हूँ।" उनके साथी तथा मित्र जानते हैं कि वह स्वस्थ परम्परा के विरोधी नहीं रहे, अपितु उसी के पोषक थे किन्तु अनुचित और अव्यावहारिक रूढ़ियाँ उन्हें अरुचिकर थीं। इसीलिए 'सुकुल की बीबी' के रूप में एक मुसलमान युवती को कनौजिया बना डाला और स्वयं फतवा दिया; क्योंकि वह युवती किसी प्रताड़ित माता की कन्या थी। 'अर्थ' में अन्धविश्वास की मार्मिक ढंग से खिल्ली उड़ायी गयी है। 'लिली' नामक कहानी-संग्रह में भी अनेक स्थानों पर व्यंग्य मिलेगा, यद्यपि इसमें लेखक सरल गम्भीरता की ओर झुक गया है।

निराला की सबसे प्रसिद्ध व्यंग्य की रचना 'कुकुरमुत्ता' है। यह जब प्रकाशित हुई, कुछ लोगों ने इसे पागल की बकवास समझी; कुछ लोगों ने साधारण-सा मजाक समझा। किन्तु ज्यों-ज्यों समय बीता लोगों ने देखा कि इस विनोद के अन्दर भी कुछ है। कुकुरमुत्ता का सहारा लेकर कवि ने पूँजीवाद पर आक्रमण किया है, उपेक्षित निम्नवर्ग की वकालत की है तथा उसकी उपयोगिता दिखायी है। मैं इस गहन समस्या पर विवाद उठाना नहीं चाहता कि पूँजीवाद का क्या भविष्य है। मैं उसका अधिकारी नहीं हूँ। इतना जानता हूँ कि पूँजी और पूँजीवाद में अन्तर है। यहाँ पर कवि की रचना के सम्बन्ध में ही कुछ कहना चाहता हूँ।

इस रचना में 'गुलाब' और 'कुकुरमुत्ता' को लेकर कवि कुकुरमुत्ता को ही महत्ता देता है। गुलाब में सौरभ है, सुन्दरता है, आकर्षण है किन्तु—कुकुरमुत्ता कहता है—

अबे सुन बे गुलाब,
भूल मत जो पायी खुशबू, रँगो आब
खून चूसा खाद का तूने अशिष्ट
डाल पर इतरा रहा है कैपिटलिस्ट।

वास्तव में यह वाणी है—दबे, निराश्रित, असहाय, गरीबों की। अपने लिये कुकुरमुत्ता कहता है—

और अपने से उगा मैं
बिना दाने का चुगा मैं
कलम मेरा नहीं लगता
मेरा जीवन आप जगता
तू रँगा और मैं धुला
पानी में, तू बुलबुला
तूने दुनिया को बिगाड़ा
मैंने गिरते को उभाड़ा
तूने रोटी छीन ली जनखा बनाकर
एक की दीं-तीन, मैंने गुन सुनाकर।

और इस प्रकार के भाव कविता में अनेक स्थलों पर आये हैं। अन्त में जब नवाब साहब कुकुरमुत्ते के कबाब के स्वाद से प्रभावित होकर अपने बावर्ची से उसका कबाब बनवाना चाहते हैं और माली से कुकुरमुत्ता लाने के लिए कहते हैं तो उसका उत्तर मजेदार है। माली कहता है—

माली ने कहा हजूर
कुकुरमुत्ता अब नहीं रहा, अर्ज हो मन्जूर
रहे हैं अब सिर्फ गुलाब।
गुस्सा आया काँपने लगे नवाब
बोले—चल, गुलाब जहाँ था उगा
सब के साथ हम भी चाहते हैं कुकुरमुत्ता
बोला माली, फरमान मुआफ खता
कुकुरमुत्ता अब उगाये नहीं उगता।

इस प्रकार इस रचना में सामाजिक असमानता पर अच्छा खासा व्यंग्य किया गया है। लोगों ने इसकी रचना के समय समझा कि 'निराला' अपनी ऊँचाई से उतर आये हैं और स्तर के नीचे की रचना करने लगे हैं। सहृदय पाठक समझ सकते हैं कि यह न तो स्तर से गिरने की बात थी, न प्रयोग के प्रांगण में उतरने की बात थी, यह उस मनोभाव का चित्रण था जो समाज की माँग थी और जिसकी कवि के हृदय में पीड़ा थी। सम्भवत: लोग समझते हैं व्यंग्य लिखना बहुत सरल है और जो कुछ गाली-गलौज लिख दिया, वही व्यंग्य हो जाता है। बात ऐसी नहीं है। प्रतीकों का समुचित प्रयोग और अप्रस्तुत के माध्यम द्वारा व्यंग्य के व्यक्तित्व का निर्माण सुन्दर ढंग से हो तो वास्तविक व्यंग्य हो सकता है। विद्वान् पाठकों के सामने यह कहना कि निराला की प्रतिभा इस ओर सफल रही, अनावश्यक है।

●

आलोचक निराला

–प्रो० नलिन विलोचन शर्मा

रीतिकाल में कवि, कवि होने के साथ ही आचार्य का दायित्व स्वीकार करना भी आवश्यक मानते थे। इसकी परम्परा संस्कृत में पायी जाती है। कविराज जगन्नाथ में इसकी पराकाष्ठा देखने को मिलती है। कवि को आचार्य भी बनाना उसकी महत्त्वाकांक्षा का परिचायक हो सकता है। रसगंगाधर में जगन्नाथ ऐसा स्पष्ट कहते भी हैं। लेकिन इसकी अनिवार्य आवश्यकता भी हो सकती है, इससे भी इनकार नहीं किया जा सकता।

श्रोता या पाठक सामान्य रूप से क्वचित्-कदाचित् उतने सुशिक्षित होते हों कि उनकी रसज्ञता के सम्बन्ध में कवि पूर्णतः आश्वस्त रह सके। बौद्धिक ह्रास के युग में तो ऐसे श्रोता या पाठक कम होते ही जाते हैं, तब, जैसा रीति-कवियों को करना पड़ा, कवि का ही यह कर्त्तव्य हो जाता है कि वह अपने प्रतिपालक या श्रोता या पाठक को साहित्यशास्त्र में प्रशिक्षित भी करता चले, अन्यथा क्षति तो उसी की होगी।

छायावाद-युग में कवि आलोचक बनने को भी बाध्य होता है। ऐसे कवियों में निराला बहुधा आचार्य का स्वर भी अपनाते हैं। दूसरे शब्दों में, निराला रीति-कवियों की तरह अपने श्रोताओं या पाठकों को प्रशिक्षित ही नहीं करना चाहते, रसगंगाधरकार की तरह खण्डन-मण्डन तथा सिद्धान्तोद्भावन की महत्त्वाकांक्षा से प्रेरित होकर आलोचना लिखते हैं और इसके लिए जैसे श्रेष्ठ पृष्ठाधार की अपेक्षा होती है, वह उनके पास है, इसका वह प्रमाण देते हैं।

'प्रसाद' ने साहित्यशास्त्रीय समस्याओं पर सैद्धान्तिक दृष्टि से थोड़ा-बहुत लिखा है। पन्तजी भूमिकाओं और निबन्धों के रूप में हिन्दी कविता पर बहुधा अपने विचार प्रस्तुत किये हैं। महादेवीजी ने भी अपनी पुस्तकों में ऐसी भूमिकाएँ जोड़ी हैं, जो छायावादमात्र की भूमिकाएँ मानी जा सकती हैं। पन्त और महादेवी वस्तुतः आलोचक न होकर छायावाद के समर्थ प्रवक्तामात्र हैं। छायावाद की वकालत करते हुए पन्तजी ने पुरानी कविता पर आक्षेप किये थे, उनके लिए वे अपने समसामयिक और समानधर्मा निराला से ही समर्थन पाने में असफल रहे, किन्तु इसमें कोई सन्देह नहीं कि पन्त या महादेवी की भूमिकाओं को यदि पुरानी

कविता के अनुरागी और छायावाद के विरोधी आलोचकों ने पढ़ने के योग्य समझा होता और यदि उन्होंने पाठकों से भी इन भूमिकाओं की ताईद की होती तो वे स्वयं भी छायावाद के रहस्य को यत्किंचित् समझ सके होते और पाठक इतने प्रशिक्षित हो जाते कि दोनों छायावाद को क्लिष्ट घोषित मान करके उसकी वास्तविक विशेषताओं और त्रुटियों के परीक्षण एवं रसज्ञता के अभाव का ऐसा परिचय नहीं देते कि कुछ दिनों बाद उनकी स्थिति हास्यास्पद हो जाती—आज रत्नाकर और पद्मसिंह शर्मा, लाला भगवानदीन, जगन्नाथप्रसाद चतुर्वेदी और रामचन्द्र शुक्ल और उनके युग की नयी पीढ़ी हमारी दृष्टि में, इस कारण ही, हास्यास्पद तो हैं।

छायावाद पर भयंकर प्रहार व्यूह रचकर ये और इन जैसे दूसरे महारथी करते थे। छायावाद के अभिमन्यु थे निराला, लेकिन इस अन्तर के साथ कि चक्रव्यूह-भेदन के बाद वे पराजित नहीं हुए। छायावादी और उनके विदेशी पूर्ववर्ती रोमाण्टिक कवियों में कोमलता और मधुरता के लिए जो आग्रह पाया जाता है, वह केवल भाषा तक ही सीमित नहीं है। इन गुणों की तलाश में रहनेवाले कवि शरीर और वेश-भूषा और केश-विन्यास-प्रणाली में भी कोमल मधुर होने का अभिनय करते थे और कुछ हद तक होते भी थे। कहते हैं, 'ब्लैकउड' मैगजीन में प्रतिकूल आलोचनाएँ होने के कारण कीट्स क्षयग्रस्त हो गया था। कीट्स और पन्त में अनेक दृष्टियों से उल्लेखनीय समानताएँ हैं, शायद इस बात में भी सादृश्य ढूँढ़ा जा सकता है कि वे भी छायावाद-काल में बहुत दिनों तक बीमार रहे थे।

'निराला' अपने छायावादी काव्य में भी अंशत: छायावादी हैं और 1920 के अपने एक लेख में आत्मविश्वासपूर्वक यह कह सकते थे कि उस बँगला भाषा में आवश्यकता से अधिक कोमलता थी और गाम्भीर्य का अभाव था, जिस बँगला भाषा की कोमलता ने और उसमें रचित काव्य ने हिन्दी के कवियों के लिए मृग-मरीचिका उत्पन्न कर दी थी। निराला छायावादियों में बँगला सबसे अधिक जानते थे, बंगालियों की तरह जानते थे। इसलिए इस भाषा की त्रुटियों से वे पूर्णत: परिचित थे। इसके काव्य का भी उन्हें निकट परिचय था—हिन्दी मे रवीन्द्रनाथ के काव्य पर अवश्य उनकी पुस्तक पहली पुस्तक थी—इसलिए बँगला काव्य के सम्बन्ध में भी उनके मन में कोई दुर्बलता न थी। निराला ने 'पल्लव' की अपनी प्रसिद्ध आलोचना में, बँगला के लिए, विशेषत: रवीन्द्रनाथ के लिए, दूर का परिचय रहने के कारण, पन्त में जो मोह था, उसका बड़ा निर्मम विश्लेषण किया है और यह प्रदर्शित किया है कि बँगला के मधुर वाग्जाल को लाने से पन्त की कविता की अर्थ-सम्पत्ति में तनिक भी वृद्धि नहीं हुई है। इसी आलोचक-दृष्टि ने निराला की रक्षा बँगला-काव्य से की है। ऐसा नहीं है कि उन पर पन्त से कम प्रभाव रवीन्द्रनाथ का हो, किन्तु कवि निराला का जो आलोचक शेषांश था उसने सदैव

इस प्रभाव में डूब जाने से उन्हें बचाया और उन्होंने इसे सन्तुलित करने के लिए, अनजाने ही सही, शेक्सपीयर और इकबाल से अपने को उस आयु में सिक्त किया, जिसमें साधारणतः मनुष्य पाता है कि वह सीख तो बहुत-कुछ सकता है, किन्तु जज्ब बहुत ही कम कर पाता है।

निराला पर हुए सुपरिचित तथ्य का हमने अभी अल्लेख किया है, बड़े सधे प्रहार हुए थे। लेकिन निराला को उस तरह हमारी सहानुभूति की अपेक्षा नहीं जिस प्रकार पन्त को हो सकती है। निराला निर्दय प्रहारों का निर्दयतर उत्तर देने के योग्य साधनों से लैस रहे हैं और कभी-कभी तो, आलोचक के रूप में, वे मक्खी को मारने के लिए भी तलवार चला देते हैं, जैसे भुवनेश्वर पर लिखे उनके आलोचनात्मक संस्मरण के मूल में एक नवयुवक की उत्तरदायित्वशून्य और उपेक्षणीय हिमाकत का प्रतिशोध लेने की भावना ही तो थी। लेकिन उन्होंने बनारसीदास चतुर्वेदी—जैसे सम्पादक के नेतृत्व में अपने विरुद्ध होनेवाले आन्दोलन का जो सामना किया था, वह अपना बचाव भर ही नहीं था। छायावाद, रहस्यवाद और इससे भी बढ़कर साहित्यगत 'क्लिष्टता' के समर्थन में एक ही सशक्त प्रत्याक्रमण था।

निराला ने कविता में भी अपने आलोचक रूप के इन पक्षों का परिचय दिया है। एक तरफ वन-बेला है, जिसमें वे आत्मदया से ग्रस्त हैं और एक प्रसिद्ध भारतीय नेता पर बड़े ही अनुदार और व्यक्तिगत आक्षेप तक करते हैं, लेकिन दूसरी तरफ सरोज-स्मृति-जैसी कविता है, जिसमें साहित्य और समाज की सर्वथा निस्संग आलोचना करने में वे समर्थ हुए हैं और तब, जबकि विषय पुत्री की स्मृति है और आत्मदया यदि किसी स्थिति में क्षम्य हो सकती है तो शायद ऐसी ही स्थिति में।

निराला ने अपनी गद्य और कभी पद्य में भी लिखी, आलोचनाओं में ऐसे कॅटीले शब्दों का भी व्यवहार किया है जो पर्चेबाजों को ही शोभा दे सकते हैं, किन्तु बहुधा पर्चेबाजी अदम्य आलोचना में परिणत हो गयी है। इसका कारण यह है कि निराला के पास न तो पुरानी कसौटी का अभाव है, न कि जरूरत के मुताबिक नयी कसौटी गढ़ लेने की उस शक्ति का, जिसके बिना आलोचक शास्त्रज्ञ आचार्यमात्र बनकर रह जाता है।

●

आत्मचरित और संस्मरण लेखक निराला

–डॉ० सूर्यप्रसाद दीक्षित

निरालाजी का साहित्य अनके वैयक्तिक आत्मस्पर्श से अनुस्यूत है। लेखक ने अपने जीवन के परिपार्श्व में रखकर विविध व्यक्तियों और घटनाओं की परीक्षा की है। कुल्ली भाट प्रमुखरूप से एक चरितोपन्यास अथवा एक व्यक्तित्व का रेखांकन है, किन्तु यथावत् उसके बीच का लेखक का व्यक्तित्व अधिक भास्वर हुआ है। प्रायः आत्मसंस्मरणों के सामने बाह्य इतिवृत्त शिथिल हो गये हैं और निरायास लेखक का 'आत्म' प्रतिबिम्बित हो उठा है। निरालाजी के कथा-साहित्य में उनका युग-विद्रोही स्वरूप प्रकट हुआ है। उन्होंने आत्मसाक्ष्य देकर सर्वत्र युग-विश्वासों पर मार्मिक प्रहार किया है; यथा–"चाय पीने की लत है, मैं अण्डे खाता हूँ, बतख के नहीं मुर्गी के।" एक मित्र ने जिन्होंने एक वेश्या को पत्नी के रूप में रखकर सामाजिक श्रेय प्राप्त किया है–बडे भगवद्भक्त हैं, मुझे मछली पकवाकर खिलायी।"[1] इन उक्तियों में आत्मस्वीकारोक्ति तो है ही किन्तु मूलतः युग प्रतारणा और जर्जर व्यवस्था के विद्रोह का कर्कश स्वर है। इस सन्दर्भ में लेखक का साहस विस्मयकारक है–"मेरा मुसलमान दूकानदार आदर की दृष्टि से मुझे देखकर अण्डे फोड़ने चला। अण्डे उबले हुए रखे थे।"[2] एक मुसलमान सज्जन उत्सुकताकश लेखक का 'इश्मशरीफ' दौलतखाना और रोजगार के सम्बन्ध में पूछताछ करने लगते हैं, जिसके प्रत्युत्तर में निरालाजी की प्रत्युत्पन्नमति और उनकी व्यावहारिक विचित्रता (निरालापन) का परिचय मिलता है। इश्मशरीफ को लेकर लेखक को एक पुरानी घटना याद आती है, जब इसके द्विविधाग्रस्त अर्थ को लेकर उसने अपना 'इश्मशरीफ' बताया था–'मेदनीदल'; जो व्यक्ति का भी नाम हो सकता है और स्थान का भी। इस बार उसे मुसलमानी नाम याद नहीं आ रहे हैं, महम्मद-महम्मद की रट लगी है। साथ ही बंकिमचन्द्र के प्रमुख नायक का नाम स्मरण नहीं हो रहा है; निरुत्तर होना उचित न था, अतः व्याज रूप से आश्वासन दिया जा रहा है–"मैं विराट रूप से मुँह चलाये जा रहा था, सिर हिलाता हुआ उन्हें आश्वासन दे रहा था........मियाँ का धैर्य छूट गया। मेरी पागुर

---

1. कला की रूपरेखा–सुकुल की बीबी, पृष्ठ संख्या 61
2. कला की रूपरेखा–सुकुल की बीबी, पृष्ठ संख्या 63

बन्द नहीं हो रही थी।"[1] किसी प्रकार 'वकूफहुसेन' नाम निकला और सुपरिचित चकित हुए। अपने वाग्जाल में दूसरों को फाँसकर विमूढ़ीकृत करने से कदाचित् कुतूहल विमिश्रित आनन्द अथवा पीड़क तोष प्राप्त होता है। मियाँ को इस प्रकार के मनगढ़न्त उत्तर देता हुआ लेखक स्वविषयक छद्म सूचनाओं से दिङ्-मूढ़ कर रहा है, यथा—कम मेहनत के लिए वह पंजाबी कारोबार करता है; लखनऊ में रेशम का व्यापार है, जिसका आयात स्विट्जरलैण्ड से किया जाता है। मियाँ ने स्विट्जरलैण्ड का नाम सम्भवतः पहली बार सुना था, अतः चुप रह जाते हैं।

इसी प्रकार 'सुकुल की बीबी' में उल्लेखनीय आत्म संस्मरण है। बाल्यसखा और सहपाठी 'सुकुल' को दीर्घ अन्तराल के पश्चात् देखकर लेखक अतीत की बिखरी स्मृतियों को समेटने लगता है। सुकुल के व्यक्तित्व पर स्मृत्यालोक के सहारे लेखक सहसा दृष्टि-विक्षेप कर जाता है और तभी चित्र की रेखाएँ उभरने लगती हैं। 'सुकुल' 'सर कट जाये पर चोटी न कटे' मत के समर्थक हैं। वे इस देहात्मबोध की प्रायः अध्यात्मवादी व्याख्या करते, रुष्ट होने पर चाणक्य-जैसी भंयकर प्रतिज्ञा करते। उनकी शिखा-विस्तार के साथ शिक्षा-विस्तार होता रहा, फलतः उच्च शिक्षा पाकर परीक्षाएँ देते हुए परीक्षक नियुक्त हुए हैं, दूसरी ओर लेखक के समक्ष "विशाल परीक्षा भूमि......सामने प्रश्नों की अगणित तरंग माला"[2] है। प्रवेशिका-परीक्षा और तद्विषयक प्रमाद की विचित्र गतिविधि, अनध्यवसायी प्रवृत्ति और अल्हड़ता का संकेत देता हुआ लेखक बड़े रोचक संस्मरण प्रस्तुत करता है—"मैं प्रकृति की शोभा का निरीक्षण करता हुआ कवि बन चला था.......सहपाठी इस बात का लोहा मानते...वंश मार्यादा की रक्षा के लिए विवाह सम्पन्न हो चुका था।.......परीक्षा के निकट आने पर प्रकृति में कहीं कविता न रह गयी, अभिभावकों का भय, स्नेह की वर्षा में अविराम बिजली की कड़क, पत्नी के बंकिम दृगों का वैमनस्य हलाहल क्षिप्त होने लगा।.......कल्पना में पृथ्वी अन्तरिक्ष पार करने लगा.......वैसी उड़ान आज तक नहीं उड़ा, वह मसाला ही नहीं मिला।"[3]

प्रवेशिका परीक्षा में 'गणित की नीरस कापी को पद्माकर के चुहचुहाते कवित्तों से सरस करके' वह अपने निरालेपन का परिचय देता है—"परीक्षा तट से लौटते वक्त सभी तो रिक्त हस्त लौटे, मैं दो मुट्ठी बालू लेता आया और यथावसर उसका उपयोग किया।[4]" परिणाम-घोषित होने के कुछ पूर्व वह जमींदारों की बारात में सम्मिलित होने का सुन्दर बहाना बनाकर, यथेष्ट धन और वस्त्र प्राप्त कर ससुराल

1. कला की रूपरेखा—सुकुल की बीबी, पृष्ठ संख्या 65
2. सुकुल की बीबी, पृष्ठ संख्या 17
3. वही,, 14
4. सुकुल की बीबी,, 23

की ओर प्रयाण करता है और वहाँ भी बड़े नाटकीय रूप से मुहर्रमी सूरत बनाकर एक कल्पित दुर्घटना की सूचना देता है। सारे सम्बन्धी शोक विह्वल हो जाते हैं, तदुपरान्त भरसक आर्थिक सहायता देते हैं। पुष्कल धन पाकर लेखक कलकत्ता रवाना होता है और वहाँ एक नये जीवन का समारम्भ होता है। सुकुल के साक्षात् के व्याज से इन पूर्वस्मृतियों को निरालाजी ने सुचारु रूप में संयोजित किया है और अन्त में सुकुल का छद्म सम्बन्धी बनकर उनकी प्रणयिनी पुष्कर कुमारी (पुखराज) से विवाह संस्कार सम्पन्न कराने का क्षिप्र संकेत भी दिया है।

'देवी' कहानी के अन्तर्गत निरालाजी ने इसी प्रकार के स्फुट आत्म-संस्मरण प्रस्तुत किये हैं। उनका कवि "मकड़े की तरह शब्दों का जाल बुनता हुआ, मक्खियाँ मारता हुआ," लखनऊ होटल में उन दिनों प्रवास कर रहा है और चक्रव्यूह की तैयारी करके फाकेमस्ती में परियों का ख्वाब देखता रहा है। आर्थिक स्थिति अव्यवस्थित होने के कारण दैनिक साधनों तथा आवश्यकताओं की विशेष अपूर्ति है। उसकी दृष्टि एक पगली पर अकस्मात् पड़ जाती है और वह वास्तविक आत्मप्रतीति तथा सच्ची सहानुभूति प्रकट करता है। उन दिनों लम्बे बाल होने के कारण निरालाजी को लोग 'मिस फैशन' कहकर मजाक बनाते—"मैं स्वयं दूसरों की समझ की खुराक पाने के लिए बाल न कटवाता......., सोचता हूँ, आवाज कसने वालों पर एक हाथ रखूँ तो छठी का दूध याद आ जाये।"[1] पल्टन के सिपाही जब उसके नंगे बदन को देखकर उपहास करते हैं, तो उसकी गर्वोक्ति है—"मेरे ग्रीक कट, पाँच फुट साढ़े ग्यारह इंच लम्बे जरूरत से ज्यादा चौड़े और चढ़े मोढ़ों के कसरती बदन को देखकर किसी को आतंक न हुआ।"[2] इस उक्ति से निरालाजी का देहात्मबोध, दैहिक दम्भ और उनके कुण्ठित अहम् का हेतु प्रकट होता है। संवेदना के क्षणों में लेखक जीवन और जगत् की कटु स्थितियों को चित्रों में उतार देता है। होटल मालिकों का भृत्यों के प्रति कलुषित व्यवहार, समाज के अभिजात वर्ग द्वारा इन लघु मानवों की उपेक्षा और प्रत्येक को उसके भोग्य भाग्य पर छोड़ देने की धिक्कृत चेष्टा पर मार्मिक आधात किया गया है। वस्तुतः निरालाजी के युग-विद्रोह के यही विष कारण हैं। वर्ग भेद, आर्थिक विषमता और सवर्णियों का कपटाचरण उसकी जुगुप्सा का केन्द्र है। सामाजिक स्थिति की विषम भावना प्रायः प्रदर्शन का स्वाँग रचकर आत्म भावनाओं का संगोपन करती है। स्वयं 'वनिता-विनोद', 'रतिशास्त्र' और 'काम कल्याण' को मश्क करते हुए बीबी के हाथ में 'सीता' और 'सावित्री' आदि देकर बगल में 'चौरासी आसन' दबा लेते हैं और बड़प्पन की बू निकालते हैं। साम्य मात्र वाग्जाल है—"ब्रह्मर्षि एवं राजर्षि बनते रहे हैं किन्तु शूद्रर्षि

1. देवी, पृष्ठ 2
2. वही ,, 9

और वैश्यर्षि की मान्यता आज तक प्रतिफलित नहीं हुई है।"[1] इन कथनों में जो व्यग्र व्यंग्य और विद्रूप है वही लेखक के 'निरालेपन' का नियामक है। निरालाजी के संस्मरणों में इस प्रकार की आत्मस्वीकारोक्ति प्रायः उपलब्ध हो जाती है, जिनके आधार पर हम उनके जीवन-दर्शन और अन्तर्मानस का प्रामाणिक परिचय प्रत्यक्ष कर सकते हैं। संस्मरणों में तथोक्त सारी घटनाएँ आत्मभुक्त अनुभूतियों की रेखांकन हैं। लेखक का यह कथात्मक आत्मचरित वैचारिकता और प्रभावोत्पादकता से ओतप्रोत है। निरालाजी की कृतियों में इस प्रकार के सूत्र कथन प्रायः अनेक सन्दर्भों में अन्तर्घटित हुए हैं। इनका सम्यक् उद्‌घाटन करके अनेक रहस्यों का अन्वेषण किया जा सकता है। निरालाजी के औद्धत्य और उनकी विक्षिप्ति का कारण इन आत्म-संस्मरणों में प्रकट है। निश्चय ही ये परम प्रामाणिक आत्म साक्ष्य हैं, जिनके परिप्रेक्ष्य में उनके सारे साहित्य को परखकर समुचित न्याय किया जा सकता है।

'चतुरी चमार' में लेखक एक निरीह व्यक्तित्व की प्राण-प्रतिष्ठा करता है और अपने विधुर जीवन तथा अन्तर्बाह्य संघर्ष का रेखांकन भी। चतुरी अदम्य साहस और अटूट संकल्प का दृढ़ व्रती व्यक्ति है, जो सामन्तवादी नौकरशाही के विरुद्ध संघर्ष करता है और अन्ततः सफल होता है। विश्रान्ति के क्षणों में वह कबीर की 'उलटवाँसियों' की 'गिरह सीधी करता' है और लेखक की स्वर्गीया पत्नी की प्रशंसा करता हुआ संवेदना प्रकट करता है। इसी सन्दर्भ में निरालाजी ग्राम्य समाज की कुछ विचित्र घटनाओं का संकेत देते हैं और साथ ही अपनी साहित्यिक गतिविधि का भी—"साहित्य की तरह समाज में भी दूर-दूर तक मेरी तारीफ फैल चुकी थी।"[2] समसामयिक स्वदेशी आन्दोलन में भी लेखक कुछ रुचि दिखाता है और गाँव में कांग्रेसी झण्डे की स्थापना, कृषकों की सहायता, दारोगा की तहकीकात और फिर अपनी अन्तिम विजय के सूक्ष्म संकेत स्पष्ट करता है। इन चित्रों में बैसवाड़ा लोक-जीवन की आंचलिक रेखाएँ भास्वर हुई हैं। उसने बड़े व्याज से जातीय दम्भ से ग्रस्त 'कनवजियापन' का साहसपूर्ण भण्डाफोड़ किया है—"घृतपक्व मसालेदार मांस की खुशबू से जिसकी भी लार टपकी, आप निमन्त्रित होने को पूछा।"[3]

'क्या देखा' कहानी में इसी प्रकार का आत्मस्फुरण व्यक्तित्व का साक्ष्य बनकर उपस्थित हुआ है। घटना यद्यपि कल्पित अधिक है और अनुभूत कम; तथापि वेश्या-प्रेम विषयक विश्वास और सन्देह का द्वन्द्व बड़ा विश्वस्त है। छद्मवेष

1. देवी, पृष्ठ 8
2. चतुरी चमार, पृष्ठ 31
3. वही, 33

का रहस्य गोपन करके लेखक त्याग और संघर्ष तथा तत्सम्बन्धी इतर प्रयासों का उल्लेख करता है—"कालिदास से लेकर अब तक जितने अच्छे कवि हुए, सब के लिए कहते हैं, जब साहित्य की बीमारी बढ़ी दवा एक यही रही-जिससे कुछ फायदा पहुँचा।"[1] घटना वैचित्र्य के कारण तथ्य की अपेक्षा यहाँ कल्पना अधिक प्रस्फूर्त हुई है और अतिरंजना के अनुपात से ये संस्मरण कहानी जैसे ज्ञात होते हैं, तथापि इसमें चित्रित लेखक का अन्तर्द्वन्द्व बड़ा सहज एंव सजीव है।

निरालाजी के आत्म-संस्मरण योजनाबद्ध रूप से 'कुल्ली भाट' में अंकित हुए हैं। यह चरितोपन्यास वास्तविक अर्थों में लेखक का स्वपरीक्षित रेखाचित्र है। अपने निकट सम्पर्क प्राप्त व्यक्तित्व का रेखांकन उसने परम मुक्त एवं युगपत रूप से किया है। 'सोलहवाँ' पार कर वे पारिवारिक जीवन में उतरते हैं। सासजी के आमन्त्रण पर 'गँवही' लेने ससुराल पहुँचते हैं। गन्तव्य स्थान पर वह अपने चरितनायक का साक्षात्कार करता है और स्थूल रेखाचित्र प्रस्तुत करता है—"गेट पर टिकट कलेक्टर के पास एक आदमी खड़ा था, बना-चुना, बिल्कुल लखनऊ ठाठ, जिसे बंगाली देखते ही गुण्डा कहेगा। तेल से जुल्फें तर जैसे अमीनाबाद से सिर पर मालिश कराकर आया है। लखनऊ की दुपलिया टोपी, गोट तेल से गीली, सिर के दाहिन किनारे रखी। ऐंठी मूँछें, दाढ़ी चिकनी। चिकन का कुर्ता, ऊपर वास्कट, हाथ में बेंत। काली मखमली किनारी की कलकतिया धोती, देहाती पहलवानी फैशन से पहनी हुई। पैरों में मेरठी जूते। उम्र पचीस के साल-दो-साल इधर-उधर। देखने पर अन्दाजा लगाना मुश्किल है—हिन्दू या मुसलमान। साँवला रंग। मजे का डील-डौल। साधारण निगाह में तगड़ा और लम्बा भी।"[2]

लेखक ने इस प्रथम दर्शन से कुल्ली का जो स्वरूपांकन किया है, वह वस्तुतः बड़ा विस्मयमूलक है। आश्चर्य तो यह है कि "उसे एक बार देखकर दोबारा नहीं देखा, कारण वह मेरा आदर्श नहीं था, मुझसे दो इंच छोटा था और बदन में भी हल्का।"[3] कुल्ली के इक्के पर आने से सासु और पत्नी सभी आशंकित हो उठती हैं, इसलिए कुल्ली के प्रति लेखक जिज्ञासु हो उठता है और 'उसका साफ आसमान देखने को उत्सुक' हो जाता है। कुल्ली का बाह्य व्यवहार और शिष्टाचार प्रभावकारी है, उसके अनुरोध पर वह 'डलमऊ' के ऐतिहासिक स्थानों को देखने का कार्यक्रम निश्चित करता है। उसे विदित है कि 'कुल्ली नेक आदमी नहीं' है। उसके साथ रहने से भले ही अपनी 'बदनामी' हो पर उसकी 'नेकनामी' हो सकती है; इसलिए सम्बन्धियों द्वारा आपत्ति प्रकट करने पर उसका मन-संकल्प और दृढ़ हो जाता है;

1. सुकुल की बीबी, पृ० 119
2. कुल्ली भाट, पृष्ठ 21
3. वही, 21

क्योंकि "मैं बचपन से आजादी पसन्द था। सदैव अवरोध के सीधे मार्ग पर चला हूँ। दबाव नहीं सह सकता था, खासतौर से वह दबाव जिसकी वजह न मिलती हो।"[1] प्रमाणार्थ वह दो संस्मरण उद्धृत कर देता है, प्रथम यवनी के घर भोजन करने पर पिता का फौजी प्रहार एवं सामाजिक ताड़ना सहन करना। द्वितीय—योरोपियनों के कागज के स्थान पर बैगन के पत्तों से वाडी में पाखाने का हाजत रफा करना और पुन: जल संतरण तथा प्रहार का ताप स्वीकार करना।

भ्रमणकाल में कुल्ली की आशिक मिजाजी, मानसिक उत्तेजना और ऐन्द्रिक मनोवृत्ति का आभास मिलता है। विश्राम के क्षणों में कुल्ली के उद्‌गार हैं—"दोस्त क्या हवा चल रही है?" पुन: वे उदात्त स्वर में कहते हैं—"दोस्त तुम्हारा चेहरा बतलाता है कि तुम गाते हो, कुछ सुनाओ वक्त की चीज।" गाने के साथ ये सिर हिलाते हैं, जिसका ताल से कोई सम्बन्ध न था। पान देते हुए वे सस्नेह अंगुलि-पीड़न करते हैं और स्वयं उत्तेजना का आनन्द लेते हैं। उनकी रसिकता सहसा इस सीमा पर पहुँच जाती है—"पान भी क्या खूबसूरत बनाता है तुम्हें। तुम्हारे होंठ भी गजब के हैं। पान की बारीक लकीर रचकर क्या कहूँ, शमशीर बन जाती है।"[2] इन मनोविकारों को लेखक ने सूक्ष्म अन्तर्दृष्टि से ग्रहण किया है और बड़ी स्पष्टता, साहस तथा व्यक्तिगत ईमानदारी के साथ प्रकट किया है। यहाँ कुल्ली के चारित्रिक खोखलेपन का श्याम पक्ष है। दीर्घकाल के उपरान्त पुनर्मिलन होने पर कुल्ली का दूसरा श्वेत पक्ष उद्‌घाटित होता है। इस कालान्तर में घटित लेखक की विपत्ति, जीवन-संघर्ष, पत्नी और स्वजनों की मृत्यु, साहित्य-साधना तथा अन्य संवेदनीय स्थितियों की मार्मिक सूचना मिलती है। कुल्ली का इतिवृत्त भी आमूल बिखरा हुआ, असम्बद्ध और स्थूल है। मरघट की अन्यमनस्कता तथा अव्यवस्थित मनोदशा से खिन्न होकर कुल्ली कुछ खिंच जाते हैं और इस बीच एक 'यवनी' से सम्बन्ध स्थापित करके 'नामर्द हिन्दुओं के सामने आदर्श' रखते हैं। पुन: अछूतोद्धार, स्वदेशी आन्दोलन, पाठशाला आदि सामाजिक सेवा के कार्यों में प्रवृत्त हो जाते हैं। यह चरितनायक के जागरूक व्यक्तित्व का सक्रिय पक्ष है। क्रमश: उसका सुधारक और विरोधी पक्ष प्रकाश में आता है—"सच्चा मनुष्य निकल आया, जिससे बड़ा मनुष्य नहीं होता।"[3] मनुष्यत्व रह-रहकर विकास पा रहा है। अहर्निश कठोर कार्य करने से उनका स्वास्थ्य क्षीण हो जाता है और कुल्ली मृतप्राय हो जाते हैं, फिर भी 'मुख पर दिव्य कान्ति क्रीड़ा कर रही है।' कुल्ली की जीवन-रक्षा का कर्त्तव्य बोध भले ही उनके सहकर्मी राजनीतिज्ञों को न हुआ हो पर कुल्ली की अन्त्येष्टि

1. कुल्ली भाट, पृष्ठ 33
2. वही, 48
3. कुल्ली भाट, पृष्ठ 100

जनसाधारण की सहानुभूति के साथ सम्पन्न होती है। एकादशाह के लिए जब व्यावसायिक 'पुरोहित' जन विरोध के कारण तैयार नहीं होते तो लेखक ही मन्त्र पाठ द्वारा दिवंगत आत्मा की शान्ति और विधवा पत्नी की शुद्धि का अनुष्ठान करता है।

आलोच्य कृति में प्रधानतः व्यक्ति चरित्र ही प्रतिपल रहा है पर लेखक का आत्म-चरित्र भी यहाँ अत्यधिक मुक्त रूप में प्रकट हुआ है "और कदाचित् अधिक विस्तार पर गया है।"[1] कुल्लीभाट वस्तुतः रेखाचित्रयुक्त जीवन-चरित्र है अथवा चरितोपन्यास है। यहाँ मात्र रेखांकन ही नहीं है, अपितु सम्पूर्ण जीवन की द्रुतशील घटनाएँ भी संगठित की गयी हैं। कुल्ली का चरित्र बड़े रंगीन ताने-बानों से निर्मित हुआ है। इसमें नायकत्व प्रधान है। मानवोचित दुर्बलताओं और सबलताओं का सच्चा संवाहक है। वह महापुरुष नहीं, महात्मा नहीं, केवल मनुष्य है। कुल्ली के व्याज से लेखक ने मनुष्य जीवन के समस्त पहलुओं, श्वेत-श्याम दोनों पक्षों और उसके अन्तरंग जीवन की समस्त मुद्राओं का सहजोद्घाटन किया है। समस्त घटनाएँ स्मृति संचारी के आश्रय से आत्म संस्पर्शों द्वारा उभारी गयी हैं, जो परम सजीव, रोचक और प्रभावोत्पादक हैं। चरित्रनायक के रूप में परम्परित महामानवों को त्यागकर कुल्ली-जैसे 'लघुमानव' का वरण करना लेखक का सत्यसंकल्प और सत्साहस है। आभिजात्य के स्थान पर उसने 'जनसामान्य' की प्रतिष्ठा की है और युग की नयी आस्था तथा 'नवमानवतावादी' धारणा की परिपुष्टि की है।

इसी प्रकार का एक अन्य हास्यप्रधान 'स्केच' है—'बिल्लेसुर बकरिहा'। कृति में प्रचुर मात्रा में आंचलिक तत्त्व विद्यमान हैं और आद्यन्त सूक्ष्म निरीक्षण अनुभूत तथ्य उपलब्ध हैं। प्राक्कथन के रूप में लेखक की घोषणा है—"हिन्दी भाषा साहित्य में रस का अकाल है, पर हिन्दी बोलनेवालों में नहीं। उनके जीवन मं रस की गंगा-जमुना बहती है।........बिल्लेसुर चार भाई आधुनिक साहित्य के चार चरण पूरे कर देते हैं।"[2] लेखक मन्नी, ललई, दुलारे की गतिविधि का पर्याप्त वृत्तान्त प्रस्तुत करके बिल्लेसुर का रेखांकन करता है। धनार्जन हेतु हिन्दुस्तान की जलवायु के अनुसार सविनय कानून भंग करते हुए वर्दवान की यात्रा करते हैं और 'सत्तीदीन' की शरण में जाते हैं, जो 'अपनी अपार मूर्खता के कारण महाराज के खजांची' बन गये थे। अपना 'कनवजियापन' भुलाकर यह व्यक्ति अस्तित्व के लिए संघर्ष करता है। "बिल्लेसुर जीवन-संग्राम में उतरे।" गायों की सेवा-शुश्रूषा, अर्थ-प्राप्ति हेतु गुमाश्तों के नाम तहसील की चिट्ठियाँ लगाना—"नंगे सिर, बिना छाता, धूप में दौड़ते हुए रास्ता पार करते, कर्ण कटु बातें बर्दाश्त करते लौटते थे हांफते हुए,

1. भूमिका
2. बिल्लेसुर बकरिहा, पृष्ठ 1

मुँह का थूक सूखा हुआ। होंठ सिमटे हुए। पसीने-पसीने। दिल धड़कता हुआ।'' निरन्तर संघर्षशील अशान्त परिस्थितियों में भी वे अपनी जिन्दगी की किताब पढ़ते गये, "किसी भी वैज्ञानिक से बढ़कर नास्तिक......अविश्वास करते-करते खास शक्ल के बन गये थे।"

तदुपरान्त बिल्लेसुर की नियमित अजीविका, जगन्नाथ यात्रा, गुरुमन्त्र और विफल मनोरथ होकर गाँव का प्रत्यागमन–यहाँ से उनका पुनर्जीवन आरम्भ होता है। बिल्लेसुर परिस्थिति से जूझते हैं, पर रहस्य नहीं प्रकट करते। उनके धन के सम्बन्ध में भाँति-भाँति के अनुमान किये जा रहे हैं। कन्यादाय वंचकों और सरकारी कृषकों की भीड़ लगी है, पर स्वेच्छा से बकरी-पालन का उद्योग अपनाते हैं–"लम्बे पतले बाँस के लग्गे में हँसिया बाँधा, बढ़ाकर गूलर, पीपल-पाकर आदि पेड़ों की टहनियाँ छाँटकर बकरियों को चराने के लिए..... ।"[1] उनकी जिन्दगी के रास्ते पर रोज ही ठोकरें लगती हैं, कभी बचते हैं; कभी चूकते हैं। वे आपत्तियों को झेलते हुए लक्ष्य की ओर अग्रसर हो रहे हैं–"दमदार पहले से थे, बकरियों के साथ रहकर और हो गये थे।"[2]

बिल्लेसुर का जीवन-दर्शन अत्यधिक स्वस्थ और सन्तुलित है। गम्भीर क्षति सहन करके भी उनका व्यक्तित्व पात्र प्रशान्त है। कृशकाय व्यक्ति संघर्ष और सहिष्णुता का अप्रतिम आदर्श है। उनका जीवन आद्यन्त व्यावहारिक अथवा नितान्त प्रायोगिक है, न कि मात्र सैद्धान्तिक। वे आत्मज्ञान की चरमावस्था का साक्षात्कार कर चुके हैं और कर्त्तव्य कठोर संसार में अपना करणीय भी तदनुकूल निर्धारित कर चुके हैं। एक युग-चिन्तक तत्त्ववेत्ता अथवा दार्शनिक की अपेक्षा उनकी जीवन-प्रणाली अधिक सार्थक है; अन्तर केवल इतना है–"हमारे सुकरात के जबान न थी पर इसकी फिलासफी लचर न थी।" वे स्वार्थवश ईश्वर पर विश्वास करते हैं, पर ईश्वर के 'विश्वासघात' करने पर और स्वयं अपूर्ण मनोरथ होने पर मूर्ति भंजन ही कर डालते हैं। "दुःख का मुँह देखते-देखते उसकी डरावनी सूरत को चुनौती दे चुके थे, कभी हार नहीं खायी।"[3] फावड़े से कृषि कार्य करना, अपने भाई मन्नी की सासु को प्रभावित करके उसके माध्यम से विवाहोत्सव आयोजित करना, अपने धनी होने का राज आजीवन अप्रकट रखना और अन्ततः सुखमय वैवाहिक जीवन व्यतीत करना उनके प्रत्यक्ष जीवन की सिद्धि है।

बिल्लेसुर का जीवन-चरित एक निस्सम्बल व्यक्ति के अस्तित्व की शपथ है। वस्तुतः वह वड़ा उत्प्रेरक और प्रभावोत्पादक सिद्ध होता है। यह रेखांकन

---

1. बिल्लेसुर बकरिहा, पृष्ठ 11
2. वही, 22
3. वही, 26

लेखक का दृष्ट सत्य है। उसके सूक्ष्म निरीक्षक का समर्थ साक्ष्य है, उसकी मर्मानुभूति का लक्ष्य है। बिल्लेसुर हमारे समसामयिक युग-जीवन के शत-शत सामान्य प्राणियों के मध्य एक परम उपेक्षित अथवा नगण्य व्यक्ति हैं, किन्तु अपनी संवेदना-शक्ति के सहारे लेखक ने उसका संस्कार किया है। उसके उद्दाम संघर्ष, प्रकृष्ट पुरुषार्थ और 'जीने की कला' को प्रश्रय देकर लेखक ने अक्लान्त मानवता के उस पक्ष का अभिषेक किया है, जो जीवन का सनातन सत्य है। बिल्लेसुर का यह आदर्शरूप लेखक को अभिप्रेत अवश्य रहा है, पर रेखांकन में उसने कहीं भी आदर्श को आरोपित नहीं किया है। सर्वत्र उसके व्यक्तित्व का स्वच्छन्द अथवा स्वाभाविक विकास हुआ है। उसके जीवन के सत्-असत् सभी पक्ष प्रस्फुटित हुए हैं, जिससे यह अति यथार्थवादी और मानवतावादी 'चरित' प्रणोदित है।

स्फुट संस्मरणों के रूप में निरालाजी की कुछ निबन्ध कृतियाँ विशेषतः उल्लेखनीय हैं। आलोच्य संस्मरणात्मक निबन्धों में 'गाँधीजी से बातचीत', 'नेहरू से दो बातें', 'प्रान्तीय साहित्य सम्मेलन, फैजाबाद' आदि विचारणीय हैं। निरालाजी ने महात्मा गाँधी के अन्तर्मानस की दुर्भेद्य मनः प्रवृत्तियों का कटु परीक्षण किया है और उनके 'महात्मापन' के समक्ष कुछ प्रश्नचिह्न लगा दिये हैं। घटना इन्दौर में महात्मा जी द्वारा किये गये इस भाषण से सम्बन्धित है—"कौन है—हिन्दी में रवीन्द्रनाथ ठाकुर, जगदीशचन्द्र वसु, प्रफुल्लचन्द्र राय।"[1] इसी सन्दर्भ में निरालाजी गाँधी के लखनऊ आने पर उनसे वार्त्तालाप करने की योजना बनाते हैं। लेखक बड़े यत्न के पश्चात् 'बापू की बकरी' के बहाने उनके प्रवास स्थान की खोज करता है। स्वयं सेवकों, वैयक्तिक सहायकों एवं सचिवों से वाक्कलह करके किसी प्रकार कुछ मिनटों का समय नियुक्त करा पाता है। निरालाजी का असहिष्णु एवं स्वाभिमानी व्यक्ति उनके महत्त्व और अपने लघुत्व का कायल नहीं है—"ये जितने बड़े नेता हैं, मैं उनसे बड़ा साहित्यिक हूँ और हिन्दी साहित्य सम्मेलन के सभापति को मुझसे मिलने में किसी तरह का संकोच न होना चाहिए।"[2] वह गाँधी से मिलना चाहता है, राजनीतिक महात्मा से नहीं। किसी प्रकार साक्षात्कार होता है। प्रथम दर्शन में ही लेखक की अन्तर्वेधी दृष्टि गाँधी की कूट चातुरी का रहस्यान्वेषण कर लेती है—"महात्माजी सूक्ष्म मन के तार से लोगों से मिले आगन्तुक के लिए कुछ अपने में खिंचे तैयार होते दिखे। देखा, पुतलियों में बड़ी चालाकी है।"[3] वार्त्तालाप के बीच गाँधीजी का उदासीन व्यवहार, मूक प्रत्युत्तर, अधिक समय माँगने पर अस्वीकृति आदि द्वारा लेखक की आस्था आहत हो जाती है—"मैं हैरान होकर

1. प्रबन्ध प्रतिमा, पृष्ठ 31
2. प्रबन्ध प्रतिमा, पृष्ठ 33
3. वही, पृष्ठ 33

हिन्दी साहित्य सम्मेलन के सभापति को देखता रहा जो राजनीतिक रूप से देश के नेताओं को रास्ता बतलाता है, बेमतलब पहरों तकली चलाता है, प्रार्थना में मुर्दे गाना सुनाता है, हिन्दी साहित्य सम्मेलन का सभापति है; लेकिन हिन्दी के कवि को आधा घण्टा का वक्त नहीं देता। अपरिणामदर्शी की तरह जो जी में आता है—खुली सभा में कह जाता है, सामने बगलें झाँकता है।"[1] लेखक ने अन्ततः इस तथाकथित 'महात्मा' जी के अन्तर्मुखी व्यक्तित्व तथा उसकी नीतियों के प्रति अपनी साहसपूर्ण धारणा व्यक्त की है—"महात्माजी की कुल क्रियाएँ एक सापेक्षता लिये हैं। हिन्दी की आवाज उठाकर भी गाँधी बदलते हैं और लोकप्रिय नेता बनने और व्यापक सहानुभूति पाने के लिए हिन्दुस्तानी के पक्ष में आते हैं.... यह भाषा-नीति घातक है।"[2] गाँधीजी का जीवन केवल बाहरी स्वतन्त्रता की लड़ाई का जीवन है। इनका जागरण उनका अकेले का नहीं साथ बहुतों का है। 'नेहरूजी से दो बातें', में 'हिन्दुस्तानी' के सम्बन्ध में विचार-विनिमय होता है और इसी क्रम में नेहरू की इस भ्रान्ति का निराकरण भी किया है कि हिन्दी में दरबारी ढंग की कविता प्रचलित है। वस्तुतः हिन्दी लेखक साधारण स्तर के व्यक्ति हैं, जो एक हाथ से वार झेलते हुए दूसरे हाथ से लिखते हैं। निरालाजी युक्त प्रान्त के राजनयिकों की हिन्दी साहित्यकारों के प्रति उपेक्षा या दायित्वहीनता की भर्त्सना करते हैं। लेखक की संवेदना विस्फोट अकस्मात इस सन्दर्भ में हो जाता है कि हमारे राष्ट्रीय कर्णधार 'प्रसाद' जैसे यशस्वी साहित्यकार के निधन पर शोक-प्रस्ताव तक नहीं पारित करते। प्रेमचन्द का शोक-प्रस्ताव इतना साधारण कि उल्लेख करते हुए संकोच हो। इस संक्षिप्त यात्रा-संस्मरण में लेखक ने विशुद्ध साहित्यिकता, साहित्य-भाषा और समाजवादी प्रक्रिया पर विचार-विमर्श किया है और अपने सैद्धान्तिक संघर्ष, सत्साहस अथच आत्मबल का प्रमाण प्रस्तुत किया है। 'प्रान्तीय साहित्य सम्मेलन' में भाषा-समस्या से पृथक् संस्थाओं के गठन और उनकी अव्यवस्थित घोषणाओं का प्रतिवाद किया गया है। प्रवक्ताओं के इस प्रस्ताव पर कि 'कवियों को राजनीतिज्ञों का साथ देना है।" निरालाजी एकाकी मूर्द्धन्य पदाधिकारियों का विरोध करते आते हैं—"हिन्दी के कवि राजनीतिज्ञों से आगे हैं। इस प्रान्त के राजनीतिज्ञ जितने बड़े-बड़े व्यक्ति हैं, निस्सन्देह साहित्यिक उनसे बड़े हैं।"[3] वस्तुतः सरस्वती राजनीति की दासी नहीं है। लेखक का उच्चाहम् यह सहन नहीं कर सकता कि राजनीतिक नेतागण सत्साहित्यकार को उपदेश अथवा अंगुलि-निर्देश दें। उसकी सैद्धान्तिक चर्चा (कायदे की चोचों) से सभी घबरा जाते

1. प्रबन्ध प्रतिमा, 35
2. वही,, 27
3. वही, पृष्ठ 253

हैं। मानसिक उद्वेगवश उसे कहना पड़ता है—"हिन्दीवालों के एक अदृश्य दुम लगी है.....अगर 'सम्मेलन' ने हिन्दुओं में मुर्गी खाने का प्रचार किया होता तो हिन्दू-मुस्लिम यूनिटी अब तक बहुत मजबूत हो चुकी होती।"[1] विद्रोहातुर होकर वे हृदय नैतिकता की भी शव-परीक्षा कर डालते हैं। यहँ लेखक की वैचारिक स्वतन्त्रता, राजनीति बनाम साहित्य का द्वन्द्व और उसके साहित्यिक जीवन के अथक संघर्ष का आभास मिलता है जो इन आत्मसंस्मरणों में कहीं अन्तर्निहित है, और कहीं स्वीकारोक्त।

प्रस्तुत आत्मपरक साहित्य के परिप्रेक्ष्य में महाप्राण निराला के जीवनादर्शों का विश्वस्त परीक्षण किया जा सकता है और उन मनोभूमियों का भी रहस्योद्‌घाटन हो सकता है जो इस महाकवि के 'निरालेपन' की नियामक हेतु हैं। निराला का युग-विद्रोही व्यक्तित्व तत्कालीन विषम सामाजिक, आर्थिक व्यवस्था की सहज सृष्टि अथवा उत्कृष्ट परिणति है। आरम्भ में वे उच्चवर्ण अथवा कान्यकुब्जत्व आभिजात्यपूर्ण वातावरण में संस्कारबद्ध जीवन-यापन करते हैं, किन्तु इस वर्ग की निर्मम रूढ़ियों से संत्रस्त होकर वे व्यवस्था के विरोधी बन जाते हैं। आकस्मिक विपत्तियों (पत्नी के निधन एवं स्वजन-बान्धवों की क्षति) से उनकी जीवनास्था अस्त-व्यस्त हो जाती है और वे विद्रोहातुर अथवा मूर्तिभंजक हो उठते हैं। समाज की उपेक्षा, परिस्थिति की प्रतारणा और सजातियों की विगर्हणा उन्हें अधिक असहिष्णु कर देती है और प्रतिक्रियास्वरूप उन्हें इन दीन-हीन, पीड़ित-प्रताड़ित पात्रों की सृष्टि करनी पड़ती है। इन 'लघुमानवों' का रूप-गठन करके लेखक ने परम्पराजन्य 'नायकों', उनके अनुगामियों और वीरपूजा (हीरो वरशिप) की मान्यता पर आघात किया है। 'कुल्ली' के व्याज से लेखक ने राजनयिकों के छद्म आचरण और उनकी तथाकथित 'महत्ता' पर शंका व्यक्त की है। 'बिल्लेसुर' के माध्यम से एक निरीह जीवन-सेनानी और तत्त्वदर्शी प्रयोक्ता का रूपांकन किया है, जो जीवन का आर्ष द्रष्टा है—सुकरात से अधिक। केवल वह वाक्प्रवंचना नहीं कर पाता। 'चतुरी' से अधिक सन्त साहित्य का वेत्ता और धीर-गम्भीर व्यक्ति का अनुमान नहीं किया जा सकता। इन चित्रों द्वारा जहाँ उपेक्षित मानव के प्रति संवेदना प्रकट की गयी है, वहीं अभिजात वर्ग की भर्त्सना या अवहेलना भी की गयी है। इन कुरूप पात्रों की सृष्टि द्वारा लेखक ने आत्मभावनाओं का प्रक्षेपण किया है, इसलिए वे इतने जीवन्त और मर्मस्पर्शी हैं। ये पात्र उनके ही प्रतिरूप हैं, जिनके व्याज से वे अपनी वृत्तियों का प्रच्छन्न पोषण करते हैं।

'निराला' का व्यक्तित्व प्रबल अहम्मन्यता से परिपूरित है। इस आत्मचैतन्य

---

1. प्रबन्ध प्रतिमा, पृष्ठ 264

का कारण है—उनका आभिजात्य और देहात्मबोध। संस्मरणों में सर्वत्र उन्होंने अपने पाँच फुट साढ़े ग्यारह इंच लम्बे, जरूरत से ज्यादा चौड़े पुष्ट मांसल शरीर का उल्लेख किया है। शारीरिक गठन, दैहिक शक्ति, आकार—प्रकार एवं बाह्य सौन्दर्य के प्रति वे प्रायः अभिभूत हैं, जिसके स्फुट संकेत ध्यातव्य हैं—"तब मेरे बाल बड़े थे। नवजवान और नवयुवतियाँ मुझे सहर्ष देख-देख जाने लगीं।"[1] गाँधीजी की प्रार्थना-सभा में किसी का धक्का लग जाने से वे उसकी गर्दन दबाने की सोचने लगते हैं।[2] अपने नंगे बदन पर पल्टन के सिपाहियों द्वारा उपहास करने पर वे निश्चय करते हैं—"एक हाथ रखूँ तो छठी का दूध याद आ जाये।"[3] 'मेरी इच्छा हुई कलाई पकड़कर घसीटूँ' इसी प्रकार लम्बे बाल रखकर 'मिस फैशन' कहलवाना और ज्ञात रूप से कुल्ली भाट-जैसे भ्रष्ट 'रसिक' से सम्पर्क स्थापित करना इसी 'सौन्दर्य-तोष' (रूप प्रशंसाजन्य आनन्द) का निमित्त है। स्थिति की परवशता के कारण यह सूक्ष्म अथवा सुकुमार सौन्दर्य जब अन्यतम नहीं सिद्ध हो पाता (अपेक्षाकृत पन्त से पराभूत हो जाता है) तो प्रचण्ड पौरुष के विराट् सौन्दर्य को वे वरण करते हैं और पन्तजी के "स्त्रीत्व-चिह्नों" का उपहास करते हैं, जिसमें अन्यथा रूप से आकुल अशक्य का या कुण्ठा की प्रतिध्वनि है। इसी 'स्वरूप' की अन्तिम परिणति 'महाप्राणत्व', ऋषि कल्प केशों, जर्जर कलेवर, ईसू तुल्य विक्षिप्त अंग-भंगिमा 'भग्नमूर्ति' और रौद्र रूप में होती है। अस्तु, निरालाजी के विद्रोह का प्रमुख कारण है—उनकी अहंचेतना और यौन कुण्ठा-ग्रन्थियाँ, उसका हेतु है—उनका चेतन अथवा अवचेतन देहात्मबोध। इसी कायिक पुष्टि हेतु वे सामिष पदार्थों का भक्षण करते हैं। इन घोषणाओं का कारण यह नहीं कि निरालाजी सुस्वादु सामिष व्यञ्जनों के कायल हैं, बल्कि वे इन उक्तियों द्वारा खान-पान के विवेकी 'कनवजियों' को चुनौती देना चाहते हैं। कथा-साहित्य में प्रकट रूप से उन्होंने जातीय विश्वासों और परम्पराओं को झकझोरा है। अतृप्त अहम् विक्षुब्ध कुण्ठा का रूप धारण कर लेता है। गाँधी द्वारा भग्न मनोरथ होने पर वे व्यग्र एवं भावाकुल हो उठते हैं, अहम् जागृत हो जाता है—"अब किसकी आलोचना से, किसी की तारीफ से आगे आने की अपेक्षा मुझे नहीं रही। मैं खुद तमाम मुश्किलों को झेलता हुआ अड़चनों को पार करता हुआ सामने आ चुका हूँ।"[4] निरालाजी अपने सापेक्षिक लघुत्व को स्वीकार नहीं कर सकते; तभी गाँधी के 'महात्मापन' की अवज्ञा करते हैं—"स्वयं एक स्वतन्त्र साहित्यिक, एक पहुँचा दार्शनिक, वैसा ही जीवन जैसा गाँधीजी का,

1. प्रबन्ध प्रतिमा पृष्ठ 35
2. प्रबन्ध प्रतिमा „ 36
3. देवी, पृष्ठ 9
4. प्रबन्ध प्रतिमा " 39

महत्त्व की दृष्टि से बढ़कर नहीं तो घटकर भी नहीं.........।"[1]

उपर्युक्त उक्तियाँ लेखक की मानसिक पीठिका एवं अन्तर्बाह्य प्रकृति की परिचायक हैं। आकृति विज्ञान के सूक्ष्म अध्ययन द्वारा उनकी प्रकृति का निरूपण किया जा सकता है, जिसकी पुष्टि इन आत्मसाक्ष्यों द्वारा सम्भाव्य है।

आलोच्य साहित्य त्रिकोणात्मक है—(1) अन्यपरक चरित, (2) आत्मचरित, (3) रेखांकन। इन संस्मरणों की त्रिवेणी प्रायः एकात्म हो गयी है, अतः उसे पृथक् कर पाना व्यावहारिक रूप से दुष्कर है। उनका यह साहित्य कथा-साहित्य के अन्तर्गत ग्राह्य है। 'निराला' जी के रेखाचित्र आत्मचरितात्मक साहित्य के बहुत निकट हैं। जीवन-चरित्र की भाँति ये एकनिष्ठ अथवा एकांगी नहीं हैं। इनके पात्र उस वर्ग भावना के प्रतिनिधि और उस विशेष विचार-पद्धति के संवाहक हैं, जिनके चरित्रों में जीवन प्रधान है, नायकत्व नहीं। कुल्ली भाट के रूप में वस्तुतः एक ऐसा चित्र शब्दबद्ध हुआ है, जो पतन के गर्त से उठता हुआ कीर्ति के शिखर पर प्रतिष्ठित होता है। प्रथमतः वही अपने जीवन का अधिकांश मौज, बहार और नाना दुर्व्यसनों में व्यतीत करता है किन्तु अन्ततः बड़ी कर्मठता सहित हरिजनोद्धार, अनाथ-शिक्षा एवं स्वातन्त्र्य-संग्राम की ओर अभिमुख होता है। इन तथाकथित निम्नस्तरीय पात्रों के व्यक्तित्व सामाजिक दृष्टि में निन्दनीय हैं, फिर भी कुल्ली का 'वज्र कठोर अन्तस्' संघर्ष-क्षेत्र से उपराम नहीं होता। 'बिल्लेसुर' अति सामान्य स्थिति और लघु स्तर का प्राणी है। किन्तु आज का उपयोगितावादी दृष्टिकोण, आत्मबल और युयुत्सा उसमें आचूड़ विद्यमान है। जीवन को अनवरत संघर्ष मानकर उससे जूझना ही परम लक्ष्य है। एक निरक्षर व्यक्ति का यह दूरदर्शी, व्यावहारिक एवं प्रायोगिक दृष्टिकोण वस्तुतः बड़ा अद्‌भुत है। यथोचित साधनों और अभीप्सित सुविधाओं के अभाव में भी उसकी जिजीविषा और उसकी विजय-घोषणा अत्यन्त प्रेरक तथा प्रभावोत्पादक है। आलोच्य कृतियों में समसामयिक परिवेश तत्कालीन जन-जीवन तथा आंचलिक तत्त्व का अत्यधिक विश्वस्त स्वर है। बैसवाड़े की लोक-संस्कृति, आचार-विचार तथा प्रथाएँ यथा सन्दर्भ बड़े जीवन्त रूप में यहाँ प्रकट हुई हैं। इन चित्रों में अनुभूति की सत्यता भी है और कथ्य की अतिरंजना भी; अस्तु यह विधा रोचक भी है और स्वाभाविक भी। उपर्युक्त कृतियाँ रचनातन्त्र की दृष्टि से भी विवेचनीय हैं। वस्तु के अन्तर्गत मूल घटनाओं में कुतूहल और चमत्कार है। कथोपकथनों में क्षिप्रता, प्रत्युत्पन्नमति और व्यंग्य-विनोद का पुट है। चरित्र के निखार हेतु परिस्थिति योजना की भी सफल सृष्टि हुई है। भाषा में कवित्व अपेक्षाकृत न्यून है, तथापि यत्र-तत्र भावुक स्थलों पर उसका

1. प्रबन्ध प्रतिमा, पृ० 27

प्रस्फुटन हुआ है, यथा—"आँखों में शाम की उदासी छा गयी..............दिशाएँ हवा के साथ साँय-साँय करने लगीं। नाला बहा जा रहा था, जैसे मौत का पैगाम हो। चिड़ियाँ चहक रही थीं, रात को घोंसले की डाल पर बैठी हुईं।" यह कवित्व शैली प्रकृति-चित्रण में तो सराहनीय है ही अन्यत्र भी बड़ी प्रभावकारी सिद्ध होती है। एक उक्ति-वैचित्र्य द्रष्टव्य है। 'कुल्लीभाट' की भूमिका में नायकत्व पर विचार करते हुए वे कहते हैं—"तुलसीदासजी पुरुष थे, महापुरुष नही; महापुरुष अकबर था, दीन-ए-ईलाही चलाया, हर कौम की बेटी ब्याही, चेले बनाये।" लेखक की शब्दावली विषयानुकूल एवं पात्रानूकूल है। आत्मवृत्तान्तों में 'आत्मश्लाघा' से दूर रहना निरालाजी की विशिष्ट साधना है।

निरालाजी का आत्मचरितात्मक साहित्य गम्भीर जीवन-दृष्टि, अनुभूतिप्रवणता, मनोवैज्ञानिक, घात-प्रतिघात, सूक्ष्म निरीक्षण शक्ति और कथ्य की सत्यता पर आधारित है। लेखक का एतद्विषयक एकान्त चिन्तन भी ध्यातव्य है। इन चित्रों की नींव में उसकी संवेदनशीलता का रस है, जिसका बड़े सन्तुलन एवं संयम के साथ उपयोग हुआ है। रेखाचित्रों में अपेक्षाकृत स्थूलता अधिक है, यद्यपि वे हैं अत्यन्त सजीव एवं सस्फूर्त। संस्मरणों में लेखक का साहस युग-विद्रोह, उक्ति-वैचित्र्य और कथ्यगत कौशल सराहनीय है। गम्भीर व्यंग्यों और हास्य-प्रसंगों के कारण ये और भी प्रेषणीय हो गये हैं। यत्र-यत्र आत्मप्रकाशन का लोभ-संवरण न कर पाने के कारण कुछ असन्तुलन या अननुपात को स्थान मिला है। लेखक के चरितनायक और आत्मचरित प्रायः समानुपातिक हैं। उक्त अंश अन्यथा रूप से निरालाजी की आत्मकथा सदृश ज्ञात होता है। जीवनी रूप में भी पृथक् रूप से निरालाजी की कतिपय कृतियाँ उपलब्ध होती हैं—यथा 'भीष्म', 'भक्त प्रह्लाद' आदि। किन्तु इन प्रारम्भिक अपरिपक्व अथवा आशुलिखित कृतियों में उत्कृष्ट कला के लक्षण नहीं हैं, अवश्य ही इनसे लेखक की बहुविध कला का सर्वांङ्गीण परिचय मिल सकता है। समग्रतः निरालाजी का यह चरितात्मक साहित्य महत् है। लेखक ने उपेक्षित तथा गर्हित पात्रों की ओर दृष्टि-निक्षेप करके उन्हें नायकत्व की कोटि में प्रतिष्ठित किया है और आभिजात्य के स्थान पर 'लघुमानव' को साहित्यिक अर्हता भी प्रदान की है। 'निराला' वस्तुतः हिन्दी के गोर्की हैं। गोर्की प्रायः जीवन की मुद्रा को देखता था, जबकि 'निराला' जीवन मात्र के चितेरे हैं। मेरी विनम्र धारणा है कि निराला के इस अर्न्तसाक्ष्य का पूर्व परिचय प्राप्त किये बिना उनके अवरोधगामी, अवढरदानी, विद्रोही, अहंभावी, विक्षिप्त अवधूत, अलमस्त (असामान्य) व्यक्तित्व को एवं उनके वैविध्यपूर्ण कृतित्व को सम्यक् रूप से नहीं समझा जा सकता है।

●

पत्रकार निराला

–विष्णुचन्द्र शर्मा

पत्रकार निराला साहित्यकार निराला से अलग नहीं थे। 'सरस्वती' पत्रिका से इन्होंने हिन्दी का ज्ञान और अनुभव का विस्तार किया। अपनी बात के लिए ही वे लेखक हुए और अपने समय की जटिलताओं को सुलझाने की इनके पत्रकार ने कोशिश की। साहित्य को समाज की 'नाना अर्थ भूमियों' का माध्यम बनाकर निरालाजी ने कवि, कथाकार, निबन्ध-लेखक और आलोचक की बहुवस्तुस्पर्शिनी प्रतिभा का विकास किया है। यही इनके कार्यों का "मुक्त मार्ग" था। इनकी पत्रकारिता का जीवन इनके कठोर संघर्ष और हिन्दी की प्रगति का इतिहास है।

सन् 1919 में 'सरस्वती' में इनका पहला लेख छपा, पर उसी पत्रिका ने इनकी पहली कविता 'जूही की कली' को अस्वीकार भी किया। अध्ययन-काल में इन्होंने संस्कृत, बँगला, उर्दू और अंग्रेजी का गूढ़ अध्ययन किया और अपने पद्य और गद्य पर कठोर श्रम किया। स्वामी विवेकानन्द और रवीन्द्रनाथ ठाकुर के अनुवादों से इन्होंने काव्य पर अभ्यास किया।

स्वामी विवेकानन्द के दर्शन की सृष्टि के रहस्य की जिज्ञासा के भाव ने निरालाजी को वेदान्ती बनाया। विराट् की कल्पना और अद्वैतवाद की गूढ़ता ने इनकी रचना को पहले अस्पष्ट अवश्य बनाया। 'समन्वय' (सन् 1922 ई०) का सम्पादन-काल निराला के लिए ऐसा ही था। मनुष्य की दृष्टि यहाँ भी उन्हें उदार बनाती है। समाज की करुण स्थिति और नैतिकता की प्राचीन आस्था इनके विचारों में रम गयी थी। 'अनामिका' (1937) के प्राक्कथन में निरालाजी ने लिखा है कि "वे (श्री महादेवप्रसाद सेठ) मेरी रचनाओं के पहले प्रशंसक हैं। तब मेरी कृतियाँ पत्र-पत्रिकाओं से वापस आती थीं, मैं उदास और निराश हो गया था............। उनसे मेरा परिचय 'समन्वय' के सम्पादन-काल में हुआ। फिर भी वेदान्तिक साहित्य से खींचकर हिन्दी में परिचित और प्रगतिशील मुझे उन्होंने किया—अपना 'मतवाला' निकाल कर। मेरा उपनाम 'निराला' 'मतवाला' के ही अनुप्रास पर आया।"

मतवाला का निराला ढंग

'मतवाला' (26 अगस्त, सन् 1926 ईसवी) हिन्दी इतिहास की एक घटना

है। समाज के खोखलेपन को वह एक चुनौती थी–

खींचो न कमानों को, न तलवार निकालो।
जब तोप मुकाबिल है, तो अखबार निकालो॥

'सरस्वती', 'माधुरी', 'प्रभा', 'कलकत्ता-समाचार' आदि पत्रों के रहने पर भी हिन्दी की प्रगति का स्वाभाविक विकास नहीं हो रहा था। पत्रिकाएँ विचारों की अस्पष्टता और भाषा की अव्यवस्था के कारण हिन्दी पाठकों की जिज्ञासा पूर्ति नहीं कर पाती थीं। 'मतवाला' के सम्पादक-मण्डल का उद्देश्य नयी बातों को जनता तक पहुँचाना था। अखबार के जरिये वे 'देश की आन्तरिक दशा बदलना' चाहते थे। उन्होंने अपने पहले अग्रलेख में लिखा है कि उसमें सच्ची और स्वाभाविक सूचना रहेगी।............लेकिन बतलाने का ढंग निराला होगा। जो मेरी ही तरह स्वतन्त्र 'मतवाला' होगा, वही उस ढंग का समझनेवाला होगा। राष्ट्र, जाति, सम्प्रदाय, भाषा, धर्म, समाज, शासन-प्रणाली, साहित्य और व्यापार आदि समस्त विषयों का निरीक्षण और संरक्षण ही मेरी योजना का अभिसन्धान है। मैं उसे पूरा करने के लिए संकोच, भय, ग्लानि, चिन्ता और पक्षपात का उसी प्रकार त्याग कर दूँगा; जिस प्रकार यहाँ के नेता निजी स्वार्थ का त्याग करते हैं। 'मतवाला' का 'मतवाले की बहक', 'चलती चक्की' और 'कसौटी' आदि कालमों में सच्चाई और स्वतन्त्र मत का ही पक्ष लिया गया। 'मतवाला' के निराले व्यंग्य ने भारतेन्दु-युग के पत्रकारों की याद ताजी कर दी।

निरालाजी ने लिखा है कि जिन पत्रों को कोई कौड़ी के मोल नहीं पूछता, उनके सम्पादक पत्र की प्रसिद्धि के लिए किसी प्रतिष्ठित पत्र या मनुष्य के विरोध में लिखना आरम्भ कर देते हैं। पर निरालाजी ने झूठी प्रसिद्धि की कभी कामना नहीं की और न कभी बिना कारण किसी से विरोध मोल लिया। उनके विरोधी कम नहीं थे, पर 'स्वार्थ समर' में हारकर भी वे अपनी ईमानदारी में जीवित रहे। 'सरोज-स्मृति' कविता में उन्होंने लिखा है–

हारता रहा मैं स्वार्थ समर
पर–सोचा है नत हो बार-बार
यह हिन्दी का स्नेहोपहार
यह नहीं हार मेरी भास्वर
यह रत्नहार, लोकोत्तर वर

उनके विरोधी जहाँ रामचन्द्र शुक्ल जैसे विद्वान् थे; वहीं हल्के-फुल्के और भी बहुत से लेखक थे। निबन्धों में विचारक निराला उनका खण्डन-मण्डन करते। हिन्दी की प्रगति के जरिये निरालाजी देश की प्रगति का स्वप्न देख रहे थे। उनका

दृढ़ आत्म-विश्वास इससे स्पष्ट है—

देखे वे हँसते प्रवर
जो रहे देखते सदा समर
एक साथ जब शतघात पूर्ण
अतिथि मुझ पर तुले तूर्ण
देखता रहा मैं खड़ा अपल
वह शर क्षेप; वह रण-कौशल।

इस विरोध में भी निरालाजी ने 'मतवाला', 'रंगीला' (सन् 1927 ई.) और 'सुधा' (सन् 1929 ई.) पत्रिकाओं का सम्पादन किया। 'मतवाला-मण्डल' इनकी अध्ययन-वृत्ति, पैनी दृष्टि, तीखे व्यंग्य, गहरी भाषा, व्याकरण की पैठ और कवि तथा लेखक की मौलिक रचनात्मक शक्ति के प्रशंसक थे। 'मतवाला' का मुख्य पृष्ठ निराला की कविताओं से ही सजता था। साप्ताहिक 'मतवाला' कलकत्ते में अपने व्यंग्य और रोचक टिप्पणियों के कारण जनता का प्रिय पत्र हो गया। निराला की निम्नलिखित पंक्तियाँ कवि की मस्ती और पत्र की लोकप्रियता का उदाहरण हैं—

अमिय-गरल शशि-सीकर रवि-कर।
राग-विराग भरा प्याला।
पीते हैं जो साधक उनका
प्यारा है यह 'मतवाला'।

'मतवाला' ने निराला को कवि बनाया; उनके पाठकों को अध्ययन की दृष्टि दी, साधक बनाया, उनकी रुचि बदली। इसका पता 'सम्मेलन-पत्रिका' प्रयाग (भाद्रपद संवत् 1980) से लगता है—'मतवाला' इस युग की चीज है। इसकी सम्पादकीय टिप्पणियाँ, अग्रलेख, मतवाले की बहक, चलती चक्की आदि शीर्षक बड़ी ही पैनी आलोचना, रँगीली और चुटीली भाषा तथा मतवाली और निराली अदा के साथ देखने में आते हैं। भीषण साहित्यिक हास्य इसका प्राण है। हमें तो पढ़कर पूज्य भट्टजी के 'हिन्दी प्रदीप' के कतिपय लेखों की झलक मिलती है। यह अपने मोठे नशे की झोंक में बड़े-बड़े गम्भीर प्रश्नों पर जो निर्भीक आलोचना कर जाता है, वह देखते ही बनता है।

'मतवाला' की ये सारी विशेषताएँ एक प्रकार से निराला के भविष्य की ही विशेषताओं का बीज रूप थीं।

निरालाजी ने हिन्दी-साहित्य के बहुत बड़े अभाव की पूर्ति के विचार से ही पत्रों का सम्पादन किया। पर प्रारम्भ से ही उन्हें बात कहने के लिए सम्पादकों से,

प्रशासकों से और आलोचकों से विरोध मोल लेना पड़ा। छायावादी के भाव, भाषा और छद्‌म का मजाक लेनेवाले कम नहीं थे। किन्तु अपनी मस्ती के साथ ही एक-एक को चुनकर निराला ने जवाब दिया, उनकी हर चुनौती स्वीकार की। डॉ. रामविलास शर्मा ने लिखा है कि बहुत दिनों के बाद अवरुद्ध साहित्य के प्रतिभा को प्रकाश में आने का अवसर मिला, शाम को भाँग छानना, दिनभर सुरती फाँकना, थियेटर देखना, साहित्यिकों से सरस वार्त्तालाप करना, मुक्त छन्द में कविता लिखना, छन्द नामों से हिन्दी के आचार्यों की भाषा में व्याकरण और मुहावरों की भूलें दिखाना और यों समस्त हिन्दी को चुनौती देना उनके जीवन का कार्य था। उस समय ऐसा लगता था कि मुन्शी नवजादिक लाल, बाबू शिवपूजन सहाय और पण्डित सूर्यकान्त त्रिपाठी 'निराला' एक तरफ और सारी खुदाई एक तरफ।

सालभर बाद ही निरालाजी 'मतवाला' से अलग हो गये। कलकत्ते से विदा होते समय उन्होंने बाबू बालमुकुन्द गुप्त, पण्डित लक्ष्मणनारायण गर्दे, पण्डित सकलनारायण शर्मा और पण्डित जगन्नाथप्रसाद चतुर्वेदी से अपनी योग्यता के प्रमाण-पत्र लिये। अपने विरोधियों से उन्हें यह सब इसलिए करना पड़ा; कयोंकि हिन्दी के (नामी-गिरामी) लेखक अभी इन्हें स्वीकार नहीं कर सके थे।

निरालाजी ने 'मतवाला' में श्रीमान् गरगज सिंह वर्मा 'साहित्य शार्दूल' के नाम से 'चाबुक' लिखकर हिन्दी के आलोचकों को मुँहतोड़ जवाब दिया। 'जनाब आली' के नाम से लम्बी यथार्थवादी कहानी लिखकर रचनात्मक क्षेत्र में भी अपना महत्त्व बना लिया। 'मतवाला' की प्रसिद्धि के बाद से निराला की रचानाएँ जहाँ-तहाँ छपने भी लगीं। अब 'सुधा' और 'माधुरी' से पारिश्रमिक भी मिलने लगे।

सन् 1927 से 1930 तक निरालाजी बराबर अस्वस्थ रहे। इनके जामाता श्री शिवशेखर द्विवेदी के प्रबन्धकत्व में मासिक 'रंगीला' पत्र निकला। निराला इसके सम्पादक होकर कलकता गये, पर वहाँ दो-तीन ही मास रह सके। अकेले निरालाजी ने इसे 'मतवाला' के स्तर तक पहुँचा दिया था। इसके प्रथम अंक के मुख पृष्ठ पर 'प्रसाद' जी की 'बीती विभावरी जाग री' गीत छापा। पत्र के मुख पृष्ठ पर निराला की निम्नलिखित पंक्तियाँ छपती थीं—

पुरुष-प्रकृति तम-ज्योति
दिवस-निसि कल्प तल्प पर
एक 'रंगीला' रूप खिला
सब विश्व चराचर

निरालाजी सन् 1929 ई० से 'गंगा पुस्तक माला' प्रकाशन में काम करने लगे। यहीं से प्रकाशित 'सुधा' के वे सम्पादक हुए। उसमें 'निरुपमा' उपन्यास के

दो अध्याय छपे। एक उपन्यास 'उच्छृंखल' नाम से विज्ञापित हुआ। लेकिन उसकी कल्पना निरालाजी के मन में ही रही। इसी तरह 'उषा' नाटिका का विज्ञापन भी 'सुधा' में छपा, पर लिखा नहीं गया। ऐसे निरालाजी ने कई पत्रिकाओं में सम्पादकीय और दूसरे तरह के नोट लिखे हैं, लेकिन उसका श्रेय लिया उन प्रकाशकों ने। पूँजी के बल पर सम्पादक भी बन गये थे; (डॉ. रामविलास शर्मा) 'जन साहित्य' का 'निराला अंक'। कविताएँ और लेख छापने में भी उन्हें प्रकाशकों की व्यक्तिगत या वर्गगत रुचियों से लोहा लेना पड़ा। भला कौन विश्वास कर सकता है कि अभी सोलह-सत्रह साल पहले उन्हें श्री सुमित्रानन्दन पन्त और स्वर्गीय आचार्य महावीरप्रसाद द्विवेदी पर अपने लेख नष्ट कर डालने पड़े होंगे? ये सुन्दर लेख इसलिए नष्ट किये गये कि जिसके लिए लिखे थे, उन्हें वे स्वीकार न थे।

मुन्शी नवजादिक लाल के शब्दों में निराला एक योगभ्रष्ट योगी थे। वे कोई पेशेवर पत्रकार का जीवन नहीं बिता सके। साहित्य में जाने के लिए इन्हें पत्र की आवश्यकता पड़ी और जहाँ भी इनके अभिमान को चोट लगी, उन्होंने उस पेशे को ही छोड़ दिया। अपनी रचनाओं में इन्होंने चापलूस पत्रकारों और सम्पादकों पर व्यंग्य किया, जो किसी भी नेता या धनी के पीछे पागल होकर घूमते हैं। इस क्षुद्र मनोवृत्ति पर प्रहार करते हुए लिखा है कि कुछ लोग पत्रकारों के उत्तरदायित्व को नीचा कर रहे हैं। एक नेता के स्वागत का यह रूप इसका प्रमाण है—

मैं देता कुछ, रख अधिक,
किन्तु जितने पेपर
सम्मिलित कण्ठ से गाते
मेरी कीर्ति अमर
अमर चरित्र
लिखा अग्रलेख अथवा
छापते विशाल चित्र।

ये पत्रकार मनुष्यता का सम्मान नहीं करते बल्कि बड़े धनी कुमारों के पीछे बावले हो जाते हैं। उनके आने पर—

पत्रों के प्रतिनिधि दल में
मच जाती हलचल,
दौड़ते सभी, कैमरा हाथ,
कहते सत्वर
निज अभिप्राय.............

इसके विपरीत 'मतवाला' और 'रंगीला' का महत्त्व इस बात में औरों से

अलग है कि इसके लेख, कार्टून, कविता आदि का व्यंग्य व्यक्तिगत दोष से ऊपर उठकर समाज की पैनी आलोचना करने में आगे रहा। इसके जरिये ही निरालाजी ने पत्रकार और सम्पादकों के गम्भीर उत्तरदायित्व की ओर संकेत किया। राष्ट्रीय चेतना का विकास निरालाजी के पत्रकार रूप में ही उभरा। ऐसे ही जुलाई, सन् 1938 में श्री सुमित्रानन्दन पन्त के 'रूपाभ' को निरालाजी का सहयोग एक लेखक के रूप में मिला। 'बिल्लेसुर बकरिहा' और 'चमेली' स्केच और उपन्यास इस पत्र में ही छपे। श्री नरेन्द्र शर्मा ने लिखा है कि "निराला के सहयोग से पन्तजी के पत्र को निस्सन्देह प्रतिष्ठा और सार्थकता मिली।"

नेहरू और गाँधीजी के 'इण्टरव्यू' पत्रकार निराला के जरिये ही हिन्दी में पहले पहल चले। इस काल में ये दो निबन्ध आज भी बेजोड़ हैं। लेखकों में 'काव्य-साहित्य' में श्री रामचन्द शुक्ल की 'काव्य में रहस्यवाद' नामक पुस्तक की आलोचना 'पन्त और पल्लव' (माधुरी में) की। आलोचनात्मक लेखमाला और सामाजिक प्रश्न पर 'चरखा' लेख (श्रीकृष्ण सन्देश—सन् 1925 में) कविवर रवीन्द्रनाथ ठाकुर और गाँधीजी के विवाद की चर्चा चलायी है, जो ऐतिहासिक महत्त्व के हैं। इनमें निरालाजी पत्रों के प्रति सजग थे। एक पत्रकार के रूप में हर क्षण हिन्दी के भविष्य का ध्यान रहता था। इसी कारण चलतू चीजों में वे साहित्य-रचना का उत्तरदायित्व निभाते रहे।

एक जगह निरालाजी ने लिखा है कि "हिन्दी साहित्यिकों का अन्याय सीमा को पार कर जाता है। उन्हें अपनी सूझ के सामने दूसरे सूझते नहीं। हमें उनकी आँखों में उँगली डालकर उन्हें समझाना है और बहुत शीघ्र वैसे संकीर्ण विचारवालों को साहित्य के उत्तरदायी पद से हटाकर अलग कर देना है, तभी साहित्य का नवीन पौधा प्रकाश की ओर बढ़ सकेगा..............." हिन्दी में यदि चारों ओर से परकोटा घेरकर अन्य देशों तथा जातियों की भाव-राशि को रोक रखी गयी तो इस व्यापक साहित्य के युग में हिन्दी का भाग्य किसी तरह भी नहीं भभक सकता और उसे साहित्य का महाकवि तथा बड़े-बड़े साहित्यिकों के आने की जगह चिरकाल तक बनी-ठनी रहे—होता रहेगा।

पत्रकार के रूप में निरालाजी ने थोड़े समय तक ही काम किया, किन्तु देश की राजनीतिक दासता से स्वतन्त्रता तक निरालाजी का विकास एक पत्रकार की संक्षिप्त शैली और विचारों की स्पष्टता का ही विकास था। अर्थशून्य पाण्डित्य का प्रदर्शन न कर निरालाजी यथार्थ के प्रति और कला के प्रति सदा सच्चे बने रहे; क्योंकि शुद्धाडम्बर चिन्तन की दुर्बलता और विचारों की उलझन को प्रकट करता है। पत्रकार निराला का कवि-हृदय सहज और गम्भीर था। इसलिए वे लेखक और पत्रकार के रूप में अलग-अलग नहीं थे।

महाकवि निराला की कृतियाँ और तद्विषयक साहित्य

—हरिमोहन मालवीय

महाकवि निराला ने साहित्य की विविध विधाओं में रचनाओं का प्रणयन किया था। महाकवि के रूप में आधुनिक हिन्दी के साहित्यकारों की शीर्ष पंक्ति में उनका स्थान सहज ही बन चुका है। मौलिक कृतियों के साथ ही प्रचुर परिमाण में निराला द्वारा प्रस्तुत अनूदित साहित्य भी उपलब्ध है। काव्य, उपन्यास, कहानी, रेखाचित्र और जीवनी आदि के अतिरिक्त उत्कृष्ट समीक्षा-ग्रन्थों के माध्यम से उन्होंने हिन्दी के भण्डार की अभिवृद्धि में अपना योग दिया था।

1923 में उनका काव्य-संकलन 'अनामिका' कलकत्ता से प्रकाशित हुआ। निराला के लोकप्रिय काव्य-संकलन 'परिमल' (सन् 1930) के सन् 1956 तक छह संस्करण निकल चुके थे। 1936 में 'गीतिका' और 1938 में 'तुलसीदास' का प्रकाशन हुआ। 'तुलसीदास' खड़ीबोली हिन्दी का उत्कृष्टम प्रबन्ध काव्य है। साहित्य को नये आयाम देनेवाला काव्य- संग्रह 'कुकुरमुत्ता' 1942 में प्रकाशित हुआ और 1953 में 'अणिमा', 1946 में 'अपरा', 'नये पत्ते', तथा 'बेला', 1950 में 'अर्चना', 1953 में 'आराधना', 1954 में 'गीतगुंज' तथा 1955 में 'कविश्री' काव्य-संग्रह प्रकाशित हुए।

निरालाजी की बहुमुखी प्रतिभा के संस्पर्श से हिन्दी का उपन्यास साहित्य भी चमत्कृत हुआ है। निराला रचित उपन्यासों में 'निरुपमा' (1936) को अत्यधिक लोकप्रियता भी प्राप्त हुई। निराला कृत अन्य उपन्यास हैं 'अप्सरा' (1931), 'अलका' (1933), 'प्रभावती' (1936) तथा 'काले कारनामें' (1950)। इसी भाँति कहानी के क्षेत्र में भी निरालाजी की देन महत्त्वपूर्ण है। उनकी ४ कहानियाँ सन् 1933 में सर्वप्रथम 'लिली' के नाम से प्रकाशित हुईं। उसके ठीक 15 वर्ष बाद निराला का अन्तिम कहानी-संग्रह 'देवी' 1948 में प्रकाशित हुआ। निराला द्वारा लिखित अन्य कहानी-संग्रह हैं—'सखी' (1935), 'सुकुल की बीबी' (1941) और 'चतुरी चमार' (1945)।

निराला द्वारा प्रणीत मौलिक कृतियों में उनकी पैनी और तीखी लेखनी की तिर्यक रेखाओं से खचित 'रेखाचित्रों' का विशिष्ट स्थान है। निरालाजी ने समकालिक

समाज के सजीव चरित्रों को अपने रेखाचित्रों में स्थान दिया है। रेखाचित्र विधा में लिखित कृतियाँ हैं 'कुल्ली भाट' (1939), और 'बिल्लेसुर बकरिहा' (1941)।

रेखाचित्रों के पूर्व ही निरालाजी ने 'भक्त-ध्रुव' (1926), 'भक्त प्रह्लाद' (1926), 'भीष्म' (1927) तथा 'महाराणा प्रताप' आदि जीवनियों का भी प्रणयन और 'परिव्राजक' शीर्षक जीवनी का अनुवाद कार्य भी किया था।

श्रेष्ठ समालोचक और समीक्षक के रूप में निरालाजी को स्थापित करनेवाली कृतियाँ हैं—'रवीन्द्र कविता कानन' (1928), 'पन्त और पल्लव' (1949) और 'चाबुक' (1951)। 'प्रबन्ध पद्म' (1934), 'प्रबन्ध प्रतिमा' (1940) तथा 'चयन' (1957) निराला द्वारा लिखित प्रबन्धों के संकलन हैं, जिनमें महाकवि के सुचिन्तित एवं युगान्तरकारी विचार लिपिबद्ध हैं।

निरालाजी का सम्पर्क बहुत समय तक रामकृष्ण मिशन से भी था। अतएव रामकृष्ण परमहंस और विवेकानन्दजी के साहित्य के अनुवाद का कार्य भी उन्होंने किया था। रामकृष्ण देव की आराध्य शक्ति काली का स्मरण करते हुए निरालाजी का प्राणान्त भी हुआ था। निरालाजी ने 1942 में 'श्री रामकृष्ण वचनामृत' तीन भाग तथा 1948 में 'भारत में विवेकानन्द' ग्रन्थों का अनुवाद किया था। निराला द्वारा अनूदित जीवनी 'परिव्राजक' की चर्चा पहले ही कर चुका हूँ। स्वामी विवेकानन्द की कविताओं का अनुवाद भी निरालाजी ने किया था जो 'कवितावली' के नाम से प्रकाशित है।

महाकवि तुलसीदास निरालाजी के भी प्रेरणा स्रोत थे। निरालाजी को न केवल 'तुलसीदास' शीर्षक से लघु प्रबन्ध काव्य की रचना का श्रेय है, वरन् उनके द्वारा खड़ीबोली में अनूदित तुलसीदास कृत रामचरितमानस के कुछ अंशों का प्रस्तुतीकरण भी महत्त्वपूर्ण है। 'विनय खण्ड' (1948) इसी प्रकार की कृति है। निरालाजी के अखण्ड अध्यवसाय से 20 खण्डों में तुलसी के महाकाव्य 'मानस' की टीका भी गंगा पुस्तक माला, लखनऊ से प्रकाश में आयी थी। इसी भाँति 1939 में 'संक्षिप्त महाभारत' भी प्रकाशित हुआ था। गंगा पुस्तक माला से निराला द्वारा अनूदित रामायण का 'बालकाण्ड' भी प्रकाशित हुआ है।

बंगाल की धरती में पोषित महाकवि निराला ने अपनी लेखनी से बँगला के लेखक बंकिम बाबू की श्रेष्ठ कृतियों को हिन्दी में प्रस्तुत किया था। राष्ट्रगीत वन्देमातरम् के प्रणेता बंकिम कृत 'आन्नदमठ', 'कपाल-कुण्डला', 'चन्द्रशेखर', 'दुर्गेश नन्दिनी', 'कृष्णकान्त का बिल', 'युगांगुलीय', 'रजनी', 'देवी चौधरानी', 'राजा रानी', 'विषवृक्ष' तथा 'राजसिंह' उपन्यास प्रयागस्थ इण्डियन प्रेस से प्रकाशित हुए हैं। उपन्यासों के अतिरिक्त 'वैदिक साहित्य' एवं 'वात्स्यायन-कामसूत्र' ग्रन्थों के अनुवाद का श्रेय भी निरालाजी को है।

उपर्युक्त रचनाओं के अतिरिक्त निराला प्रणीत अप्रकाशित मौलिक नाटक हैं—समाज, शकुन्तला तथा 'उषा-अनिरुद्ध और उपन्यास हैं—फुलवारी-लीला तथा सरकार की आँखें। उन्होंने राजयोग, गीत-गोविन्द तथा उच्छृंखल का भी अनुवाद किया था। अन्तिम कृति की भाषा ब्रजभाषा है।

उपर्युक्त महत्त्वपूर्ण पुस्तकों के अतिरिक्त कुछ छात्रोपयोगी पुस्तकों का भी लेखन निरालाजी ने किया था, जिनके नाम इस प्रकार हैं—'रस अलंकार', 'हिन्दी बँगला शिक्षक' (1928), 'चमेली' (1941) तथा 'चोटी की पकड़' (1947)।

निरालाजी के सम्पूर्ण कृतित्व को परखने और उद्घाटित करने का प्रयास अनेक लेखकों ने किया है। इस प्रकार के ग्रन्थों की संख्या प्रचुर है। निम्नलिखित तालिका में कुछ ज्ञात ग्रन्थों की सूची प्रस्तुत करने का मैंने प्रयास किया है।

निराला साहित्य : आलोचनात्मक ग्रंथ-सूची

आलोचना

1.	महाकवि निराला का निरालापन	उमाशंकर सिंह	1957
2.	युगाराध्य निराला	गंगाधर मिश्र	1967
3.	कवि निराला और उनका काव्य-साहित्य	गिरीशचन्द्र तिवारी	2013 वि.
4.	महाकवि निराला कृत तुलसीदास	डॉ. जगदीशचन्द्र जोशी	1967
5.	राम की शक्ति-पूजा और निराला	देवेन्द्र शर्मा	1966
6.	निराला : काव्य और व्यक्तित्व	धनंजय वर्मा	1960
7.	कवि निराला	नन्ददुलारे वाजपेयी	1965
8.	क्रान्तिकारी कवि निराला	बच्चन सिंह	2004 वि.
9.	निराला	रामविलास शर्मा	1946
10.	निराला : व्यक्तित्व और कृतित्व	सम्पा. प्रेम नारायण टण्डन	1962
11.	निराला-काव्य का अध्ययन	डॉ. भगीरथ मिश्र	1967
12.	निराला का परवर्ती काव्य	रमेशचन्द्र मेहरा	1963
13.	निराला का साहित्य और साधना	विश्वम्भरनाथ उपाध्याय	1965
14.	महाकवि निराला	,, ,, ,,	2010 वि.
15.	काव्य का देवता निराला	विश्वभ्भर मानव	1963
16.	निराला की काव्य-साधना	वीणा शर्मा	1965
17.	महामानव निराला : कृतित्व और व्यक्तित्व	सत्यनारायण दुबे	1963

18. निराला का निरालापन	उमाशंकर सिंह	1955
19. महाप्राण निराला	गंगाप्रसाद पाण्डेय	1949
20. निराला	राजनाथ शर्मा	1957
21. कवि निराला	डॉ. रामरतन भटनागर	1947
22. निराला	डॉ. रामरतन भटनागर	1952
23. सूर्यकान्त त्रिपाठी निराला	डॉ. रामविलास शर्मा	1959
24. कविवर निराला	श्री हरि	1960
25. निराला और उनकी अपरा	डॉ. देशराजसिंह भाटी	
26. निराला और नवजागरण	डॉ. रामरतन भटनागर	
27. निराला का कथा-साहित्य	डॉ. कुसुम वार्ष्णेय	
28. निराला का गद्य-साहित्य	प्रमिला विल्ला	
29. महाकवि निराला	उमाशंकर सिंह	
30. महाकवि निराला	सं. राजकुमार शर्मा	
31. निराला	तिलक	
32. निराला और राम की शक्ति-पूजा	हरिशचरण शर्मा	
33. निराला और राम की शक्ति-पूजा	हेमराज सिंह भाटी	
34. निराला-काव्य पर बंगला का प्रभाव	इन्द्रनाथ चौधरी	
35. निराला की काव्य साधना	देवेन्द्र कुमार जैन	
36. निराला : जीवन और साहित्य	तेजनारायण प्रसाद सिंह	

अन्य ग्रन्थ

1. निराला अभिनन्दन ग्रन्थ	सं. ऋषि जैमिनी कौशिक बरुआ	1953
2. निराला स्मृति ग्रन्थ	सं. अमरनाथ	

शोध-ग्रन्थ

1. महाकवि सुब्रह्मण्यम 'भारती' एवं महाकवि सूर्यकान्त 'निराला'	डॉ. पी. जयरामन	1966
2. छायावादी काव्य और निराला	डॉ. शान्ति श्रीवास्तव	1966

जूही की कली

–अनिल कुमार सिन्हा

निराला की इस कविता के रचना-काल को लेकर काफी विवाद है। अभी ही हम इस सत्य की परख कर लेते हैं। साधारणत: यही माना जाता रहा है कि इसका प्रथम प्रकाशन 'मतवाला' के अठारहवें अंक (1923) में हुआ था। डॉ० रामविलास शर्मा ने भी 'निराला की साहित्य-साधना' में इसी बात का प्रतिपादन किया है। बहुत-से विचारकों का कहना है कि यह कविता निराला की प्रथम कविता है। कुछ ऐसे भी कहनेवाले हैं जो इस रचना को निराला की पत्नी की मृत्यु के बाद की बताते हैं। 'परिमल' के सप्तम संस्करण का निवेदन लिखते हुए श्री दुलारेलाल भार्गव लिखते हैं—"उनकी प्रारम्भिक रचनाएँ, जो सरस्वती—सम्पादक ने लौटा दी थीं, हमने 'माधुरी' के प्रथम वर्ष के अंकों में ही छापी थीं। 'तुम और मैं' और 'जूही की कली' आदि ऐसी रचनाएँ हैं। हमें वे इतनी पसन्द आयी थीं कि हमने उन्हें 'माधुरी' के प्रथम पृष्ठ पर स्थान दिया था। तब तक 'मतवाला' का प्रकाशन आरम्भ नहीं हुआ था।"

श्री शालिग्राम उपाध्याय का कहना है कि 'जूही की कली' निराला की प्रारम्भिक और प्रौढ़ रचना है, जिसे कई पत्रिकाओं से सम्भवत: वापस आना पड़ा था। वह सर्वप्रथम 'अनामिका' (1923) में अन्य आठ कविताओं के साथ संगृहीत थी। (छायावादी कवि निराला : जनभारती का मार्म्मिक (सं० 2019)।

इस प्रकार हमारे सामने मतों का वैभिन्य स्पष्ट है। महत्त्व हमें प्रकाशन को ही देना चाहिए, क्योंकि प्रथम रचना को जानने का एकमात्र स्रोत रचनाकार का स्वयं प्रकाशित मत ही है। अन्य किसी साधन से हम किसी की रचना कौन प्रथम है, कौन बाद की, नहीं जान सकते। 'जूही की कली' प्रथम रचना है, इसका कोई प्रमाण नहीं है। कविता की प्रौढ़ता से वह कई रचनाओं के बाद लिखी गयी प्रतीत होती हैं। इसीलिए 'जूही की कली' निराला की प्रथम कविता है, यह अविचारणीय बात है और प्रथम प्रकाशित रचना ही किसी लेखक या कवि की प्रथम रचना हो ऐसा कहना भी हास्यास्पद ही है; क्योंकि क्या गारण्टी है कि प्रथम प्रकाशित रचना ही किसी लेखक की प्रथम रचना है? उसने अपनी प्रथम प्रकाशित रचना के पहले भी 'रफ' की तरह कई रचनाएँ लिखी हों और अनुपयुक्त समझकर नष्ट कर दिया

हो, तब प्रथम रचना का दायित्व किस पर जायगा? इसलिए किसी भी लेखक की प्रथम रचना के विषय में बात करना थोथी बात है। किसी लेखक की प्रथम प्रकाशित रचना के सम्बन्ध में हम विचार कर सकते हैं या उसकी प्रारम्भिक और उत्तरकालीन रचनाओं का विचार कर सकते हैं। इसलिए 'जूही की कली' प्रथम रचना ही है, कहना थोथी बात है। वह पहली प्रकाशित रचना है, यह भी कहना कठिन है, क्योंकि जब-जब 'जूही की कली' के प्रकाशन की बात कही गयी है; फिर जब वह कई बार सम्पादकों के पास से लौट आयी थी तो प्रथम प्रकाशित रचना भी नहीं हो सकती। इसीलिए 'जूही की कली' के विषय में इतना ही कहना तर्कसंगत है कि वह निराला की प्रारम्भिक रचनाओं में से है।

अब रही पत्रिका में प्रकाशन की बात। 'मतवाला' में वह प्रथम बार प्रकाशित हुई थी, इसका कोई ठोस प्रमाण नहीं है। 'माधुरी' में वह प्रथम बार प्रकाशित हुई थी, इसका ठोस प्रमाण स्वयं पत्रिका सम्पादक का वक्तव्य है। अतः यही विश्वसनीय है। हमें इसे 'माधुरी' में ही प्रथम बार प्रकाशित मानना चाहिए।

अपनी रचनाओं में निराला आद्यन्त मानवतावादी हैं, भौतिक जगत् के प्राणी हैं। इसीलिए पत्नी की मृत्यु का वियोग उन्हें नहीं हुआ होगा, ऐसा कहना बेकार है। इस वियोग की अवस्था में शृंगारिक चेष्टाओं के आधार पर उन्होंने काव्य की रचना की होगी, ऐसा तर्कसंगत प्रतीत नहीं होता है। इसलिए यह कहना एक भूल है कि अपनी पत्नी के देहावसान के बाद उन्होंने 'जूही की कली' की रचना की थी।

श्री शालिग्राम उपाध्याय का कहना सही है, क्योंकि 'जूही की कली' को हम प्रारम्भिक प्रौढ़ रचना तो मानते ही हैं, साथ ही प्रकाशकों और निराला द्वारा स्वयं मान्य है कि 'अनामिका' में उनकी कुछ रचनाएँ प्रकाशित हुई थीं; बाद में वे 'परिमल' में आयीं'। इन आठ कविताओं में 'जूही की कली' भी थी। अतः व्यवस्थित रूप से 'जूही की कली' का संकलन प्रथम बार 'परिमल' में ही हुआ।

रचना-काल, प्रकाशन और संकलन की दृष्टि से 'जूही की कली' के इस संक्षिप्त विवेचन के बाद अब हमें काव्य-सौष्ठव की दृष्टि से इस रचना पर विचार कर लेना चाहिए। कोई रचना अपने बल पर अपने रचयिता को अमरत्व प्रदान करती है तो विशेष महत्त्व की अधिकारिणी बनती है। इस दृष्टि से 'जूही की कली' भी विशेष महत्त्व की अधिकारिणी बनी है।

प्रस्तुत कविता में प्रकृति के विभिन्न तत्त्वों के आधार पर एक वातावरण तैयार किया गया है। बल्लरी, जूही की कली, पत्रांक, निशा, पवन, चाँदनी रात, सर-सरिता, गिरि-कानन, लता, कुंज आदि विरह विधुर नायक, हिंडोल, सुकुमार देह, नम्रमुख, रंग खेल आदि के आधार पर कविता की ठाट खड़ी की गयी। इसीलिए

इस कविता के दो स्पष्ट, भिन्न, किन्तु एक-दूसरे पर अन्योन्याश्रित अंश हमारा ध्यान आकृष्ट करते हैं। पहला अंश है—दूसरे पूर्ण विराम तक। उसके बाद सब दूसरा अंश ही है। पहले अंश में प्राकृतिक सौन्दर्य का स्थल स्वाभाविक गतिविधियाँ वर्णित हुई हैं। इन्हीं के आधार पर बाद के अंश में सौन्दर्य का स्थल, स्वाभाविक यथार्थवादी पक्ष चित्रित है। यानी कविता का पहला अंश जैसे एक पीठिका है, जिसके आधार पर समूची कविता खड़ी हुई है—"जूही की कली' नम्रमुख होकर हँसी खेली है।

यहाँ प्राकृतिक उपमानों को लेकर नायक-नायिका की जिस भौतिक प्रकृतियों का वर्णन है वह विशेष महत्त्वपूर्ण है। इसी प्रक्रिया के कारण इसमें कथ्य आया है। अपनी प्रिया से बिछुड़ा नायक चाँदनी रात में पल्लव पर्यङ्क पर सोती नायिका के पास पहुँचता है और मिलन का व्यापार प्रतिपादित करता है। इस छोटी-सी कविता में इतना कथ्य भी बहुत है। महत्त्व कथ्य का नहीं वस्तु और वातावरण के एकतान प्रतिपादन का होता है। इसीलिए महान् साहित्यिक रचनाएँ कभी कथानक के आधार पर अमरता नहीं प्राप्त करतीं—प्रतिपादन के आधार पर करती हैं। संवेग, मनः स्थिति और जग-व्यापार तो प्रायः प्रत्येक युग में एक ही रहते हैं—केवल दृष्टिकोण और प्रतिपादन की दृष्टि से स्थिति बदलती है, फलतः प्रत्येक युग में साहित्य के नये दृष्टिकोण और रूप समाने आते हैं। यही साहित्य की चिरन्तनता है। प्रस्तुत कविता के साथ भी ऐसी ही चिरन्तनता जुड़ी हुई है।

प्रस्तुत कविता का क्रियात्मक पथ भौतिक और प्राकृतिक दोनों है। भौतिक दृष्टि से पवन (नायक के रूप में) जिस उद्वेग से ग्रस्त होता है, वह स्वाभाविक और विश्वसनीय है। किन्तु इस उद्वेग की शान्ति के लिए पवन जिन क्रियाओं को सम्पादित करता है, जैसे—गिरि- कानन, लता-कुंज, पर्वत आदि को पार कर 'जूही की कली' के पास आना, वह एकदम प्राकृतिक व्यापार है। भौतिक जीवन में किसी नायक को (तुलसीदास को छोड़कर) ऐसा व्यापार करना सम्भव नहीं है। किन्तु जब पवन पर्वतादि को पार कर 'जूही की कली' पर पहुँचता है तब उसका व्यापार मानवीय है, भौतिक है; और उसके बाद पवन की क्रियाएँ एक विह्वल प्रेमी की क्रियाएँ हैं। बाद में 'जूही की कली' की ओर से भी इन क्रियाओं में योग मिलता है, जिससे भौतिकता का रंग और गाढ़ा हो जाता। यानी इस कविता में प्राकृतिक उपमानों के आधार पर भौतिक जगत् का व्यापार वर्णित है। भौतिक जगत् की स्थूल क्रियाओं से इस कविता का मात्र इतना ही सम्बन्ध है, बाकी सब-कुछ प्रकृति का ही है। कविता का पूरा वातावरण प्राकृतिक है। इसलिए इसे सौन्दर्य प्राकृतिक कविता कह सकते हैं और गुणों के आधार पर इसमें मानवीकरण का गुण आ गया है।

प्राकृतिक कविता होने के कारण से सम्बन्धित कई बातें हमारा ध्यान आकृष्ट करती हैं। कविता जैसे ही हम समाप्त करते हैं, हमें लगता है कि इसमें रात्रि के उत्तरकालीन का वर्णन है। समूचा वातावरण रात्रि की निस्तब्धता का है। आभास हमें प्रातःकाल का भी होता है, 'नम्रमुखी हँसी-खिली' से। प्रारम्भ में ही कवि ने कुशलता से पवन को मलयानिल कहकर उसकी वेला संकेतित कर दी है। प्रायः होता ऐसा ही है कि मलयानिल रात्रि के ढाई-तीन बजे से चलना प्रारम्भ होता है। और यह सहज अनुमेय है कि 'जूही की कली' (वाटिका में) के पास आने में कुछ समय लगा ही होगा। फिर पत्रांक में शिथिल सोती हुई 'जूही की कली' का वर्णन है। निद्रा की अवस्था में कोई शिथिल तभी होता है जब खूब गाढ़ी नींद आ पड़ी हो, ऐसा प्रायः उत्तरकाल में ही होता है। फिर चाँदनी की धुली हुई 'आधी रात' से तो सब-कुछ स्पष्ट ही हो जाता है। यानी कवि आधी रात से ही अपनी कविता को प्रारम्भ करता है और प्रातः की किरण फूटने के पहले ही समाप्त कर देता है' कविता का विकास और यात्रा-रेखा यही है। प्रातःकाल (सूर्योदय से पहले) का आभास हमें 'जूही की कली' के व्यापार से होता है। अनुभवी विशारदों का कहना है कि पुष्प प्रायः रात्रि के उत्तरकाल में (प्रातःकाल) ही पुष्पित होते हैं—विशेषतः जूही, हरसिंगार आदि। इसकी पुष्टि लोकगीत की एक पंक्ति से भी होती है—'जूही फुलेला अधिरतिया हो रामा।' इस कविता में भी अन्त में ही 'जूही की कली' हँसी खिली है—यानी फूटी है और प्रातःकालीन वायु के साथ डोली है—"खेल रंग, प्यारे-संग।"

'जूही की-कली' के प्रातःकाल फूटने का प्रमाण कविता के मध्यभाग से भी मिलता है। विह्वल मलयानिल कठिन किन्तु तीव्र यात्रा कर अपनी प्रिया से मिलने आता है। किन्तु उस समय वह दृग बन्द किये शिथिल थी—पत्राङ्क में। अधीर नायक मलयानिल ने नायिका के सुहागभरे कपोल चूमे-सारी लता हिंडोले—जैसे डोल गयी, किन्तु नायिका नहीं जागी। यानी जूही की कली को मलयानिल रात्रि के उत्तरकाल में आकर कई बार स्पर्श करता है, किन्तु समय नहीं होने के कारण वह विकसित नहीं होती (प्रकृति में असमय विकसित होने के उदाहरण नहीं मिलते)। नायक का प्रयास विभिन्न प्रकार से चलता रहता है—स्वभावतया देर लगी होगी और आधी रात बहुत आगे बढ़ गयी होगी, तब नायिका चौंककर जागी और मलयानिल के व्यापार में सहयोग दिया। यहाँ चौंककर जागने में कली का व प्रातःकाल प्रस्फुटित होने का अत्यन्त सटीक चित्र उपस्थित होता है। इस प्रकार मलयानिल चलने से इस कविता में भौगोलिक वातावरण भी सांकेतिक हो गया है। प्राकृतिक उपमानों को लेकर काव्य-रचना करनेवाले स्वच्छन्दतावादी कवि वर्ड्सवर्थ ने भी अपनी एक लुसी सम्बन्धी कविता में लिखा कि 'रोल्ड राउण्ड इन

अर्थस् डायनल कोर्स, विथ राक्स एण्ड स्टोन्स एण्ड ट्रीज।' यहाँ भी भौगोलिक स्पर्श व्यक्त है। उसने अपनी प्रेयसी को अनन्त व्यापी बना दिया है। वहाँ भी पवन और जूही की कली को अमरत्व प्रदान हुआ है। इस प्रकार इस कविता में कवि की सूक्ष्म अनन्त व्यापिनी दृष्टि का आभास मिलता है। वह प्राकृतिक उपमानों की गतिविधियों को एक अन्वेषक की तरह परखकर सधे प्रयोक्ता की तरह उपयोग करता है। कवि की काव्य-कला का यह अन्यतम प्रभाव है। इसीलिए निराला की कविता में प्रकृति भी काव्य बन गयी। पन्त और महादेवी-जैसे प्रमुख कवि ऐसा करने से प्रायः वंचित रह गये हैं।

प्रस्तुत कविता में पवन और जूही की कली को नायक-नायिका के रूप में कल्पित कर जो सौन्दर्य व्यापार और वातावरण उपस्थित किया गया है, वह हमारा ध्यान सबसे तेजी से खींचता है। शेफालिका, बनबेला, प्रेयसी, सरोज-स्मृति, राम की शक्ति-पूजा तथा उनके गीतों में जो सौन्दर्य भावना निरन्तर विकसित होती चली गयी है, उसका मूल 'जूही की कली' जैसी कविताएँ ही हैं। अतः सौन्दर्य भावना की दृष्टि से इस कविता पर विचार करना अपेक्षित है।

'जूही की कली' के सौन्दर्य-वर्णन में परिस्थितियों की अनुकूलता बड़ा काम करती है। सबसे पहले तो यह कि नायक (तरुण ही होगा) वासन्ती दूधिया (चाँदनी पूर्व) अर्द्ध रात्रि में प्रिया-संग छोड़कर किसी दूर देश में पड़ा हुआ है। फिर उसे प्रिया-मिलन के अनेक चित्र घेर लेते हैं, तब उसमें आवेग की स्थिति उत्पन्न होती है। केलि-रंग विशारदों के अनुसार ऐसा आवेग रात्रि के उत्तर काल में ही होना चाहिए। अतः यहाँ का वर्णन अत्यन्त सटीक और शास्त्रीय है।

जिन पंक्तियों को लेकर श्री जानकीवल्लभ शास्त्री ने कहा था कि ऐसी सौन्दर्य-दीप्त-भाषा का प्रयोग आधुनिक हिन्दी में हुआ ही नहीं, उसका भी कारण है। नायक के निर्दय होने में मनोवैज्ञानिक उद्वेग और उत्तेजना का वर्णन है। नायक आया। उसने बंकिम विशाल नेत्रवाली नायिका के कपोल चूमे, प्रतीक्षा की, किन्तु वह नहीं जागी। इसलिए नायक निर्दय हुआ। वे सारे वर्णन क्रमबद्ध और मनोवैज्ञानिक हैं। इसलिए अश्लील हैं।

बाद में नायिका को जागने का चित्र है। उसने जब देखा कि नायक पारा है, तब नम्रमुख होकर हँसी बाद में खिली। इस हँसने और खिलने में एक प्रतीक्षा और स्वीकृति की छाप है। रात्रि में जैसे नायिका को भी प्रतीक्षा थी कि नायक आये, इसलिए वह हँसी; किन्तु वह नायिका सीता और शकुन्तला के देश (भारतवर्ष और प्रकृति) की है, इसीलिए 'नम्रमुखी' हुई। इस प्रकार इस कविता में प्राकृतिक उपमानों को लेकर भौतिक कार्य-व्यापार के साथ जो गति प्राप्त हुई है, वह इस कविता के सौन्दर्य-पक्ष को व्यक्त करती है।

प्रस्तुत कविता के शीर्षक से ही पाठक और श्रोता के मन में सौन्दर्यमयी अनुभूतियाँ जागती हैं। इसे ही कवि-व्यवहार कहते हैं। कवि विषय को तीव्र करने के लिए, वातावरण को प्रसंगानुकूल रखने के लिए प्रारम्भ से ही सजग है। स्नेह, स्वप्न मग्न, अमल कोमल तनु तरुणी, दृग बन्द किये, वासन्ती निशा, मधुर बात आदि ऐसी शब्दावलियाँ हैं जो सौन्दर्य-भावना को जगाने में सक्षम होती हैं। प्रारम्भ में शब्दावली-विजन-वन वल्लरी से ही उसने निस्तब्धता का वातावरण तैयार किया है। इस प्रकार कविता में शान्ति की अपूर्व माधुरी व्याप्त है। सबसे बड़ी बात यह है कि कहीं भी सौन्दर्य की आवेगात्मक स्थिति नहीं उत्पन्न की गयी है। पवन में आवेग जरूर चित्रित है, उसका व्यापार ही विह्वल-प्रेमी का व्यापार है, किन्तु पाठक पर उस आवेग का कहीं कोई प्रभाव नहीं पड़ता है। इसलिए इस कविता में सौन्दर्य के साथ शालीनता का अद्‌भुत मेल हुआ है। इस दृष्टि से निराला खड़ीबोली के कवियों में सर्वोपरि हैं। शायद इसीलिए वे 'सरोज-स्मृति' में सरोज का सांकेतिक किन्तु अत्यन्त स्पष्ट सौन्दर्य-वर्णन करने में सफल हुए हैं। वे सौन्दर्य-वर्णन में यह नहीं भूलते कि वे काव्य-रचना कर रहे हैं। इसलिए उनका सौन्दर्य-वर्णन सार्थक है।

सौन्दर्य-वर्णन की सार्थकता में यहाँ भाषा कवि की निर्लिप्तता और अन्तर्दृष्टि तथा वस्तु की क्रमबद्ध संयोजना का उत्तरदायी है। सांकेतिक रूप से हमने इन तत्त्वों का विवेचन ऊपर किया है। भाषा की दृष्टि से यह कविता अद्‌भुत है। सरल शब्दों में वातावरण तैयार किया गया है। तत्सम शब्दों के प्रयोग से काव्य-प्रवाह कहीं खण्डित नहीं होता। इसीलिए भाषा में एक गरिमा आ गयी है। जैसे-जैसे कविता बढ़ती है, भाषा सरल किन्तु तीव्र और सूक्ष्म होती चली गयी है। इस प्रकार इस कविता की भाषा में 'ईथिरियल' गुण समाविष्ट हो गया है। इसलिए यह कहते हुए हम हर्ष का अनुभव करते हैं कि कोमल-कठोर, सरल दुरूह का विचित्र मेल निराला की प्रतिभा की विशेषता है। दुरूह अनुभूतियों को सरल भाषा में तीव्र रूप से प्रस्तुत करना निराला की अद्‌भुत काव्य क्षमता का प्रभाव है। निराला की यह सामान्य विशेषता यहाँ भी द्रष्टव्य है।

'परिमल' की भूमिका में निराला ने अपनी मुक्त छन्द सम्बन्धी कविताओं के विषय में मुख्य रूप से कहा है। उन्होंने स्वीकार किया है कि 'मुक्त छन्द' वह है जो छन्द की भूमि में रहकर भी मुक्त है। उनमें नियम कोई नहीं। केवल प्रवाह कविता छन्द का-सा जान पड़ता है। ....मुक्त छन्द का समर्थक उसका प्रवाह ही है। वही उसे छन्द-सिद्ध करता है और उसका नियम-साहित्य उसकी मुक्ति। इस दृष्टि से विचार करने पर प्रस्तुत कविता भी मुक्त छन्दवाली कविता ही है। समूची कविता में एक अन्तर्व्यापी लय है और काव्यात्मक अनुभूति से

पूर्ण है। जिस प्रकार विधवा, भिक्षुक, सन्ध्या-सुन्दरी आदि कविताएँ काव्य-जगत् की श्रेष्ठतम उपलब्धियाँ हैं, उसी प्रकार 'जूही की कली' भी एक उपलब्धि है। इसके आधार पर हिन्दी काव्य-साहित्य की ऊँचाई का ज्ञान होता है। निराला का स्वच्छन्दतावादी व्यक्तित्व जैसे इस कविता में व्याप्त है। अत: काव्य रूप की दृष्टि से इस कविता को हम 'लघु प्रगीत' की सीमा में रख सकते हैं। यहाँ श्री नन्ददुलारे वाजपेयी का एक कथन द्रष्टव्य है– "निराला के लघुप्रगीतों में निरालाजी का काव्य-सौन्दर्य सर्वाधिक प्रस्फुटित हुआ है। इनमें दृश्यांकन के साथ-साथ भावालेखन का तत्त्व समाहित है। अतएव विशेष प्रभावक्षम और सुसम्पन्न बन सके हैं।"

इस कविता की गति, चित्र और संगठन उसे महाकाव्यात्मक गरिमा प्रदान करते हैं। जैसे एक जीवन चित्रित हुआ है। वह जीवन प्रकृति का है, भौतिक जीवन के प्रथम चरण का है। इसीलिए निराला अपनी इस कविता से समूची छायावादी परम्परा को तोड़ते हैं। वे जैसे पाठक, कवि और आलोचकों को चुनौती देते हैं कि देख लो कविता कहाँ है ? निर्बन्ध अभिव्यक्ति का मार्ग खोलने के लिए जैसे निराला इस कविता की रचना करते हों। इस दृष्टि से इस कविता का सामाजिक महत्त्व है। साथ ही इसके अन्तर में क्रान्ति का स्वर भरा हुआ है, जो उद्‌बोधन के रूप में 'जागो फिर एक बार' में व्यक्त हुआ है। इस प्रकार 'जूही की कली' में विविध रूप प्रदर्शित हुआ है।

गति की दृष्टि से प्रस्तुत कविता में नाटकीय गति आ गयी है। प्रथम अंक के बाद नायक का व्यापार नाटकीय है। इस अंश में कविता वैसे बड़ी है, जैसे दृश्य-काव्य का कोई अंश बढ़ता हो। इस दृष्टि से भी प्रस्तुत कविता बहुत महत्त्वपूर्ण है।

इस प्रकार यहाँ संक्षेप में 'जूही की कली' पर विचार किया है और निष्कर्ष रूप में कह सकते हैं कि यह निराला की ऐसी रचना है, जिसके आधार पर हम उनके काव्य-बोध और काव्य-वैभव की परख कर सकते हैं। जिस भाषा में यह कविता सौभाग्य से हो गयी है, उसको इसके रचयिता पर गर्व करना चाहिए।

●

सरोज-स्मृति

—चन्द्रमौलि उपाध्याय

शोक-गीत पश्चिमी काव्य-साहित्य की एक मार्मिक विधा है, जिसका आधार कोई युवा-दिवंगत तथा मार्मिकता उस व्यक्ति के अभाव की पीड़ा हुआ करती है। किन्तु शोक- गीतों में पश्चिम का कवि शोक की संवेदनशील अभिव्यंजना तक ही सीमित न रहकर, दार्शनिक आधारशिला पर प्रायः स्थित होकर, इहलोक-परलोक की सीमाओं के बीच अमर हुई दिगवंत आत्मा के जीवन-सत्यों से किसी सन्तोषप्रद सशक्त जीवन-दर्शन की स्थापना भी करता आया है, जिसमें कवि तथा दिवंगत व्यक्ति से सम्बद्ध युग तथा समाज की चिन्ताओं के शिखर भी ऊपर उठ जाते हैं, जिनके चतुर्दिक् कवि का व्यक्तिगत शोक फेनोच्छ्वसित पयोदधि की भाँति वेदना की तिमिराच्छन्न रात्रि में उमड़ता हुआ रक्ताभ ऊषा के आगमन पर स्थिर एवं शान्त हो जाता है। यह पश्चिम के सभी शोक-गीतों के विषय में सच न होने पर भी लगभग सभी सशक्त शोक-गीतों के विषय में सच है। इन गीतों के विषय में एक और तथ्य ध्यान देने योग्य है—दिवंगत व्यक्ति के नाम तथा जीवन को न ग्रहण कर कवियों ने पौराणिक या ऐतिहासिक नाम तथा आख्यान लेकर मृतात्मा के इहलौकिक तथा पारलौकिक जीवन का प्रतीकात्मक वर्णन किया है; इस कला के कारण मृत्यु तथा उसकी पीड़ा का पर्दा इतिहास की सुदूरता में अधिक पीड़ामय तथा रहस्यमय लगने लगता है। इस प्रकार शोक-गीत पश्चिमी कविता की एक अत्यन्त 'रोमाण्टिक' विधा है, जिसमें भूत, वर्तमान, भविष्य, इहलोक, परलोक आदि सब व्यथा के सूत्र में बँधे हुए दार्शनिक शिखरों की ओर बढ़कर उनके पीछे विलीन हो जाते हैं।

'सरोज-स्मृति' हिन्दी का एकमात्र प्रसिद्ध शोकगीत है—जिसे जीवन की समस्त पीड़ाओं, संघर्षों एवं अन्तर्द्वन्द्वों से गुजरे हुए कवि निराला ने अपनी पुत्री सरोज की युवा मृत्यु पर लिखा है। हिन्दी साहित्य में महान् युग-परिवर्तन लानेवाले इस कवि की कितने संघर्षों के पश्चात् प्रतिष्ठा तथा मान्यता साहित्य-जगत् में प्राप्त हुई तथा कितने आर्थिक संकटों का सामना करना पड़ा, सर्वविदित है। जिस समय सरोज का निधन हुआ, वे 'सुधा की प्रूफरीडरी से लेकर सम्पादकत्व तक के सारे कार्य 50) मासिक वेतन पर करते थे और सरोज के जीवन-काल भर शायद वे

जीविका के लिए अनेक दरवाजे खटखटा चुके थे। कवि के साहित्य की संघर्ष तरणी के किनारे पहुँचकर अब कुछ स्थिर होनेवाली थी और वह तटवर्ती भूमि पर उतरकर कुछ विश्राम की साँस लेनेवाला था कि सरोज की चिता मिली। इस समय तक अपने कवि-मन के अनेक प्रौढ़ उतार-चढ़ाव की अनूभूतियों, सौन्दर्यबोधों, विद्रोहों आदि की मनःस्थितियों से गुजर चुका था। वह अपने जीवन की संघर्षमयता, नयेपन तथा उदारता आदि को अच्छी तरह पहचानता था। युगीन चेतनाओं से उसका भरपूर नाता हो चुका था और वह एक सम्पूर्ण कवि था, जिसने जीवन का सर्वस्व निछावर कर माँ सरस्वती की अर्चना की थी। यह पुत्री सरोज की मृत्यु थी, जिसे वह अपनी 'जीवित कविता' समझता था। पुत्री के वियोग में निराला को जो मूक-व्यथा हुई, उसी का उच्छ्वास है 'सरोज स्मृति'। एक सर्वांग शोकगीत लिखने की दृष्टि से नहीं, बल्कि एक कथा की मार्मिक तथा यथार्थ अभिव्यक्ति की ही दृष्टि से यह कविता लिखी गयी होगी, जिसे अपने-आप शोकगीतात्मक संवेदन प्राप्त हैं, यद्यपि छन्द स्वच्छन्द तथा अनुभूतियों का रूप अत्यन्त यथार्थवादी तथा कटु होने के साथ-साथ करुण है, जिससे पाठक में करुणा तथा सहानुभूति का उद्भव होता है। एक व्यथा कवि के मन में हमेशा है कि वह सरोज के लिए कुछ नहीं कर सका। कविता के दार्शनिक पक्ष का जहाँ तक प्रश्न है, यह पंक्तियाँ ध्यान देने योग्य हैं—

चढ़ मृत्यु तरणि पर तूर्ण चरण
कह 'पितः, पूर्ण आलोक वरण
कहती हूँ मैं, यह नहीं मरण
सरोज का ज्योतिः शरण-तरण।

किन्तु 'सरोज-स्मृति' ने निरालाजी की दार्शनिकता का धरातल न पाकर उनके जीवन के वास्तविक तथा कटु सत्यों के व्यावहारिक पक्षों तथा व्यावहारिक चिन्तनों का अधिक संस्पर्श पाया है और इसलिए हमें इस कविता में केवल सरोज के नहीं; अपितु कवि के भी व्यक्तित्व का पूर्ण दर्शन होता है। जहाँ आत्मज की साक्षात् मृत्यु समक्ष खड़ी हो, वहाँ कवि का मन ही बोल सकता है बुद्धि नहीं, क्योंकि निराला ऐसे मौकों पर पलायनवादी नहीं, जो दर्शन की ओट सिर्फ इसलिए लें कि उन्हें मृत्यु और कटुता का विस्मरण चाहिए। इसलिए कविता के अन्त में स्वर धीमा पड़ गया है, व्यथा तीक्ष्ण हो गयी है और आकुल मन से कवि ने पुत्री का तर्पण कर दिया है।

'राम की शक्ति-पूजा', 'तुलसीदास', 'बन बेला' और 'गीतिका' की शृंखला के उत्कट आत्म-निवेदन उनकी नाटकीयता आदि में डूबते-से लगते हैं। हम मुख्य पात्र से कवि के तादात्म्य को एकाएक नहीं समझ पाते। किन्तु वास्तव में इन सभी

में निराला का संघर्षशील व्यक्ति उत्तम शिखरों पर छँटते हुए कुहासे के बीच चढ़ता गया है और वह सबसे ऊँचे शिखर 'राम की शक्ति-पूजा' पर अन्ततः पहुँचा है। 'राम की शक्ति-पूजा' में मानव-मन पराजित होकर भी पराजय स्वीकार नहीं करता, युद्ध तथा विजय के लिए पुनः चेष्टा करता है। उस कविता का यही आशावादी सन्देश है। 'सरोज-स्मृति' में एक दूसरा नायक है, जो 'राम की शक्ति-पूजा' के राम की तरह अपने से प्रबल शत्रु का युद्ध-कौशल देखता है, 'देखता रहा मैं खड़ा अपलक वह शरक्षेप'। रण कौशल युद्ध के बाद का सन्नाटा है—

व्यक्त हो चुका चीत्कारोत्कल
क्रुद्ध युद्ध का रुद्ध कण्ठ फल

'राम की शक्ति-पूजा' में श्यामा अवतरित होकर राम के बदन में लीन हो गयी है। 'सरोज-स्मृति' में कवि पर श्यामा की छाया पड़ती है—

वांछित उस किस लांछित छवि पर
फेरती स्नेह की कूची भर

संघर्षशील निराला का उस समय तक का जीवन अपनी सारी वेदनाओं, अदम्य उद्धतपन तथा सरोज की मृत्यु से उपजी करुणा को लेकर 'सरोज-स्मृति' में लड़खड़ाता हुआ-सा लगता है। दुःख इतना घनीभूत हो गया है कि शक्ति जवाब दे गयी है। युद्ध भूमि का पूरा चित्र कवि की करुण पलकों के नीचे उतरा हुआ है। सरोज का शव पार्श्व में है और कवि के हाथ शिथिल हो गये हैं। इस व्यथा से अभिभूत निराला ने कितनी निर्बलता महसूस की होगी, यह इन पंक्तियों से स्पष्ट है—

तू गयी स्वर्ग, क्या यह विचार—,
जब पिता करेंगे मार्ग पार
यह अक्षम अति, तब मैं सक्षम
तारूँगी कर गह दुस्तर तम ?

फिर आगे :-

धन्ये मैं पिता निरर्थक था
कुछ भी तेरे हित कर न सका

जीवन के 'स्वार्थ-समर' में कवि हमेशा पीछे रहा है, क्योंकि वह 'क्षीण का न छीना कभी अन्न' की भवना से जीवन की डगर मापता आया है और उसमें अन्तर्निहित विश्व पीड़ा को समझता है, इसलिए सरोज को अनुचित ढंग से कमायी हुई सम्पत्ति से 'पहना कर चीनांशुक रख सका न दधिमुख'। ध्यान देने की बात

यह है कि विश्व इसी व्यापक पीड़ा तथा शोषण की अनुभूति का परिणाम है कि कवि निराला ने वस्त्रहीन रहकर भी कितने भिक्षुकों तथा दरिद्रो को रजाई-ओढ़नी दी है।

जीवन के महासमर में उन्होंने जो भी कटु अनुभूतियाँ की हैं, उनके प्रति वे इस कविता में पूर्णतः सजग, ईमानदारी तथा कटु रहे हैं। यत्र-तत्र व्यंग्य का वार बहुत तीक्ष्ण होकर व्यक्त हुआ है, किन्तु उसमें व्यथा का चित्रण हमें सरोज की स्मृति से दूर कभी नहीं ले गया है। लगता है जैसे सरोज बैठी है और भावुक मन पीड़ित कवि अपनी सारी कथा जो उसे उसके बचपन में नहीं सुना सका, अब सही-सही सुना रहा है। फिर भी कुछ अनकहा रह गया है—"क्या कहूँ आज जो नहीं कही।" किन्तु निराला अपने जीवन में क्या रहे देखना हो, तो इन पंक्तियों को देखा जा सकता है—

खण्डित करने को भाग्य अंक
देखा भविष्य के प्रति अशंक
कुण्डली दिखा बोला-ए-लो
आयी तू दिया। कहा खेलो
संकेत किया मैंने अखिन्न
जिस ओर कुण्डली छिन्न-भिन्न

पत्नी की मृत्यु के पश्चात् पुनर्विवाह पर 'सासूजी' द्वारा जोर दिये जाने पर और भाग्य अंक-कुण्डली में दो विवाह लिखा देखकर निराला ने कुण्डली बच्चों को खेलने के लिए दे दी। उसने उसे फाड़ दिया और निराला ने पुनः विवाह नहीं किया। भाग्य की रेखाओं को भी बदलने की शक्ति निराला के व्यक्तित्व में व्याप्त है। लेकिन 'सरोज-स्मृति' में यह पर्वत डिगानेवाला व्यक्ति कन्या के निधन से शिथिल हो गया है। वात्सल्य अपनी पूरी शक्ति लगाकर करुणा की बल्लरी पर चढ़कर रो गया है।

अपने जीवन पर विहंगम दृष्टि डालते हुए निराला ने सम्पादकों तथा कान्यकुब्जों पर जमकर व्यंग्य किया है। वे ऐसे हिमाचल नहीं कि सामाजिक रूढ़ियों के प्रति अन्धतापूर्वक आस्थावान् होकर 'ऐसे शिव से गिरिजा विवाह' कर दें। इसके अतिरिक्त युगीन तथा चिन्ताओं के प्रति घूमकर कवि अधिक व्यापक नहीं हो पाया है, पास में बैठी हुई सरोज की दिवंगत आत्मा उसे अपने पास से नहीं हटने देती।

सरोज, दुःख तथा निर्धनता की एक पुत्री है, जिसका जीवन पिता से दूर, माता के अभाव में, नानी के यहाँ बीता है। उसकी नानी तथा 'मामा-मामी' उसके प्रति अगाध 'प्यार' रखते हैं। भाई से लड़ते-झगड़ते, मानते-मनाते, नानी के घर में

वह इस प्रकार बड़ी हुई जैसे कोई विजन-वल्लरी हो। सभ्य तथा शिष्ट कहे जानेवाले आज के समाज से दूर सरोज प्रकृति तथा ग्रामीण परिवेश में अपने आप बढ़कर बड़ी हुई, स्वभाव-मन-शरीर तथा संस्कारों का स्वयं स्वाभाविक विकास हुआ। वह निर्दोष सौन्दर्य, सत्य तथा सीधी-सादी अनुभूतिमयी कविता की प्रतीक है। कवि ने उसे साथ ही 'गीते' नाम से सम्बोधित करके उसके जीवन कर्म की निःसंगता पर भी बड़ा मार्मिक इंगित किया है। कवि कभी-कभी जाकर उसे देख आता है और उसी के लिए उसने पुनः विवाह नहीं किया है। 'उपार्जन में अक्षम' कवि अपने जीवन का अकेला पन्थ चलता गया और सरोज नानी के घर बड़ी होती गयी। स्वर फूटा, शिक्षा का प्रबन्ध न होने पर भी पिता से प्राप्त सहज स्वरमयता फूट पड़ी—

हर पिता-कण्ठ की दृप्तधार

उत्कलित रागिनी की बहार

बन जन्म सिद्ध गायिका तन्वि

समझा मैं—क्या संस्कार प्रखर।

सरोज की शिक्षा-दीक्षा उसे क्या बनाती, ऊपर की पंक्तियों में स्पष्ट है। 'मुक्तछन्द' अबाध गति से लिखता हुआ कवि 'हिन्दी के स्नेहोपहार' को ढोता है और सरोज युवा हुई—'लावण्य भार थर-थर।' पुत्री की युवावस्था तथा शृंगार, विवाह आदि का जो वर्णन निरालाजी ने किया है, वह 'सरोज-स्मृति' के वात्सल्य को अत्यन्त उदात्तता तथा स्पष्टता प्रदान करता है एवं उसके करुणा पक्ष को अत्यधिक निखार देता है। पति-गृह जाती हुई सरोज में उन्होंने उसकी माँ का प्रतिबिम्ब देखा है और नारी पुरुष के शाश्वत रागात्मक सम्बन्ध की ओर इंगित किया है। निराला ने उसे जो सम्बोधन दिये हैं—'गीते, शुचिते, जीवित कविते, धन्ये' आदि। उसकी सारी कोमलता इन सम्बोधनों में निहित होकर उसकी मृत्यु को अत्यन्त हृदयस्पर्शी बना देती है। नियति के निर्मम आघात से निरुपाय हुआ कवि अन्त में कहता है—

कन्ये गत कर्मों का अर्पण
कर, करता मैं तेरा तर्पण।

किन्तु कवि ने पूरी कविता में दुर्दैव या दुर्भाग्य के प्रति कहीं घुटने नहीं टेके हैं, बल्कि 'खण्डित करने को भाग्य-अंक' की बात कही है। वेदान्ती कवि सचमुच उसकी दिवंगत-आत्मा को 'ज्योतिः शरण' मानता है।

सरोज-स्मृति हिन्दी में अपने ढंग की अनूठी तथा कारुणिक कविता है, जिसके अंग-प्रत्यंग में सरोज की कोमलता तथा कवि के जीवन-संघर्षों की आँधियाँ एक

साथ प्रखर होती हैं। निराला की आत्मनिष्ठा तथा समाजनिष्ठा दोनों वृत्तियाँ उसमें सजग रही हैं, यद्यपि वह अपने व्यक्तिगत जीवन तथा स्वाभाविक अनुभूतियों से परे युग-चिन्ताओं के दार्शनिक शिखरों पर नहीं चढ़ पाया है। यथार्थ का पक्ष ही सही अनुभूतियों के धागों में बँधा हुआ उतरता गया है; किन्तु ऐसे भी दिलतोड़ सत्य होते हैं, जिसकी चर्चा करते कण्ठ रुँध जाते हैं। सरोज की परिचर्या का समुचित प्रबन्ध अर्थाभाव में नहीं हो पाया था, इसकी चर्चा कवि नहीं कर सका है और यह कहकर समाप्त कर देता है—'क्या कहूँ आज जो नहीं कही।'

राम की शक्ति-पूजा

–डॉ० गोपालदत्त सारस्वत

स्वच्छन्दतावादी काव्य-धारा के अन्तर्गत छायावाद के रूप में हिन्दी कविता ने जिस नवोन्मेष के दर्शन किये, वह उसके इतिहास में अत्यन्त गौरवास्पद है। खड़ीबोली कविता को अभिनव सुषमा प्रदान करने में विशेषत: प्रसाद, पन्त, निराला और महादेवी के नाम उल्लेखनीय हैं।

'राम की शक्ति-पूजा' निरालाजी की एक प्रख्यात व प्रतिनिधि रचना है।

'राम की शक्ति-पूजा' का निराला के साहित्य में अन्यतम स्थान है। देवी भागवत, शिव महिम्न-स्तोत्र तथा कृत्तिवास की बँगला रामायण से इसकी कथा-वस्तु का चयन किया गया है तथा अपनी नवनवोन्मेषशालिनी कल्पनाशक्ति का पुट देकर कवि ने इसको सर्वथा मौलिक रूप में उपस्थित किया है। इसके वस्तु-संगठन में इतिवृत्त की अपेक्षा भावोत्कर्ष का प्राधान्य है। इसमें कथावस्तु का संकोच है, किन्तु भावों के उत्कर्षापकर्ष का चित्रण अधिक प्रभावोत्पादक है। कथावस्तु के मार्मिक स्थलों का ही चित्रण किया गया है, जिनमें राम-रावण-युद्ध की भीषणता, राम की पराजय, सीता विषयक राम की पूर्वकालीन स्मृति, राम की ग्लानि, हनुमान का उत्साह-प्रदर्शन, विभीषण का आख्यान, जाम्बवान् का प्रबोधन, राम द्वारा महाशक्ति का पूजन तथा देवी का राम के लिए वरदान आदि प्रसंग मुख्य हैं।

रस-निष्पत्ति की दृष्टि से शक्ति-पूजा में वीर और शृंगार का अच्छा परिपाक हुआ है। कविता का आरम्भ राम-रावण-युद्ध से होता है। इसमें वीर-रस की प्रभूत सामग्री है। राम और रावण परस्पर आश्रय एवं आलम्बन, धनुष-बाण चलाना, गर्जन-तर्जनादि उद्दीपन, मूर्च्छित होना, रुधिर-स्राव होना अनुभाव, उग्रता, विषाद, उद्वेग आदि संचारियों के सहयोग से कविता के पहले वेध में वीररस का पूर्ण परिपाक हुआ है।

इसी प्रकार राम की जनकात्मजा विषयक पूर्वकालीन स्मृति के चित्र में शृंगार परिपुष्ट है। इस सन्दर्भ में पृथिवी-तनया-कुमारिका-छवि आलम्बन, राम आश्रय, उपवन, लतान्तराल, प्रिय सम्भाषण, खगों का कल-कूजन, मलय पवन का उद्दीपन सामग्री है। नेत्र-भ्रू-विकार, अपलक निहारना, कम्पनादि अनुभाव हैं और हर्ष एवं औत्सुक्य संचारी हैं।

सम्पूर्ण कविता में भावों का अभिव्यक्ति अत्यन्त सजीव है। राम के द्वारा शक्ति की आराधना के प्रसंग में शान्त रस की प्रतिष्ठा अत्यन्त हृदयावर्जक है। देवी के द्वारा इन्दीवर अपहृत होने पर दैन्य, चिन्ता, ग्लानि, उद्वेग आदि भावों की अभिव्यक्ति बड़ी मार्मिक है।

कथा में अन्तर्द्वन्द्व का चित्रण बहुत प्रभाववर्द्धक बन पड़ा है। राम के हृदय में विरोधी भावों का संघर्ष बड़ी कुशलता से दिखाया गया है। युद्ध में रावण से पराजित होने पर राम का हृदय दीनता से आपूर्ण हो जाता है। किन्तु इस दैन्य को प्रियतमा का स्मृतिजन्य आह्लाद दबा लेता है, फिर रावण के अट्टहास को स्मरण कर राम का हृदय विषाद से आकुल हो उठता है। इस प्रकार राम के अन्तस् में निरन्तर विरोधी भावों का संघर्ष चलता रहता है। कवि ने इस अन्तर्द्वन्द्व का चित्रण करने में अद्भुत सफलता पायी है।

कवि ने इन घटनाओं के साथ प्रकृति का साम्य दिखलाया है। प्रकृति घटनाओं के साथ पूर्ण सहयोग करती हुई दिखायी देती है। राम-रावण-युद्ध के आरम्भ में 'रवि हुआ अस्त आदि।' इधर रवि अस्त होने जा रहा है और उधर युद्ध में राम की पराजय हो रही है। भावी घटना के परिणाम को रवि के अस्त होने से सूचित कर दिया गया है। इसी प्रकार युद्ध से विरत होकर राम के शिविर लौटने पर—

'है अमा निशा;
उगलता गगन घन अन्धकार आदि।'

का वर्णन संक्षिप्त होने पर भी बड़ा सशक्त और व्यंजक है। इसमें राम की पराजित अवस्था के साथ प्रकृति का कितना साम्य है। राम के हृदय का अवसाद-विषाद 'अमा निशा' और 'घन अन्धकार' में प्रतिच्छायित हो रहा है। राम की भाव-दशा के साथ प्रकृति का पूर्ण तादात्म्य है। एक अन्य स्थल पर राम ध्यानावस्थित होने के पूर्व सब वानर-भालुओं को विदा कर देते हैं। इस प्रसंग में कवि ने प्रकृति का वर्णन इस प्रकार किया है—

'निशि हुई विगत
नभ के ललाट पर प्रथम किरण
फूटी रघुनन्दन के दृग-महिमा ज्योति हिरण आदि।'

यहाँ भी राम की भावी सफलता और विजय, 'नभ के ललाट पर प्रथम किरण' फूटने से सूचित हो रही है। प्रकृति सर्वत्र घटनाओं के साथ-साथ चलती है। कार्य के प्रभाव की वृद्धि करने में प्रकृति का उपयोग हुआ है। ये वर्णन लघु एवं संक्षिप्त हैं, किन्तु घटनाओं के प्रभाव को वृद्धि करने में पूर्ण रूप से सहायता करते हैं। इससे पता चलता है कि कवि ने प्रकृति में अन्तःपात किया है और

उसके चित्रण में वैदग्ध्य का परिचय दिया है। इस रचना में प्रकृति-वर्णन के स्थल स्वल्प हैं, किन्तु उनसे पृष्ठभूमि के निर्माण में, घटनाओं के प्रभाव को बढ़ाने में, भावोत्कर्ष में, आलंकारिक चमत्कार उत्पन्न करने में यथेष्ट सहायता मिलती है। इसी से ये प्रसंग लघु होने पर भी अत्यन्त सजीव हैं, व्यंजक हैं।

निराला का कला-विधान भी अत्यन्त प्रभावक, मोहक एवं हृदयावर्जक है। उन्होंने विभिन्न अलंकारों से कविता-कामिनी का शृंगार किया है। इनमें उपमा, रूपक, उत्प्रेक्षा, अपह्नुति, अतिशयोक्ति, विरोधाभास आदि की छटा दर्शनीय है। नये आलंकारिक प्रयोगों में मानवीकरण, विशेषण-विपर्यय एवं ध्वन्यर्थ व्यंजक प्रयोग वर्णन-शैली को प्रभावपूर्ण बनाने में पूर्ण सहायक हैं।

'आकाश विकल', 'नवनीत चरण' एवं 'भावित नयन' में विशेषण-विपर्यय और झक-झक, लक-लक, खल-खल, टल-मल, छल-छल में ध्वन्यर्थ व्यंजक प्रयोग द्रष्टव्य हैं।

निराला के बिम्ब-विधान बड़े चित्ताकर्षक बन पड़े हैं। इस कविता में कतिपय स्थल अपने चित्रात्मक सौन्दर्य के कारण सजीव हो उठे हैं। कुछ उदाहरण नीचे दिये जाते हैं—

(क) विच्छुरित वह्नि...............महीयान में दृश्य चित्र

(ख) याद आया.............प्रथम कम्पन तुरीव में स्मृति चित्र

(ग) सुन पड़ता............कोलाहल अपार में श्रव्य चित्र

(घ) अप्रतिहत............अम्बुधि विशाल में श्रव्य चित्र

(ङ) उद्वेल हो उठा............अट्टहास में गति चित्र।

निराला की अनुभूति में प्रगाढ़ता है और कल्पना में उड़ान भरने की अद्भुत शक्ति। उनकी अनुभूति एक ओर अतलस्पर्शी है तो दूसरी ओर उनकी कल्पना अखिल ब्रह्माण्ड के आर-पार दौड़ती है। राम की आँखों को अश्रुपूर्ण देखकर वीर हनुमान के हृदय में जो भावावेग उत्पन्न होता है, कवि ने उसका लोकोत्तर कल्पना-चित्र उपस्थित किया है। साहस एवं उत्साह का ऐसा लोमहर्षक सजीव चित्रण कवि की उद्भट कल्पना-शक्ति का परिचय देता है।

शक्ति की पूजा का राम के हृदय में संकल्प हो चुका है। यह मौलिक आराधन है। शत हरिततृण गुल्म वेष्टित गिरि पार्वती की प्रतिमूर्ति है, समुद्र सिंह का उपलक्षण है, दश दिशाएँ देवी के हाथ हैं और ऊपर आकाश में चन्द्रमौलि शंकर का वास है। कितनी मौलिक एवं अलौकिक कल्पना है। यह शक्ति के विराट् रूप का दर्शन है।

'देखो बन्धुवर...................शशि शेखर।'

इसी प्रकार कविता के प्रारम्भ में राम-रावण-युद्ध का ओजस्वी वर्णन कवि की उद्‌भट कल्पना-शक्ति का परिचायक है। सबसे बड़ी विशेषता यह है कि कवि की कल्पना ने जो चित्र बनाये हैं, उनमें गति है, दीप्ति है, और है अद्‌भुत चमत्कृति। यह चित्र जितने भव्य हैं, उतने ही उदात्त एवं रमणीय भी।

निराला की प्रगल्भ-शैली में एक ओर चित्रोपमता है तो दूसरी ओर नाट्य-शिल्प भी। जहाँ कवि ने नाट्य शैली का अवलम्बन किया है, वहाँ अपेक्षाकृत भाषा सरल, वाक्य लघु एवं दृश्य-विधान सुन्दर है—

'आये सब शिविर, सानु पर पर्वत के'—आदि पंक्तियों में नाटकीय शैली दर्शनीय है।

यदि पन्त ने छायावाद को सरसता, कोमलता आदि गुण प्रदान किये हैं, तो निराला ने खड़ीबोली को ओज और पौरुष से विभूषित किया है। शक्ति-पूजा के पहले बन्ध में भाषा संस्कृतनिष्ठ तत्सम शब्द प्रधान है। विभक्ति पदों का लोप है। समासान्त पदावली में दृश्य-चित्रण अत्यन्त सफल है, स्तुत्य है। यह ऊपर से देखने में कठिन, दुरूह एवं आयास-पूर्ण प्रतीत होती है, किन्तु जो सहृदय सुधीजन हैं, उनके लिए यह ओजस्वी एवं उदात्त वर्णन शैली अत्यन्त रोचक तथा हृदयावर्जक है। इसकी पद-शय्या गौरव से मण्डित है, इसका शब्द-सौष्ठव गरिमामय है तथा इसमें एक प्रच्छन्न वाद-सौन्दर्य है, जो पाठकों को अभिभूत करने में समर्थ है।

किन्तु एक ओर जहाँ ऐसी कठिन भाषा का प्रयोग है, वहीं दूसरी ओर—

खिल गयी सभा। उत्तम निश्चय यह भल्ल नाथ
कह दिया बृद्ध को मान राम ने झुका माथ।

ऐसी सरल सुबोध शैली के उदाहरण भी हैं।

सीता की अतीतकालीन प्रणय कहानी का स्मृति-चित्र अत्यन्त लालित्यपूर्ण है। विभीषण और जाम्बवान् की प्रबोधन शैली अत्यन्त सरल एवं प्रासादिक है। इससे सिद्ध है कि निराला ने सर्वत्र भावानुकूल भाषा का प्रयोग किया है। कुशल कवियों की भाषा में यही विशेषता होती है कि वे प्रसंगानुकूल भाषा का प्रयोग करते हैं तथा भावों के साथ-साथ भाषा का रूप भी परिवर्तित होता चलता है। शक्ति की पूजा में भाषा-सौन्दर्य सर्वत्र विद्यमान है। विषय, अनुबन्ध, भाव एवं सन्दर्भ के अनुकूल भाषा में भव्यता, औदात्य, ओजस्विता एवं सप्राणता का व्यवहार करने में कवि ने असामान्य कौशल का परिचय दिया है। कहना न होगा कि शक्ति की पूजा की भाषा में गति है, स्फूर्ति है, क्षिप्रता है और चित्रात्मकता भी।

'है अमा निशा; उगलता गगन घन अन्धकार"

एक ही पंक्ति में सम्पूर्ण दृश्य साकार हो उठा है। इसी प्रकार—"पलकों का

नव पलकों पर प्रथमोत्थान-पतन” में नवोढ़ा नायिका के नेत्रों की सलज्ज दशा का चित्रण कितना हृदयस्पर्शी है।

निराला की भाषा-शैली में प्रगल्भता के साथ विदग्धता का गुण भी विद्यमान है। विभीषण और जाम्बवान् के वक्तव्य विदग्ध शैली के अनुपम निदर्शन हैं।

शक्ति की पूजा में तीन अष्टकों का मुक्त छन्द है। छन्दःशास्त्र में इसका कोई उदाहरण नहीं। यह निराला की मौलिक सृष्टि है। इस छन्द में एक प्रकार का औदात्य है, गरिमा है, भास्वरता है, जो अन्यत्र बहुत कम पायी जाती है। अन्तर्वर्ती लय, संगीतमयता, शब्द-मैत्री एवं नाद-सौन्दर्य ने शक्ति की पूजा को विलक्षण सौन्दर्य से अभिमण्डित किया है।

'राघव-लाघव, रावण,-वारण गत युग्म प्रहर'

में शब्द मैत्री—

'विच्छुरित वह्नि-राजीव नयन, हत लक्ष्य बाण
लोहित लोचन रावण मद मोचन महीयान

में नाद सौन्दर्य—

काँपते हुए किसलय-भरते पराग समुदय
गाते खग नव जीवन परिचय—तरु मलय वलय।

में अन्तरनुप्रास की छटा दर्शनीय है।

निराला के काव्य में व्यंग्य के प्रयोग विरल हैं। उनके काव्य में अधिकतर अभिधेयार्थ ही प्रधान है, फिर भी जहाँ व्यंग्य आया है, वहाँ अत्यन्त सशक्त और मर्मस्पर्शी है। राम को साहस और धैर्य दिलाते हुए विभीषण कहता है—

"मैं बना किन्तु लंकापति, धिक् राघव धिक् धिक्।"

इस कथन में चिन्ता, व्यथा और नैराश्य की व्यंजना कितनी मार्मिक है। इसी प्रकार—'जानकी, हाय उद्धार प्रिया का हो न सका।' विफल मनोरथ होने पर राम के मुँह से निकले हुए वाक्य में 'दैन्य' एवं 'नैराश्य' की व्यंजना कितनी आकर्षक है।

निराला के काव्य में भाषा का सौन्दर्य शब्दों के अभिधेयार्थ पर आश्रित है। उनके काव्य में वाच्यार्थ का चमत्कार ही प्रधान है, लक्ष्यार्थ, व्यंग्यार्थ का वैचित्र्य अपेक्षाकृत न्यून है। किन्तु जहाँ है, वहाँ काव्य में अद्‌भुत दीप्ति आ गयी है। लाक्षणिक प्रयोग के कुछ उदाहरण इस प्रकार हैं—

(1) 'विंध महोल्लास से बार-बार आकाश विकल'

(2) 'उगलता गगन घन अन्धकार'

(3) 'खिल गयी सभा'

(4) 'काँपा ब्रह्माण्ड'

(5) 'खिंच गये दृगों में सीता के राममय नयन।' आदि।

निराला की कविता की भाषा क्लिष्ट और दुरूह बतलायी जाती है, पर लोकोक्ति और मुहावरों का चमत्कार सर्वत्र पाया जाता है। नीचे के उदाहरणों में मुहावरों के प्रयोग से भाषा कितनी चमत्कृत हो उठी है।

'तुम फेर रहे हो पीठ', 'तुम खींच रहे हो हस्त', 'बँध गये हस्त', 'विचलित होना', 'टूटा वह तार ध्यान का', 'जल रात्रि राशि-जल पर चढ़ता खाता पछाड़'। आदि।

निराला ओज के कवि हैं, शक्ति के कवि हैं। उनकी शैली में एक अपूर्व पौरुष है, जो कवि के ऊर्जस्वित व्यक्तित्व से आया है। शक्ति की पूजा में कवि की कल्पना ने विराट् सौन्दर्य के चित्र अंकित किये हैं। जनक-तनया का सौन्दर्यमय चित्रांकन, हनुमान् का लोकोत्तर पुरुषार्थ वर्णन, शक्ति के विराट् स्वरूप का चित्रण कुछ ऐसे दृश्य चित्र हैं, जिनमें निराला की उदात्त एवं गरिमामय कल्पना-शक्ति का परिचय मिलता है।

कवि क्रान्तदर्शी होता है। निराला के विषय में यह कथन अक्षरशः चरितार्थ होता है। उनकी प्रखर कल्पना-शक्ति भव्य एवं उदात्त चित्रों की सर्जना करने में सक्षम है। उनकी कल्पना का स्पर्श पाकर हर एक चित्र प्राणवन्त हो उठा है। उनकी कल्पना आकाश-पाताल, तल-अतल, सम्पूर्ण ब्रह्माण्ड का चक्कर लगाती है। इसी से उनका बिम्ब-विधान भव्य, उदात्त एवं ऊर्जस्वित है। उनकी कल्पना-शक्ति इतनी उर्वरा है कि मौलिक सृजन एवं अभिनव बिम्ब-विधान द्वारा पाठकों को आश्चर्य में डाल देती है।

इसमें कोई सन्देह नहीं है कि शक्ति-पूजा निराला की अद्वितीय काव्य-कृति है। भावोत्कर्ष, सौन्दर्यमय चित्रांकन, प्रभावोत्पादक पद-शय्या, नाट्य शैली विधान, छन्द की अस्वरता एवं अन्तर्द्वन्द्व के चित्रण ने इस काव्य को अभिनव सौन्दर्य प्रदान किया है। रावण की दुर्निवार अप्रतिहत शक्ति के ऊपर राम के अद्भुत पराक्रम की प्रतिष्ठा करके कवि ने अधर्म के ऊपर धर्म की सफलता की वैजयन्ती फहरायी है। इससे सिद्ध है कि कला की दृष्टि से यह रचना जितनी श्रेष्ठ है, उतनी ही उद्देश्य की दृष्टि से भी महान् है।

निराला का खण्डकाव्य 'तुलसीदास'

—रामसेवक पाण्डेय

महाकवि अनेक क्षेत्रों में अपनी निराली कलात्मक संवेदना को समर्थ और सफल अभिव्यक्ति दे पाते हैं, जबकि अन्य कवि अपनी गहन अनुभूतियों की अभिव्यक्ति एक या दो क्षेत्रों में ही कर पाते हैं। महाकवि की संवेदनशीलता किसी प्रकार के बन्धन को भी अस्वीकार करती हुई स्वच्छन्द प्रवाहित होती है। यह स्वच्छ प्रवाह एक सुदृढ़ दार्शनिक तथा मानवीय आधार पर अवलम्बित होता है, जिसकी युग-चेतना कहीं तो मेल खाती है और किन्हीं स्थलों पर तत्कालीन सामाजिक चेतना प्रतिकूल होते हुए भी उसे सर्वथा अस्वीकार नहीं कर पाती है। इसका कारण केवल यही हो सकता है कि महाकवि की रसात्मक अनुभूति की व्यापकता युग-जीवन में असम्पृक्त होते हुए भी उसके मर्म की कभी उपेक्षा नहीं कर पाती। ऐसे ही सजग कलाकार की रसात्मक अनुभूति में साधारणीकरण का सिद्धान्त भी किसी-न-किसी रूप में समाहित हो जाता है।

महाकवि निराला एक ऐसे प्रबुद्ध कलाकार हैं जिन्होंने अपनी कलात्मक संवेदना की अभिव्यक्ति विविध दिशा में की है। जहाँ 'जूही की कली' जैसी सरस काल्पनिक रचनाएँ हैं वहाँ यथार्थ कठोर धरती पर उगा हुआ 'कुकुरमुत्ता' तथा 'वह तोड़ती पत्थर' जैसी कृतियाँ भी हैं। 'जागो फिर एक बार' जैसी श्रेष्ठ-वीर-रचना है, उससे अधिक प्राणवान्, उदात्त और सांस्कृतिक रचना 'राम की शक्ति-पूजा' है। अपनी बौद्धिक और दार्शनिक कृतियों को स्वच्छन्द छन्द शैली में निराला ने बड़ी सफलता से अभिव्यक्त किया है। ऐसी ही विविधता की एक बड़ी ही सशक्त कड़ी है, निराला का खण्डकाव्य—'तुलसीदास'।

इस खण्डकाव्य की कथावस्तु, आकार-विस्तार में बहुत ही लघु है। इसकी भूमिका में राय कृष्णदास ने लिखा है, "तुलसी का प्रथम अध्ययन-पश्चात् पूर्व संस्कारों का उदय, प्रकृति दर्शन और जिज्ञासा, नारी से मोह, मानसिक संघर्ष और अन्त में नारी द्वारा ही विजय आदि वे मनोवैज्ञानिक समस्याएँ हैं, जिन्हें लेकर कवि ने कथा को विस्तार दिया है।" मूल रूप में कथानक तो इतना ही है, पर इसकी अपनी विशेषता है। तुलसीदास की विभिन्न मानसिक स्थितियों का कलात्मक चित्रण। मनोवैज्ञानिकता का आधार लेकर एक छोटी-सी कथावस्तु को कवि ने

साँचे में ढाला है।

मुगलों के आक्रमण का वर्णन आरम्भ में किया गया है, जिससे भारत का सांस्कृतिक सूर्य निष्प्रभ हो गया है। मुसलमानों की सत्ता क्रमशः स्थापित हो रही है। एक-एक कर सभी प्रान्त विदेशियों की संगठित शक्ति के सामने नतमस्तक होते जा रहे हैं। आत्म-मर्यादा की रक्षा में अपने प्राणों की बलि देनेवाले हिन्दू राजा एक-एक कर पददलित हो रहे हैं। हिन्दू राजाओं के पराजय का एक चित्र प्रस्तुत है—

रिपु के समक्ष जो था प्रचण्ड
आतप ज्यों तम कर करो दण्ड
निश्चल अब वही बुन्देलखण्ड आभागत,
निःशेष सुरभि कुर्वक समान,
संलग्न वृन्त पर, चिन्त्य-प्राण,
बीता उत्सव ज्यों चिह्न म्लान, छाया श्लथ।

बुन्देले शत्रु पर वैसे ही आक्रमण करते थे, जैसे सूर्य की प्रखर किरणें अन्धकार पर आक्रमण करती हैं। वही आज बुन्देलखण्ड जड़ बन गया है, उसकी आभा नष्ट हो गयी है, वह गन्धहीन केतकी के समान वृन्त पर लगता है, प्राणों में मुर्दनी है, वैसे उत्सव बीत जाने पर वह स्थान दिखलायी पड़ता है, मानो शिथिलता छा गयी है। कवि ने निःशेष कुरवक, बीते उत्सव, उपमान देकर तत्कालीन भारत के हिन्दू राजाओं के शौर्य का ह्रास तथा उनकी दीन-मलीन अवस्था का बड़ा ही मार्मिक चित्र उपस्थित किया है। मुसलमानों का साम्राज्य स्थापित हो जाने पर हिन्दू अपना पूर्व गौरव, संस्कार भूलकर नवीन सभ्यता के मोह में फँसते चले जा रहे हैं। कोई पराजित जाति विजेता की सभ्यता और संस्कृति को किस प्रकार अपनाती है, अपने को भूलकर उसमें आनन्द और उल्लास का अनुभव करती है। भारतीय संस्कृति के सूर्य के अस्त होने पर मुस्लिम संस्कृति का चन्द्रोदय हुआ है, जिसकी किरणें सूर्य के समान प्रखर और उद्दीप्त नहीं हैं, बल्कि इन किरणों में कोमलता, माधुर्य और उन्माद है; जिसमें सभी अपने स्वरूप को भूलकर निमग्न हैं। कवि के शबदों में—

झरते हैं शशधर से क्षण-क्षण
पृथ्वी के अधरों पर निःस्वन
ज्योतिर्मय प्राणों के चुम्बन, संजीवन।

नवागत सभ्यता उस देश के प्राचीन परम्परागत संस्कारों को निगल जाने का सभी प्रयत्न करती है। इस नवीन चन्द्रमा की किरणों के समान शीतल भोगलिप्त

वातावरण में तुलसी का जन्म होता है। तुलसीदास के ओजस्वी स्वरूप का चित्रण दर्शनीय है। प्रसाद ने मनु का जैसा सशक्त चित्र 'कामायनी' में प्रस्तुत किया है-

अवयव की दृढ़ मांसपेशियाँ
ऊर्जस्वित था वीर्य अपार,
स्फीत शिराएँ स्वस्थ रक्त का
होता था जिनमें संचार।

इससे निराला के तुलसी का चित्र अधिक सांस्कृतिक और ओजस्वी लगता है; वे कहते हैं—

युवकों में प्रमुख रत्न चेतन
समधीत शास्त्र काव्यालोचन
जो तुलसी दास, वही ब्राह्मण, कुल दीपक
आयत दृग पुष्ट देह, गत भय
अपने प्रकाश में निस्संशय
प्रतिभा का मन्दस्मित परिचय, संस्मारक।

सचेत युवक तुलसी ने सभी काव्यशास्त्रों का अध्ययन किया है। ब्राह्मण-कुल-श्रेष्ठ युवक के विशाल नेत्र हैं, वे शरीर से पुष्ट हैं, निर्भीक तथा अपने प्रकाश में निःशंक हैं और प्रतिभा के परिचायक हैं। साथ ही वह दूसरों को स्मरण करने के योग्य बनानेवाला है।

तुलसी अपने कुछ युवक मित्रों के साथ चित्रकूट पर प्रकृति की शोभा देखने जाते हैं, प्रकृति चेतना का स्पर्श न पाकर दुःखी है। जैसे ऋतुएँ परिवर्तन के साथ प्रकृति के जीवन को दुःखी बनाती हैं, वैसे ही स्वार्थी लोग दूसरों को दुःख देते हैं—"केवल दुःख देकर उदरं भरि जन जाते" यह सामाजिक जीवन की दुःखद अवस्था है। प्रकृति से उन्हें संसार की मुक्ति का गान गाने का सन्देश मिलता है। कवि के शब्दों में प्रकृति का सन्देश—

गाओ विहंग सद् ध्वनित गान
त्यागोज्जीवित वह ऊर्ध्व ध्यान, धारास्तव।

जिससे समाज के लोगों की निम्नगामिनी वृत्तियाँ ऊर्ध्वगामी बनें, लोग त्याग का जीवन अपनायें तथा सबमें नवजीवन का संचार हो। यह है वह पुनीत तथा उदात्त प्रकृति की प्रेरणा, जिसने तुलसी को तुलसीदल-सा पवित्र बनाया। इस सन्देश को पाकर तुलसी का मन भौतिकता की सीमा लाँघकर ऊपर उठता है। उनका मन संस्कारों के विभिन्न स्तरों को पार करता हुआ अगोचर सत्य की खोज में

विकल हो उठता है। मन के ऊर्ध्वगामी होने पर किस प्रकार विभिन्न संस्कारों के धरातल को वह पार करता हुआ ऊपर उठता है, इस प्रक्रिया का विशद्द दर्शन कवि के ही शब्दों में—

दूर, दूरतर, दूरतम, शेष,
कर रहा पार मन नभो देश
सजता सुवेश, फिर-फिर सुवेश जीवन पर,
छोड़ता रंग, फिर-फिर सँवार
उड़ती तरंग ऊपर अपार
सन्ध्या-ज्योतिः ज्यों सुविस्तार अम्बरतर।

तुलसी का मन-विहंग हृदयाकाश में ऊपर उठता है, सजे संस्कारों की तहों को पार कर वह ऊपर की ही ओर चलता जा रहा है। साधना की प्रक्रिया भी यही है। समाधिस्थ मन ब्रह्मरन्ध्र में पहुँचता है। यहाँ सन्ध्याकालीन प्रकाश से पश्चिमाकाश घिरा है। आध्यात्मिकता तथा काव्यात्मक अभिव्यंजना का संयोग बड़ा ही मार्मिक बन पड़ा है। ज्ञान के इस नव प्रकाश में कवि देश की दुर्दशा देखता है, चतुर्वर्णों की अधोगति भी उसके सम्मुख आती है। यह विधि की इच्छा में अपना विश्वास प्रकट करता है। तुलसी इस निराशा और पतन की अवस्था से निकलकर सत्य की खोज के लिए प्रतिज्ञा करके तथा वे रुद्ध द्वार का छाया तम हरने के लिए उद्यत होते हैं। वे कहते हैं—

करना होगा यह तिमिर पार,
देखना सत्य का मिहिरद्वार।

किन्तु उसी क्षण आकाश में तारिका-सी सुघर अपनी पत्नी की छाया तुलसीदास को दिखायी पड़ती है। वह वामा सरितोपम उसके विकास का मार्ग अवरुद्ध कर देती है। तुलसी का मन नारी के सौन्दर्य पर मुग्ध हो जाता है। उनका मन उस आध्यात्मिक धरातल के नीचे उतरता है, सारी प्रकृति में वे नारी रूप की मनोहरता देखते हैं। चित्रकूट के दर्शन के बाद घर लौटते हैं। वे नारी के सौन्दर्य में इस प्रकार बँध गये हैं, मानो सारी प्रकृति ही उसी बन्धन में बँधी है; वे इस बन्धन को ही मुक्ति मानने लग जाते हैं। वे कहते हैं—

बन्ध के बिना कह कहाँ प्रगति
गतिहीन जीव को कहाँ सुरति।

कहीं-कहीं तुलसीदास में बुद्धितत्त्व और कलात्मक परिणति के अति के भी दर्शन होते हैं—

मैं बँधा एक शुचि आलिंगन
आकृति में निराकार चुम्बन,
युक्त भी मुक्त हों आजीवन लघिमा में।

वे प्रिया से बँधे हैं, आकृति रहते हुए दोनों का चुम्बन निराकार है, बन्धन की लघिमा के कारण प्रिया से युक्त रहते हुए भी वे मुक्त हैं। निरालाजी की ऐसी रचना उनके अति विश्वास का परिणाम है।

इसके बाद ही रत्नावली का भाई उसे ले जाने के लिए वहाँ आ पहुँचता है। इस प्रकरण में निराला ने अपने व्यावहारिक ज्ञान को बड़ी स्वाभाविकता से प्रदर्शित किया है। भाई रत्ना से कहता है–

हो गयी रतन, कितनी दुर्बल
चिन्ता में बहन, गयी तू गल
माँ बाबूजी, भाभियाँ सकल, पड़ोसी की।
कहती हैं बेचा वर के कर, आ न सकी।

किसी स्त्री के ससुराल में बहुत दिन रह जाने पर जैसे पीहर की उसकी सखियाँ उलाहना देती हैं, उनका यथावत् चित्रण ऊपर की पंक्तियों में निरालाजी ने किया है। वे व्यंग्य करती है–

मालूम पड़ता है वर के हाथ आप लोगों ने बेच दिया है, इसलिए वह न आ सकी आदि। भाई बहन को लेकर अपने घर चला जाता है।

तुलसीदास बाजार से लौटकर अपने घर को शून्य-सा पाते हैं। घर और आँगन उन्हें निर्जीव तथा दुःखी लगते हैं, वह घर प्रिया के गीतों से गुञ्जरित नहीं हो रहा है, वह तान आज दूर हो गयी है। वे चल पड़ते हैं अपनी ससुराल की ओर–

छूटा जग का व्यवहार-ज्ञान
पग उठे उसी मग को अजान
कुल-मान-ध्यान-श्लथ; स्नेह-दान, सक्षम से।

तुलसी जब ससुराल पहुँच जाते हैं, रत्नावली को भाभियों के व्यंग्य सुनने पड़ते हैं। वह जल-भुन उठती है। वह मर्यादा पुरुषोत्तम से अपनी लाज रखने के लिए प्रार्थना करती है। इस प्रसंग में निरालाजी के सामाजिक परिवेश और स्त्री की स्थिति का कलात्मक चित्र द्रष्टव्य है। उदाहरणस्वरूप आँधी उठने से पहले जैसे वातावरण शान्त हो जाता है, पुनः भयंकर आँधी उठती है, इस अवस्था का वर्णन कवि के शब्दों में–

कुछ काल रहा यों स्तब्ध भवन
ज्यों आँधी उठने का क्षण

आज रत्नावली प्रिय के लिए अपना सारा प्रेम, संयम और मर्यादा के बाँध को तोड़कर बोल पड़ती है—

धिक् आये तुम यों अनाहूत
धो दिया श्रेष्ठ कुल-धर्म-धूत
राम के नहीं, काम के सूत कहलाये
हो बिके जहाँ तुम बिना दाम
वह नहीं और कुछ हाड़ चाम
कैसी शिक्षा, कैसे विराम, पर आये।

यह सुन तुलसी के प्राचीन संस्कार सहसा जग उठते हैं। काम जलकर राख हो जाता है, उनका मन ऊर्ध्वगामी बनता है, वे अपने में तल्लीन हो जाते हैं। आज उन्हें अपनी असीमता का बोध हो रहा है। चेतनता के लौट आने पर तुलसीदास वहाँ से उठ खड़े होते हैं, आज कोई ऐसी भौतिक शक्ति नहीं है, जो उनकी गति को बाँध सके।

आत्मबोध का जैसा कलात्मक, साथ ही उदात्त और ओजस्वी चित्रण निरालाजी ने किया है, वह हिन्दी साहित्य की अप्रतिम निधि है। वे कहते हैं—

जागो जागो आया प्रभात
बाँधो बाँधो किरणें चेतन
तेजस्वी हे तमजिज्जीवन
आती भारत की ज्योतिर्धन महिमाबल।

भारत की ज्ञान ज्योति की महिमा का बल संसार देखेगा। जड़ से चेतन का दुर्धर्ष संग्राम छिड़ेगा। एक तरफ दैवी शक्तियाँ हैं, दूसरी ओर माया दिखानेवाले दैत्य। दैवी और आसुरी शक्तियों का संघर्ष राम-रावण-युद्ध के रूप में होगा, जिसमें विजय होगी, दैवी संस्कृति की। तुलसी की कला सबको एक जगह संगठित करेगी, राग-द्वेष और छल-प्रपंच की मधुर रागिनियों का अवसान होगा। तुलसी के प्राणों की साधना जगी। तुलसी ने अपनी अन्तिम बात जो रत्नावली से कही है; वह इस प्रकार है—

जो दिया मुझे तुमने प्रकाश
अब रहा नहीं लेशावकाश; रहने का
मेरा उससे गृह के भीतर

देखूँगा नहीं कभी फिरकर
लेता मैं, जो बर जीवन-भर बहने का ॥

प्रदीप्त चेतना का भार लेकर तुलसी अपनी प्रिया से सदा के लिए पृथक् हो रहे हैं, अपने चरम उद्देश्य की सिद्धि के लिए। अवसर की मार्मिकता तथा उद्देश्य की जटिलता, ऐसा सफल संयोग केवल निराला—जैसे श्रेष्ठ कलाकार ही कर सकते हैं।

दर्शन और काव्य का जैसा संयोग, तुलसी की मानसिक स्थिति का आरोह-अवरोह तथा मन के विभिन्न चेतना-स्तरों का चित्रण इस काव्य की अपनी विशेषता है। उदात्त और सप्राण वर्णन के लिए यह कृति सदा अमर रहेगी। इस काव्य के वैशिष्ट्य के सम्मुख इसकी यत्र-तत्र दुरूहता और समस्त पदावली की कर्कशता गौण हो जाती है।

●